以课程
致未来

——长沙麓山国际实验小学课程育人实践探索

黄 斌 ◎ 著

广西师范大学出版社

·桂林·

本书编委会

目　录

以课程致未来

（代序）

出版社问我，需不需要请一位名家为本书写一个序。我想，这只是一本关于学校课程实践探索的集子，点点滴滴都是在"麓园"里生长出来的，有成果有困惑，有经验有教训，有思考有期待……一路走来，朝朝暮暮，或许没有哪位名家比我更熟悉我和同事们走过的历程。

我说，还是我自己写一点吧。

写一点关于儿童、课程与未来的思考。

儿童，应该被温情以待

一年一度的少代会即将召开，大队部照例收集少先队员们的提案，我浏览了一遍，一个二年级少先队员的提案引起了我的注意。

"我希望每个学期有一天可以不穿校服，而是穿上自己喜欢的衣服和同学一起上学。"

这份用铅笔一笔一画写下的提案，表达的是一个孩子的小小心愿，如同全校广大少先队员的提案一样。学生处的同志和大队辅导员问我的意见，我出自本能地回答：采纳提案，建议每学期都设立自由着装日，在这一天，同学们可以穿上自己喜欢的服装、可以佩戴自己喜欢的饰品。

从此，在麓山国际实验小学（简称麓小）的校园里，每逢 5 月 31 日和 12 月 31 日，便是孩子们的"自由着装日"。在这一天，每个孩子都能穿上自己喜欢的服装，如唐装汉服、公主裙、骑士服等，丰富的色彩，多样的款式，麓园里便有了另一番模样。

这是发生在麓园里的一个平常的故事，也体现了学校管理中的育人理念：让儿童发声，让儿童参与，让儿童站在这个园子的中心。

近几年来，作为一所窗口学校，各项设施设备先进完备，每一个走进校园的人都会感叹：有这样赏心悦目的校园，麓小的孩子真幸福！

每当听到这样的感叹，我都会自我提醒：我们要给孩子的不能只有视觉上的幸福，我们要给予学生的是一种内心的舒适感。

推动一个理念成为一个行动，需要全校老师的共同信念：让儿童站在校园中央，把儿童真正的需求作为校园里的第一考量。

后来的少代会上，有少先队员提出"要增加阅览室的开放时间"，于是，课间、放学后、寒暑假，我们都让阅览室的门敞开；有少先队员说希望品尝到屋顶农场自己种的花生，我们科学老师就把农场里的蔬果作为奖品发给学生；有少先队员提出希望六一儿童节这天不做任何作业，我们便把每年的"六一""元旦"定为无作业日……这些小小的变化在麓园里跟着儿童的需要，温情地发生着。我们相信，受过温情对待的孩子长大了，一定会成为一个温情的人。

今天，在麓园，我们以儿童为本。明天，在麓园里长大的儿童定会以人为本。于是，一个家庭，一个城市，一个国家，就有温情。

课程，是一座桥梁

儿童，应被温情以待。比如，设计适合儿童成长的课程。

如何着眼儿童的未来发展？如何渐进温和地推动一所学校的综合改革？如何让"立德树人"在校园里真实、有序地发生？……

课程，是学校给孩子们架起的一座桥梁。

2016 年开始，学校以"课程育人"为准则，引领学生成长、带动学校发展，建构了让学生积极参与、自主学习、主动探索，进而培养学生创新精神和实践能力的 3+N 课程体系。在实践过程中，学校以"课程"架构各学科活动，建立了课程育人的机制。

我们学校的核心精神是"追求卓越"，这是一种追求，更是一种态度与勇气。追求卓越体现了学校对于发展的一种坚守的精神，即没有最好只有更好。同时，这也体现了麓小教育的生态化，即，每个人都应该依据自身的实际素质与能力，以一种向上的姿态去达到自己能达到的高度。于是，学校不断挖掘文化与教育浸润之处，建立麓山文化与文化育人的联系。学校以校训"学会生存，学会关心"为目标，以"价值引领 + 习惯养成"作为育人理念，培育具有中国根基的合格公民；寻求教育与课程的交汇之处，融合学科育人与学科课程，在"一切活动皆课程"的引领下，以课题研究为抓手，让行政干部、核心成员、教师等多方向、多形式地对课程进行研发、实践，探寻课程与课堂的衔接，让"课堂"助推"课程体系"落地。3+N 课程体系是以学生发展为中心的。从文化到教育，从教育到课程，从课程到课堂，学校构建了"文化—教育—课程—课堂"一体的育人机制，有效落实从顶层文化的建设到教育"阵地"的有效贯通。在课程目标上，我们明晰了"培育具有中国根基的公民"的育人指向。在课程构建上，我们遵循"文化—教育—课程—课堂"一体的育人思路。在课程评价上，我们"关注每一个学生的持续发展"。在课程内容上，我们构建了以基础课程、拓展课程和实践课程为层级的课程框架，让课程不止于课堂，学习不止于教室。经过几年的实践沉淀，逐步形成了具有麓山国际实验小学特色的课程育人新格局。从语文、数学、英语到麓小儿童礼、五彩麓山枫，从音乐、美术、体育到劳动实践、博物馆课程，包含了学科基础型、拓展丰富型、活动实践型课程的 3+N 课程体系，如同一座桥梁，一头架在麓园，另一头伸向学生未来的人生。

2020 年年初，一场疫情给教育带来了巨大冲击，也带给我们每一个教育人以深刻反思。回顾那段非常时期，面对突如其来的疫情，学校没有恐慌和忙乱，而是率先推出了一套学科齐全、覆盖每个年级的直播课程体系。全体师生在云端守望相助，在这所云端"新"学校里，不仅有云端基础课程，还有云端拓展课、云端实践课程、云端大队会、云端家长会、云端父母学堂。在几个月的抗疫时间里，学校共提供网络直播课 1 696 节，参与人数达 80 多万，课程收看总量达到 1 700 万人次，收看区域覆盖全国所有省份地区，构建了资源共享，家庭、学校、社会共育的网上教育共同体。

曾经有人问我："是什么让你们学校在面对疫情时有这样的从容？"

我说：我们只是把目光投向了未来，多了一份对未来已来的敬畏心。面向未来，我们愿意将资金、时间和精力花在信息技术平台建设和公共卫生危机处理上；面向未来，我们敢于打破传统的课程体系，鼓励每一位老师根据自己的所长开发课程资源；面向未来，我们认为学习不只发生在学校、发生在课堂，世界丰富的资源都将是学生学习的课程。

面向未来，我们坚信课程是一座桥梁，连接了儿童的现在与未来、已知与未知。

未来，以远见致未见

面向未来，课程是一条没有终点的跑道。

"课程"一词最早出现在英国教育家斯宾塞的《什么知识最有价值?》(1859)一文中,原意为"跑道"(race-course)。

课程是一条跑道,一条面向未来的跑道,一条面向未知的跑道。面对瞬息万变的现在和不可预知的未来,什么样的跑道能够连通过去、现在和未来?什么样的课程能让孩子们有应对未来挑战的力量?

面向未来,课程正从知识走向学生。为谁而生是课程的原点。未来的课程一定是"从学生成长需要出发"的学生本位课程。学科知识、智能技术、授课教师都将是 3+N 课程体系中的服务者与支持者。

科学课一直是我们学校好评率最高的课程。在期末学科测评中,很多学生会在问卷中描述自己喜欢科学课是因为在这门课程中可以自己选择学习的内容,自己确定实践、探究的方式,自己组建学习团队,自己确定课程的发展方向。后来,科学组结合学校资源优势,规划了"屋顶农场智慧劳动课程",农场内有"植物种植区""学习探究区"和"项目实践区",不同学习区域将结合学生实际情况,按年龄特点制定各学段劳动课程。学校在传统的种植体验劳动教育中渗透科学探究、STEM 理念、发明创造等内容,同时将传统文化与劳动教育巧妙结合,如春分育苗、立夏锄草、小满除虫授粉、芒种赏花、处暑灌水等,让劳动课程更加立体、更好地为孩子的成长服务。

几年的科学课程实践告诉我们:未来的课程,知识来源一定是非常广泛的。比如农场种植的凤仙花,可以为孩子们学习"植物的生长变化"提供观察、解剖的材料。我们为孩子们在进行植物绘画时提供真实丰富的写生素材,让孩子们在语文学习的时候感受二十四节气及民俗文化等传统文化的魅力。在这一过程中,课程对学生自由发展、差异发展的限制将走向归零,在课程中,学生是自由的、自主的、自愿的。

面向未来,课程正从群体走向个体。从当今往前很多年,我们所接受的教育都是"批量生产"的教育。学校课程教学多以群体式课程、班级统一授课的方式进行,在满足让更多的学生受教育的同时,也带来忽略学生个性、忽略学生差异的问题,无法满足不同学生的不同需求。我想,我们的课程在满足普遍的大多数时也要面向特别的极少数。

2018 年,学校投入资金建设了攀岩墙,开设了攀岩课程,当时有老师说:"我们有必要为少数几个孩子开设一门课程吗?"我说:"对于有这方面禀赋的孩子,我们的课程也许就是他的全部未来。"后来,攀岩队的几个孩子先后在各级比赛中拿奖,选修攀岩课程的孩子也越来越多。

在学校这样的大群体中，除了有一批有特殊天赋、特别潜质、特殊才能的孩子，还有一批有特别需求、需要我们特别关注的孩子。

从 2020 年开始，学校发起了普特教育联盟，充分整合联盟学校的资源，打破普校、特殊学校、高校、机构等原有的壁垒。联盟成员通过优势互补、资源共享、融合交流，促进教育质量、管理水平和办学效益的共同提高，探索适应现代教育的办学模式，在不改变各单位原有的独立性的前提下，共享各学校的优势资源和经验。我们为这些在普通学校就读的特殊儿童量身定制特需课程，给予他们特定的时间空间、特定的教育资源、特定的教育评价。

面向未来，课程正从闭合走向开放。学校的办学理念是"面向世界，博采众长，发展个性，奠基人生"。其中"面向世界"是指结合我校"国际实验"的实际，把学校放在世界教育的平台上，表达的是敢为人先的湖湘精神和放眼世界的宏大气度。"博采众长"也是湖湘文化的精神特质，指湖湘文化中不同民族、不同地域、不同学派之间的文化融合，以及湖湘文化与外国文化融合的创新意识，表达的是我校兼收并蓄的创新精神。

秉承这样的文化基因，我经常跟老师们说"我们要打开校门办教育"。这里的打开是学校面向社会的开放，让学生作为学习者走进真实的情境，引导学生看见真实的现象、发现真实的问题。于是，我们让学生通过研学课程、博物馆课程、五彩麓山枫实践课程，走进企业跟踪环保问题，走进博物馆上美术课，走进农村实践农耕课程，走向社会体验不同的职业生活，等等。这里的打开，也是面向世界的开放。在学校的国际研学课程中，学生们与世界其他国家的学生一起学习，一起研究问题，一起制作产品，一起交流文化。从 2016 年开始，学校的外教师资受到制约，学校经过论证率先开设了双师云课程，它体现了一种"教育＋互联网"英语教学模式，一位外教老师在线直播授课，一位中教老师线下授课并负责辅助外教教学。它是运用于英语教学中的新型合作教学模式，也是在中国教育背景下产生的一种独特的合作教学模式。在双师云课堂中，外教教师通过互联网给学生开课，通过纯正的发音和地道的口语表达，提高学生的口语表达能力，提升学生英语学科核心素养视域下的语言交际能力。中方教师则可以在教室关注不同学生学习状况，更注重学生学习的个性化和差异化。几年来，双师云课程越来越受到学校、教师、家长们的喜欢。当然，面向未来，打开的不仅仅是几门学科，而是丰富的世界资源；面向未来，打开的不仅仅是学生的学科能力，而是学生的综合素养。

时代的车轮滚滚向前，未来已经出发。当时间走过二十年、三十年、四十年，再看看这些从麓园走出去的学生，学校的课程会在他们身上留下什么样的印记？或许，我们还需要用百年的眼光去思索、去追寻。

今天，我们能做的便是——

以课程，致未来。

是为序。

黄　斌

2021 年盛夏于麓园

第一章

绪 论

2001 年 6 月，中华人民共和国教育部正式颁布《基础教育课程改革纲要（试行）》。在这部《纲要》中，提出了大力推进基础教育课程改革，调整和改革基础教育的课程体系、结构、内容，构建符合素质教育要求的新的基础教育课程体系；并且明确提出了我国基础教育的改革总体目标和具体目标。[①] 在课程改革六大具体改革目标中有两处明确指出，新课改的具体目标是，"改变课程过于注重知识传授的倾向，强调形成积极主动的学习态度，使获得基础知识与基本技能的过程同时成为学会学习和形成正确价值观的过程"，"改变课程实施过于强调接受学习、死记硬背、机械训练的现状，倡导学生主动参与、乐于探究、勤于动手，培养学生搜集和处理信息的能力、获取新知识的能力、分析和解决问题的能力以及交流与合作的能力"。[②]

2014 年 3 月 30 日，教育部印发《关于全面深化课程改革全面落实立德树人根本任务的意见》，提出"立德树人是发展中国特色社会主义教育事业的核心所在，是培养德智体美全面发展的社会主义建设者和接班人的本质要求"。2016 年 9 月，中国学生发展核心素养研究成果正式发布，该成果指出，中国学生发展核心素养以培养"全面发展的人"为核心，分为文化基础、自主发展、社会参与三个方面，综合表现为人文底蕴、科学精神、学会学习、健康生活、责任担当、实践创新等六大素养，具体细化为国家认同等 18 个基本要点。2016 年 3 月国务院发布的《全民科学素养行动计划纲要实施方案（2016—2020 年）》、2016 年 6 月教育部颁布的《教育信息化"十三五"规划》以及 2017 年 7 月国务院发布的《新一代人工智能发展规划》等文件中均提到将通过教学方式的变革、评价体系的更新来培养学生成为全面发展的人。2017 年 9 月，中共中央办公厅、国务院办公厅印发《关于深化教育体制机制改革的意见》，提出要注重培养学生认知能力、合作能力、创新能力等支撑终身发展、适应时代要求的关键能力。《国家中长期教育改革和发展规划纲要（2010—2020 年）》指出："把改革创新作为教育发展的强大动力。教育要发展，根本靠改革。要以体制机制改革为重点，鼓励地方和学校大胆探索和试验，加快重要领域和关键环节改革步伐。""改革教学内容、方法、手段，建设现代学校制度，构建中国特色社会主义现代教育体系。"

以上文件的颁布与出台，说明随着时代的急剧变化、社会的变革与发展，

---

① 国务院：《国务院关于基础教育改革与发展的决定》，《中国教育》2001 年 7 月 27 日第 2 版。
② 陆璟：《智慧型课程》，上海市教育科学研究院智力开发研究所 2007 年发布。

未来对人才的需求发生了改变，学校教育也必须以落实立德树人为根本任务来进行全面变革，以培养新时代所需要的"全面发展的人"。这既是新时代赋予学校的新使命，也是学校发展所必须面对的挑战。麓山国际实验小学正是基于这样的思考，踏上了在积极探索学校育人模式转换的背景下用课程落地核心素养、用课程践行学校文化、用课程引领师生发展、用课程助推办学成效的学校课程改革与发展之路。

第一节 学校课程育人的内涵与价值

新课程改革强调学生是教育的主体，课程是教育的基石。学校课程作为学校最重要的育人载体，更是学校的核心竞争力。面向未来，学校课程如何更好地紧扣时代精神和文化内涵，紧扣课程育人的核心，实现知识传授与立德树人的结合，解决"为谁培养人""怎样培养人"的根本问题，成为每一所当代学校首先要思考的命题。

一、学校课程育人的内涵定义

教育部《关于全面深化课程改革全面落实立德树人根本任务的意见》中明确了学生应具备适应终身发展和社会发展需要的必备品格和关键能力。强化学生综合素质培养成为新时代学校教育的重要使命。学校作为新改革的前沿阵地，应聚焦课程育人的核心价值，从多个方面使学校课程改革走向更综合全面、更深入发展的道路。

相对于社会教育而言，学校教育是在学校中依据一定培养目标和管理制度，以及规定的教学内容而对学生实施的教育。学校教育是一种有目的、有计划的活动，它拥有教育目标、教育计划并据以展开实践，而作为教育实践的基本形态的教学当然也是瞄准教育目标的。教育的宗旨终究在于人格的陶冶，教学目标当然必须贯穿这种育人的目标。教学的实践渗透着情感与态度，包含着社会性与价值观，指向教学目标的学校课程必然兼具"育人"与"育分"。而学校课程育人的内涵即为学校通过课程教学的实施过程，实现"立德树人"的根本任务与育人职能。[①]

---

① 吕庆生，许豪杰：《课程育人的理念与实践》，《新课程》2015 年第 3 期。

二、学校课程育人的价值取向

长期以来，我国义务教育阶段课程标准中对于课程目标的探索，一直在演进变革中体现进步与发展。从最初基础知识、基本职能的双基目标，到知识与技能、过程与方法、情感态度与价值观的三维目标，再到社会责任、国家认同、国际理解、人文底蕴、科学精神、审美情趣、身心健康、学会学习、实践创新等中国学生发展核心素养目标，都体现了学校教育实践中课程育人的价值取向。

1. 体现学校课程"学科育人"价值标准

在义务教育阶段，学科教育首先要依据双基标准，培养学生的认知能力，即学习能力。学生只有具备了一定的认知能力，才能具有未来所需要的合作和创新能力。这就要求中小学阶段的义务教育始终把学习品质和学习质量作为教育目标设定的核心，高度关注学习方式变革和深度学习等问题，培养学生热爱学习的态度和良好的学习习惯与能力。因此，学校的课程改革必须更加关注学习品质、学业成绩、学习成本和学习效率等相关问题。

当前，我国已启动义务教育课程标准的新一轮修订工作。新一轮的学科课程标准将更加突出"立德树人"这一课程改革的核心。学科课程建设必须围绕培养人的必备品格和关键能力展开，构建内容丰富、生动鲜活、优质多元、个性选择、分类分层的课程内容体系。课程建设不仅要关注学科知识体系，更要关注学科所蕴含的思想和价值观。学科思想发展、学科过程方法、学科情感态度等在学科教学中的地位更加突出，这就需要学校在学科教学体系的优化发展下，增加更多学科育人内容，充分研究立德树人的政策方向，选择更多结合学科内容的育人案例，突出学科育人价值，培养学生学科学习的情感、态度和价值观。①

2. 注重学习课程"文化育人"价值导向

在义务教育阶段的课程精神中增加中华优秀传统文化内容，已经在政策研究和实践推进层面形成了广泛共识。2014 年教育部颁布《完善中华优秀传统文化教育指导纲要》，要求学校课程建设要围绕立德树人根本任务，遵循学生认知规律和教育教学规律，强化中华优秀传统文化内容。

在具体实施过程中，要按照一体化、分学段、有序推进的原则，把中华优

---

① 田保华：《学校之变：从三维目标到核心素养》，《中国教师报》2016 年 5 月 18 日第 11 版。

秀传统文化全方位融入思想道德教育、文化知识教育、艺术体育教育、社会实践教育等各环节，贯穿于启蒙教育、基础教育等各领域。这意味着基础教育原有的学科课程思想基础、目标任务和内容体系将发生根本变化，需要增加更多中华优秀传统文化的内容。①

3. 强调学校课程"实践育人"的价值需求

2017 年，教育部修订发布了《中小学综合实践活动课程指导纲要》，该纲要将综合实践活动的教学内容与方式重新明确为四个方面，即"考察探究、设计制作、社会服务、职业体验"，并将党团社会实践、博物馆参观等活动也纳入综合实践活动中。这一要求旨在培养学生价值体认、责任担当、问题解决、创意物化等方面的意识和能力。

义务教育阶段的学校课程具有综合化、活动化、实践性、开放性、选择性等特点，而立德树人更要求对实践育人的重视，对社会实践活动的重视。麓山国际实验小学在学生的课程育人实践中，在学科教学中重视情境创设，将课内学习与课外活动、学科学习与社会体验、课程实践与社会服务相结合，积极引入学校周边的区域文化、科技、自然等教学资源，着重培养学生理论联系实际、学以致用的能力，引导他们关注自然、社会，走向实践，培养积极向上的人生态度，从小树立起服务他人、服务社会以及服务国家的责任与担当。②

4. 突出学校课程"协同育人"价值整合

协同育人就是把来自各个方面、对学生会造成影响的因素有目的、有计划地整合、组织在一起，使其相互配合、协调一致，实现全员、全社会、全过程教育的效果最大化。要以学校教育为基准点，最终形成三全育人的合力，就需要共同的教育价值认同（比如对素质教育、核心素养、立德树人等教育基本理念的高度认同），以便在协同育人的过程中正确把握家校社合作育人的正确方向，坚持立德树人的教育价值观。

建立三全育人的育人体系是新时代学校的基本要求。麓山国际实验小学在这一过程中，高度重视、充分突出学校课程协同育人的引导作用，采取多种有效措施，带领教师、家长、社会聚焦核心素养，以学生发展为本，共同培育具有良好道德品质、较强学习能力，符合未来社会发展需求的新一代接班人。

---

① 田保华：《学校之变：从三维目标到核心素养》，《中国教师报》2016 年 5 月 18 日第 11 版。
② 同上。

第二节　学校课程育人模式的探索历程

学校是育人的场所，育人为本是学校一切工作的根本遵循。然而，长期以来，学校的育人模式却总是停留在"知识中心""学科中心"上，而忽略了人即目的的核心本位。因此，学校以课程改革带动育人模式的转换，实质上就是从"知识中心"转变为"学生中心"。麓山国际实验小学在建校之初，便以"面向世界，博采众长，发展个性，奠基人生"为办学理念，积极探索培养学生的自主性，聚焦课堂，在课程建设和课堂教学等维度进行了持之以恒的研究，形成了富有麓山特色的教学体系。

坐落在"碧嶂屏开，秀如琢玉"的岳麓山下、湘江之滨的麓山国际实验小学没有历史的重负和传统的沉疴，自创建之初就秉持"敢为天下先"的精神，鼓舞和激励着师生们百舸争流展风姿，在课程探索的道路上越走越宽阔。回首来时路，麓山国际实验小学犹如一位伴着教育旋律翩翩起舞的少年，用心播撒一粒粒花的种子，在漫漫历程中舞出了花香满径，唱出了满园欢欣。如今，学校以创课程特色的坚定之心，采取多种有效的特色办学举措，不断丰富课程形式，在课程模式探索的道路上捧出累累硕果。

一、学校的育人目标定位

2015 年 6 月，麓山国际实验学校小学部搬迁新址，成立长沙麓山国际实验小学。一颗望月湖孕育出来的满怀教育情怀的种子，在谷丰北路生根发芽，向阳成长。学校以"学会生存，学会关心"为育人目标，以"价值引领"和"习惯养成"为育人理念，提炼出"面向世界，博采众长，发展个性，奠基人生"的办学思想，凝铸起"追求卓越，永不满足"的麓小精神，培育具有中国根基的世界公民。

"十三五"时期（2016—2020 年），是长沙麓山国际实验小学全新起航、创新发展的成长阶段，是深化改革、内涵提升的关键时期。学校制定了《长沙麓山国际实验小学"十三五"发展规划》，努力把学生培养成有"自信、自理、自主"能力和"爱心、责任、合作"素养，有全球胸怀和独立人格，德智体美劳全面发展的社会主义建设者和接班人；努力让教师成为学生喜欢、同行认可、诲人不倦、桃李争妍，有理想信念、道德情操、扎实学识、仁爱之心的"四有"好教师；努力把学校办成管理规范、师资雄厚、特色鲜明、质量一流、设施完备的具有实验性、示范性的现代化窗口学校，成为师生们的书香校园、实践学园、成长乐园和幸福家园。

历时六年，麓山国际实验小学深耕麓山文化，传承发扬麓山精神，逐渐成长为湖南基础教育版图中一颗冉冉上升、璀璨夺目的新星，产生了良好的办学成效和一定的社会影响力，走向了快速发展的进程。

二、学校的育人模式探索

作为一所在国有民办背景下快速成长起来的学校，一所集团化办学母体学校，一所长沙市窗口学校，必须不断深化课程改革，才能落实立德树人的根本任务。因此，基于教育理想与社会现实、国家需要与个人期望、区位发展与学校办学等多方面的思考，学校以不断探索、培育和发展学生核心素养的重要途径，运用"态势分析法"对学校的课程需要、课程定位、课程构建等关键要素进行了深入的思考与分析，以指导学校育人模式转换的探索与实践。

（一）现状思考

1. 学校优势

（1）学校拥有几年的发展历史，已经形成了课程文化意识，课程育人成为治学方略之一。

（2）学科优势明显，各学科专业师资力量强大，获得全国足球特色校、传统文化特色校称号。

（3）教师普遍认同课程育人理念。

2. 现有不足

（1）课程之间的知识体系重叠，缺乏层次性和相容性。

（2）部分学科教师课程育人意识不强。

（3）学校快速发展造成师资力量不够均衡。

3. 未来挑战

（1）社会快速发展，对学生成长不断提出新的要求。

（2）学校的课程领导力，教师的课程理解力、执行力不能适应教育发展的需要。

（3）家长、社会对学校的高度认可带来对学校课程构建的更高的要求。

（二）调研分析

在这样的形势下，为了适应时代发展的需求，转变目前的学科课程教育现状，培养创造性人才，理应建构一种让学生积极参与、自主学习、主动探索，进而培养学生创新精神和实践能力的课程体系，从而真正把学习的自由还给学生，把学习的权利还给学生，把学习的空间还给学生，把学习的乐趣还给学生，促进学生核心素养的提升，促进学生主体全面和谐发展。我们根据《基础教育课程改革纲要（试行）》的规定，以"课程"架构各学科活动，建立学科课程育人的机制。

同时，学校采取调查法和访谈法，面向四校区各年段的学生、家长、教师，就学生对课程的学习收获、家长对课程的设置与实施效果、教师对课程的领导力开展了调研。调研结果如下：

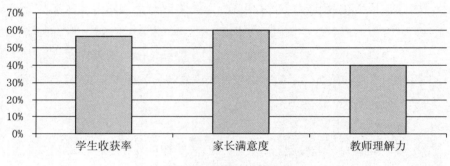

图 1-1　调查结果统计图

调研结果显示，家长对课程设置与实施效果的满意度达到 60%，学生对课程的学习感到有收获的比率过半，而教师对课程的理解力仅为 40%。

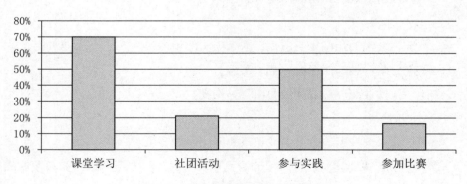

图 1-2　学生各维度参与率的统计图

从学生参与各类活动的统计来看，课堂学习占比最高，达 70% 左右；实践活动次之，达 50% 左右；社团活动和比赛占比最少，均为 20% 左右。

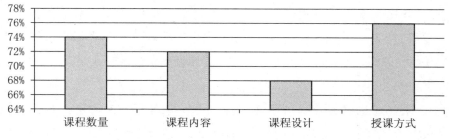

图 1-3 家长对学校课程的满意度统计图

从家长对学校课程满意度的统计来看，满意度最高的是授课方式，超过75%；排在第二的是课程数量，满意度接近75%；排在第三的是课程内容，满意度超过70%；排在最末的是课程设计，满意度为68%左右。

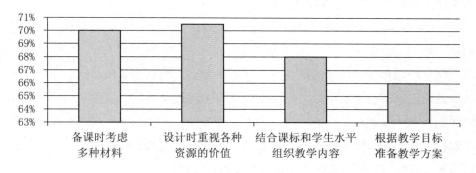

图 1-4 教师课程理解力数据统计图

从教师对课程的理解力的统计来看，大多数教师都能做到在设计课程时重视各种资源的价值、备课时考虑多种材料，两者占比分别为超过70%、达到70%；结合课标和学生水平组织教学内容的教师占比为68%；能够做到根据教学目标准备教学方案的教师数量最少，为66%。

基于以上分析，我们发现在学校课程建构与实施中，还存在以下几个问题：

1. 学校文化、教育、课程及课堂的衔接不够紧密，出现脱节等现象

文化给教育以社会价值和存在意义，教育的根本任务是立德树人，课堂教学是育人的主渠道、主阵地，课程建设是学校改革的重要着力点。在固有观念中教育与其他三点可以各自为政、互不相关，甚至内容有所出入。但俗话说"教育贵于熏习，风气赖于浸染"。只有当四者充分联动，共同作用于学生，才能将教育价值发挥到最大。

2. 课程开设呈拼盘式陈列、散点式分布，整体育人效果不够显著

学科与学科、课程与课程、学段与学段，包括学科与校内外实践活动之间缺乏整体性联系，学校课程资源未得到充分建设和整合，导致课程未能适应每一位学生的发展。

3. 课程实施中关注知识维度目标过多，课程育人目标达成度不均衡

在学习课程的过程中，知识点应该有主次之分。当学生掌握主要知识点时，可认为其大致达到某部分的学习目标。所谓"贪多嚼不烂"，知识维度上的目标过多很可能导致学生失去对课程内容的整体把握。

（三）归因总结

针对学校课程构建与实施过程中存在的问题与不足，我们进行了归因总结，找出问题的成因，探寻解决的路径。

1. 课程构建缺乏整体思维，未体现对"文化—教育—课程—课堂"的一体化育人机制的一贯性思考

在学校课程顶层构建过程中，文化、教育、课程、课堂相对独立，尚处于条块式建设状态。未能更好地解决学校教育中的现实问题。虽然学校一直把课程实践置于学校教育的核心地位，但教育的目标、价值未能通过课堂得到充分体现和实施，同时课堂教学形式未能适应我校教育改革的真正需求和学生的发展需要，课程评价没有较好地引导学生和教师发展。

2. 国家、地方、校本三级课程缺乏合理规划，致使课程之间衔接不清晰、关联性较差

进行课程实践后，三级课程管理体制的设立，打破了大一统的课程权利框架，学校基于自身的实际，对课程体系进行了重新设计和构建。此前，学校的课程建设只是国家、地方、校本课程的简单相加，虽初步考虑到将三者在学校层面进行重新构建，但这种构建缺乏整体的科学规划，整体育人效果不显著。

3. 教师课程设计执行力弱，课程实施中不能实现课程目标设定的预期效益

学校近几年教师团队迅速扩大，一大批年轻教师的课程领导意识、理解力、执行力不强，这主要体现于教师学科育人认识存在偏差，教师对国家课程的再开发能力不足，教师的执行力弱于设计、开发能力。上述问题影响了整体课程实施效益的达成。

三、学校的育人模式发展阶段

如何解决已经发现的问题，继往开来，让优秀的办学经验在新时期散发出新的光芒，突破学校发展困境，走出一片新天地，成为摆在麓山国际实验小学全体师生面前的一道难题。经过多次调研和讨论，在充分分析学校的发展优势与不足、机遇与挑战的基础上，学校分三个阶段走出了具有麓山特色的新道路。

（一）第一阶段：基于学校文化引领，顶层构建一体化育人机制

文化、教育、课程、课堂四者彼此独立而又相互关联，如何自上而下构建好彼此的联系，从文化引领角度切入让它们充分发挥联动作用，是学校在这一阶段重点考虑的问题。

1. 挖掘文化与教育浸润之处，建立麓山文化与文化育人的联系

学校以"学会生存，学会关心"为育人目标，以"价值引领"和"习惯养成"为育人理念，培育具有中国根基的世界公民。

2. 寻求教育与课程的交汇之处，融合学科育人与学科课程

学校在"一切活动皆课程"的引领下，以课题研究为抓手，让干部、核心成员、教师多方向、多形式对课程进行研发，引领大家做到两个明确：

（1）明确基于学科育人的 3+N 课程实践的目的在于育人。

（2）在课程体系的统领下，明确各学科课程体系领域、层次的性质、作用，以及它们之间的关系。

3. 探寻课程与课堂的衔接之处，让"课堂"助推"课程体系"落地

为保障 3+N 课程的实施，学校启动课程体系项目的研究与实践。通过干部引领、教师实施，反复研究与实践，构建了立体的课堂。这里的"课堂"不仅仅是"教室"，还是指一切可以作为学习资源的"大课堂"。

（二）第二阶段：整体构建 3+N 课程体系，改变拼盘式课程现状

学校以学生发展为中心，基于学生在教育中的独立价值来确立课程设计的组织逻辑。在进行学校层面课程的重新设计时，考量学生的课程权利；满足学生的现实和未来需要；将前人的知识与学生现实生活相结合。通过再次设计，使得现有课程设置打破原有的"拼盘式课程"的设置，从而把准 3+N 课程定位，满足学生的发展需求。

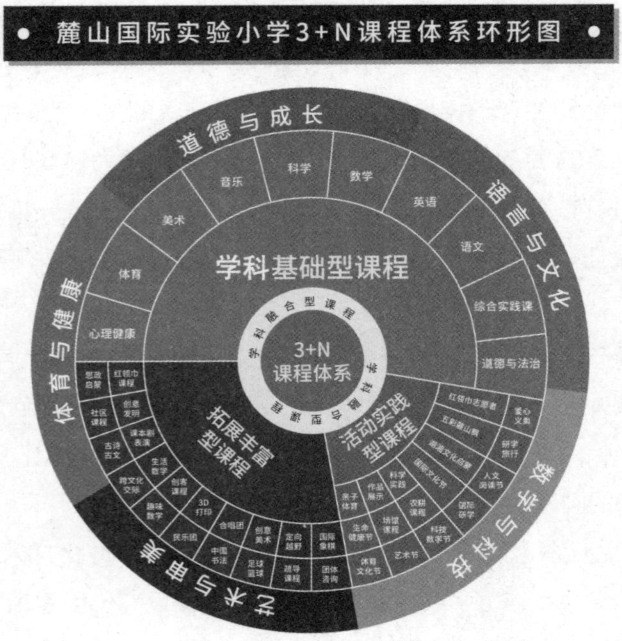

图 1-5 麓山国际实验小学课程构建示意图

（三）第三阶段：注重落实课程实施，推进多元评价机制

学校在课程整体实施过程中，坚持以改革推动发展，推进以课程为核心的教育教学改革。借助"基于学科育人的 3+N 课程体系研究""基于小学生数学核心素养的合作学习方式研究""家校合作有效途径研究""在小学科学课中开展基于 STEM 理念的创客教育的研究""互联网 + 背景下有效开展中外双师云课堂的探索与研究"等课题研究推动课堂教学方式变革，以麓山国际实验小学教师发展学校为平台，通过教师素养提升培训等途径，保证课程实施效果。同时，研究多元评价机制。学生评价采取形成性评价和总结性评价结合、定性评价和定量评价结合、教师家长评价和生生互评结合的形式。教师评价采取过程性与结果性结合、自评与他评结合等形式。课程评价从课程价值取向、目标、内容等方面来进行。

第三节　学校课程育人模式的必然选择

教育部原部长陈宝生多次在讲话中提到要充分发挥课程、科研、实践、文化等方面工作的协同育人功能，"要坚持一体化育人"，切实构建"十大"育体系。① 麓山国际实验小学所开展旳"基于学科育人的 3+N 课程体系研究"，体现了全体麓小师生在教育改革背景下对教育理想的追求，体现了学校课程育人模式不断变革发展的构想，更是学校不断进取，锐意开拓，走向一体化课程育人模式的必然选择。

一、政策导引，定位学校一体化课程育人的发展纲领

2018 年 1 月，教育部发布最新《普通高中的课程方案和课程标准》，提出了全面落实立德树人的三个导向：一是全面落实党的十八大和十九大精神，培养有理想、有本领、有担当的旹代新人；二是切实加强中华优秀传统文化和革命传统教育，增强文化自信，植入红色基因；三是进一步强化学科育人功能。而早在 2014 年发布的《关于全面深化课程改革落实立德树人根本任务的意见》等文件中，已经明确提出要加快完善学校课程建设，构建符合学校需求的特色课程。同时，麓山国际实验小学所在的湖南省，也在《湖南省基础教育课程设置标准》等文件屮明确提出要优化课程结构，构建综合、开放、特色课程。为更好地深入学习贯彻以上相关政策要求，麓山国际实验小学秉持各门课程都有育人功能，所有教师都负有育人职责的改革思路，在承担引领集团学校发展的使命与责任的同时，在"基于学科育人的 3+N 课程体系"的研究基础上，重新整理提炼，不断探索实践，将一体化课程育人作为学校最新的发展纲领，指导学校下一阶段的课程育人的全面改革与实践，构建从国家课程到区域课程再到校本课程三位一体的，丰富、完善、全面的课程体系。并在一体化课程育人的探索与实践中，带领全体师生一起扬帆起航，铸就了麓山国际实验小学这一书香校园、实践学园、成长乐园和幸福家园。

二、个体舒展，拓展学校一体化课程育人的发展可能

健全的生存哲学，本质上是一种尊重人的生命、尊重人的基本权利、尊重个体差异和个体生动性的哲学。这种哲学视人的生命价值与社会价值为个人生活不可或缺的经纬线，高度维护入的生命发展。

麓山国际实验小学课程的核心之一，是促成"文本课程"向"体验课程"转变，即从教材、教学计划、课程纲要的执行制定等转向师生对课程的真切体

① 温贻芳：《"专业一体化育人"如何"落地生根"》，《中国教育报》2018 年 4 月 17 日。

验、感受和领悟。这使得共同的课程内容针对不同学生生成了不同的个性化课程形态，成为学生"自己的课程"，学生在合作、探究中展示其独特个性和生命智慧，体验学习的乐趣，感受人格的自我成长。

学校还通过开设拓展型课程来增大课程的选择性，以适应学生的实际发展需要。加德纳认为，每个人都是具有多种智力组合的个体，包括语言智力、数理逻辑智力、视觉空间智力、存在智力，智力间的不同组合表现出个体间的智力差异。因此，在我们心里没有"差生"的概念，每位学生都有着发展的无限可能性。丰富的拓展型课程使每个拥有不同智力潜能的学生均获得自主选择课程的机会。

一体化课程育人扩大了学生的知识领域和学习空间，为每个学生展示和发展自己的特长与个性创造了条件，使每个学生能按照自己最突出的兴趣和天赋，在原有的基础上不断提高和发展，使每个学生能在自己喜欢的天地里自由表达源自生命体验的独到见解，不断迸发思维与才情，产生驾驭知识的积极情感态度，甚至在丰富的体验中勾勒自己未来的前景，选择自己发展的目标和道路。

三、课程开放，整合学校一体化课程育人的多方资源

人是开放性、创造性的存在。一体化课程育人就是不框定人的发展范围，引导人全面、自由、积极、多元地发展。在课程建设与实施中，我们强调师生双方的积极互动、共同发展，即教师要创造性地实施课程，学生要主动探索知识的发生和发展。

在一体化课程育人理念下，麓山国际实验小学的课程不应囿于僵化的范式，而应该具有创新性。我们对课程目标、课程材料、教学过程和学习方式进行了修正、调整与改变。课程实施过程本质上是教师和学生在具体教育情景中共同合作，联合创造新的教育资源的过程。包括教材在内的教育计划只是师生进行经验创造时可供选择的媒介和可利用的资源，它仅为师生创造新的教育经验提供了一种参考框架。只有作为一种资源、媒介、参考框架的教育计划通过师生的共同解释和自主构建真正转化成师生体验到的教育经验时，它才是有意义和价值的。师生应在具体的课程情境中，通过合作探究、自由对话和批判反思等创造和构建课程，从而促使学校和教师充分发挥创造性和主体性，去挖掘和整合各种可利用的课程资源，去收集相关课程材料，自觉开发适合学生的校本课程，设计恰当的综合实践活动主题，使学生在自主探究和合作学习中发展

创新精神、探究意识和合作能力。

在一体化课程育人理念下，麓山国际实验小学的课程具有充分的开放性，全方位整合了来自各个领域、各个方面的资源，共同服务于课程育人的实践。从源头上来讲，湖湘文化经世致用、敢为人先、多源、包容的风气和特点，使学校课程开发更注重创新精神、实践能力、多元发展目标的实现。从资源范围来看，国际交流活动的频繁开展，学校、社区、家庭的广泛参与，使课程日趋完善和丰富，使学校成为具备不断生长和自我更新能力的开放组织系统。这些开放资源的融合与整合，形成巨大的教育合力，共同作用于麓山国际实验小学，使学校教育产生全方位、多元化、立体化的协同育人成效，推进了学校教育持续续、健康、高位发展，使学交形成了软实力、向心力和核心竞争力，并始终指向培育"面向世界，博采众长，发展个性，奠基人生"的"豪迈中国人"这一终极理想目标。

第二章

基于学校文化生态的 3+N 课程
体系构建

传统观念认为，文化是一种社会现象，它是人类长期创造的产物，同时又是一种历史现象，是人类社会与历史的积淀物。教育、科学、艺术都在广义的文化范畴之内。

学校作为传播知识、培育人才的文化场所，其文化是学校办学和育人的核心，凝聚了学校师生共同的信念、愿景、价值观，对学校的未来发展起着融合、统领、规范、激励的作用，是学校立德树人的根本。麓山国际实验小学（简称麓小）在建校之初，就充分认识到学校的高质量发展与建设必须紧紧依托学校文化这个关键点，精心打造学校文化生态，让学校文化深深扎根于全体麓小师生的灵魂和精神之中，促进和带动学校的全面发展。基于这样的文化自觉与教育行动，学校各项教育成果如吸足养分的植被一般纷纷破土而出，萌芽新生，蓬勃向上。基于学校文化生态的3+N课程体系就是其中尤为瞩目的一抹绿色，体现了麓山国际实验小学的课程育人的实践成效，促进了学生全面和谐的发展，给学校带来了发展活力，助推了学校的高质量发展。

第一节　承继优良的湖湘文化办学传统

学校文化，是一所学校在发展道路上淬炼出的风骨与品格。优秀的学校文化要经过学校几代人的承继和发展，让其精神内核在全体师生内心生根演化，从而实现学校文化"内化于心，外化于行""以文化人，以文育人"的作用。美丽的麓山国际实验小学南依麓山，东临湘江水，与千年学府岳麓书院毗邻。极具湖湘特色的人文环境、幽雅的校园、现代化的教学设备、先进的教学理念、优秀的教师队伍，为学生的全面成长营造了良好的教育生态。"国际实验"体现了长沙市委市政府对湖湘第一所"与国际接轨"的窗口学校的期望。学校在这样的基础上，积极对外开放，与国际教育接轨，重视文化建设，营造育人环境，推进课程改革，不断探索实践，成了一所承继湖湘优良教育传统，具有较高国际化水平的实验性小学。

一、继承"麓山"特色文化

湖湘文化，是一种具有鲜明特征、相对稳定并有传承关系的历史文化形态。先秦、两汉时期湖南的文化应该纳入另外一个历史文化形态——楚文化中。屈原的诗歌艺术、马王堆的历史文物，均具有鲜明的楚文化特征。而南北朝及唐宋以来，历史的变迁发展，特别是经历了宋、元、明的几次大规模的移民，使湖湘人民在人口、习俗、风尚、思想观念上均发生了重要变化，先后产生了理学鼻祖周子，主张经世致用而反对程朱理学的王夫之，以及"睁眼看世界"的魏源等一系列思想家，从而组合、建构出一种新的区域文化形态，称为"湖湘文化"。

（一）湖湘文化的发展源流

先秦、两汉的楚文化对两宋以后形成的湖湘文化有着重要的影响，是湖湘文化的源头之一。湖湘文化在历经先秦湘楚文化的孕育、宋明中原文化等的洗礼之后，获得了"湖南人才半国中""中兴将相，什九湖湘""半部中国近代史由湘人写就""无湘不成军"等盛誉。[①]

湖湘文化是一种地域性的文化。在文化重心南移的大背景下，湖南成为以儒学文化为正统的省区，被学者称为"潇湘洙泗""荆蛮邹鲁"；同时，唐宋以前的本土文化，也包括了荆楚文化。这两个渊源分别影响着湖湘文化的两个层面。在思想学术层面，中原的儒学是湖湘文化的来源，岳麓书院讲堂所悬的"道南正脉"匾额，显示着湖湘文化所代表的儒学正统。

从社会心理层面来说，如湖湘的民风民俗、心理特征等，则主要源于本土文化传统。这两种特色鲜明的文化得以重新组合，导致一种独特的区域文化的形成。所以，探讨研究湘学者，能发现湖湘文化中的儒学正统特色，无论是周敦颐、张南轩，还是王船山、曾国藩，他们的学术思想、学术追求，都以正统的孔孟之道为目标；而考察湘人者，则更会感觉到荆楚山民刚烈、倔劲的个性。当然这两种文化是相互渗透的：湘人的性格特质，又受到儒家道德精神的修炼，故而表现出一种人格的魅力和精神的升华。

如曾国藩在自我人格修炼时追求的"血诚""明强"，常使人体味到这种二重文化组合的妙处，"诚""明"的理念均来自儒家典籍和儒生对人格完善的追求；而"血""强"的观念又分明体现着荆楚先民的一腔血性。曾国藩组建的湘军，其成员主要是湖湘之地的山民，曾国藩既看中了他们的耿直、刚劲的湘人性格，又要求他们学习儒家道德和文化修养，体现了他对这种二重文化组合的自觉运用。

这里是不为中原人文所沾被的荆蛮之地，如何会形成以中原文化为主要源泉的湖湘文化呢？

---

① 王开林：《敢为天下先——湖南人凭什么纵横中国》，经济日报出版社2007年版。

继先秦两汉经学、魏晋玄学、隋唐道学之后，两宋时期兴起了理学文化思潮。作为一种新兴的文化思潮，理学的主要特点在于对传统思想文化的综合。它以复兴儒学为旗帜，要求重新解释儒学经典，力图使儒家文化在新的历史时期得以振兴。另一方面，它又大量吸收、综合了佛、道两家的宇宙哲学和思辨方法，将其补充到儒家学说中去，将儒学发展为一种具有高深哲理的思想体系。由于理学能够振兴儒学、发展儒学，适应中国封建社会后期的需要，故其很快成为了一种占统治地位的意识形态，一直延续到晚清时期。

宋代出现了儒学地域化。学者们"罢黜百家"，潜心著述、授徒讲学。于是，一个个具有各自学术传统、思想特色的地域学派就形成了。在北宋时期，有理学鼻祖周敦颐的濂学、张载的关学、二程兄弟的洛学；到了南宋，则有朱熹的闽学。后朱熹在岳麓书院讲学，史有著名的"朱张会讲"，使发端于湖湘的理学在湖南得到了进一步的发展。①

两宋以来，湖南的教育一直处于兴盛时期，特别是在近代百余年中，湖湘文化的育人功能得到充分发挥，造就了各个时期（鸦片战争、太平天国、维新运动、辛亥革命和新民主主义革命）的五大人才群体，出现了"惟楚有材，于斯为盛"的局面，创造了湖南教育史上的辉煌。这一优良教育传统相传至今。

（二）麓山文化的发展延伸

研究湖湘文化，不能不探析"麓山文化"。所谓的"麓山文化"，体现了位于长沙的岳麓山所蕴含的自然灵气和人文精神。

岳麓山海拔不高，但挺拔秀美，并历经千百年的风雨沧桑，在此形成了融山、水、洲、城于一地，融儒、释、道三家文化于一体，在湖湘文化中占据重要位置的底蕴深厚的"麓山文化"。山顶云麓道宫的道家文化，山腰古麓山寺的释家文化，山脚岳麓书院的儒家文化，共融于岳麓山中，传承着湖湘文化的精气神。岳麓山是人们感受中华文化特别是湖湘文化的圣地。可以说，岳麓山是一座充盈着人文精神、滋养人心灵的文化高山，麓山文化比较完整地诠释了湖湘文化的发生发展和延伸过程。因此，品读麓山文化更能直观深入地理解湖湘文化。

麓，林属于山为麓。——《说文》

麓者，林之大者也。——《水经注》

"麓"原指山脚有水有草，适合动植物生存之地，各类生灵都能在此舒适

---

① 马美:《理学鼻祖周敦颐》,《老年人》2009 年第 1 期。

从容地栖居。麓山校园是适合学生茁壮成长的地方。从广义上讲，麓山是南岳七十二峰之适合生存之地；从狭义上说，麓山指的是湖湘文化的名山，湖湘精神的聚集地。"麓山"不仅是地名，更代表了从麓山发源的湖湘文化及优良教育传统。"麓山"是传承湖湘文化精神、适合湖湘学子聚集生长之地，济济人才将从"山麓"（山之足）出发，承湖湘文化一脉，攀登知识的高峰。

岳麓山位于长沙城郊、湘江西岸，是南岳衡山七十二峰之一，"岳麓之胜，甲于楚湘"。长沙麓山国际实验小学就坐落在"碧嶂屏开，秀如琢玉"的岳麓山下、湘江之滨。时间不是历史，但岁月的犁铧在湖南长沙岳麓山下的这片热土上留下了道道历史年轮。长沙麓山国际实验小学，这朵东临湘水、南依岳麓、北偎王陵的教育奇葩，在改革开放的春风中开放。没有历史的重负，没有传统的沉疴，学校以新的教育理念、办学体制、育人模式，承湖湘文化一脉，放眼世界，海纳百川，顺势应势，深索实践，虽遭遇困难，仍坚持办学理想，不断创新发展，焕发勃勃生机。

二、发扬"麓山文化"优良学风

"学风"，最早源于《礼记·中庸》，好的学风，即是"广泛地加以学习，详细地加以求教，谨慎地加以思考，踏实地加以实践"。在教育部颁布的《普通高等学校本科教学工作随机性水平评价方案》评估指标体系中，学风被作为重要的一级指标，包含三个二级指标：教师风范、学习风气、学术文化氛围，其中学习风气为重要指标。我们一般意义上所讲的学风是指"狭义的学风"，即学生在长期的学习过程中形成的一种相对稳定的学习风气与学习氛围，是学生总体学习质量和学习面貌的主要标志，是学生群体心理和行为在治学上的综合表现。可见，学风既是一种学习氛围，又是一种群体行为，不但能使学生受到潜移默化的熏陶和感染，还能内化为一种向上的精神动力。在学风优良的环境里，学生的思想品德、价值观念、行为方式、意志情感等都会发生变化。学风会对学生的成长成才及人生发展产生深远的影响。

（一）重教兴学的风气

近现代，湖南形成了世所罕见的重教兴学的风气。一是族学蓬勃兴起；二是书院快速发展；三是私人办学蔚然成风，创办了一大批久负盛名，至今仍在发挥示范作用的学校。民国元年，政府明确规定，各族族长等如有阻挠办学者处以罚金，认真办学者予以奖励。中华人民共和国成立后，这种优良教育传统更加发扬光大。我们学校就是在我国改革开放的社会大背景下，由政府和民间力量创办的，是从现代湖湘重教兴学的民风士气中诞生的。因此，我们十分珍惜这种民风士气，过去和现在都是如此，今后更要把保持学校与社会的良性互动视为学校发展的不竭动力。

教育的发展不能光靠教育从业者单方面努力，也不能靠政府行政命令强制推动，它更需要民众的理解、支持。在特定的文化与地域条件下，湖南人重教育。南宋胡安国、胡宏父子"卒开湖湘之学统"，此后张栻在长沙创设城南书院，掌教岳麓书院，"一时从游之士，请业问难者至千余人，弦诵之声洋溢于衡峰湘水"，自此湘学大盛，人才辈出。"吾道南来，原是濂溪一脉；大江东去，无非湘水余波"，在无数湖湘先辈矢志求道精神的激励和感染下，三湘大地逐渐形成重教兴学、磨血育人的民风传统。

在民间，读书然后入仕，然后光宗耀祖，改变家族、乡梓命运，可能是最佳甚至唯一的选择。因而无论是富家大户还是贫苦人家，对儿孙的教育可谓不遗余力。自东汉初年出现学校教育以来，先贤学子、社会绅民、开明官吏重教兴学者络绎不绝。至晚清时私学遍布全省城乡，仅族学一项，全省 160 大姓，691 个分支就有族学 1 144 所。重教的风气也与历届湖南主政者及各级官员重视教育有关。古代的政府官员大多为科举出身，在社会事务范围相对狭窄、经济促进空间相对有限的情况下，维护一方稳定之外，官员大多能自觉把"兴教一方"视为己任。近代湖南的陈宝箴、端方、赵尔巽、谭延闿，甚至政声不佳的庞鸿书、俞廉三、何键，也多有兴教之举。教育现代化转型闸门开启之后，从政府到民间的浓厚的重教风气，锤炼了朱剑凡、胡元倓、禹之谟、陈润霖、何炳麟、徐特立、罗辅重等一批淡泊名利、个性鲜明而又充满血性的教育家们，他们志存高远，"磨血"育人。

20 世纪 90 年代以后，湖南教育发展开始进入快车道，在义务教育的普及与巩固、职业教育的特色发展、高等教育的规模提升等各个领域成绩斐然，迄今各类学生规模达 1 100 余万人，教育人口占全省总人口的比例达到 18%，湖南已经成为不折不扣的教育大省。然而不应忽视的是，这期间一方面是被误读的"教育产业化"导致教育成本直线上升，普通民众不堪重负；另一方面是大跃进式的教育规模扩张，造成大批教育资源的闲置与浪费。特别是最近几年，非理性扩招狂潮下毕业即失业的现象愈演愈烈，一方面是读不起书，另一方面是读了书却找不到出路。民众是天生的经济学家，算算眼前的经济账，考虑种种机会成本，新一轮读书无用论重新抬头也就不足为怪了。特别是在农村，要么考一所好学校，追求升学率便成为部分农村学校的第一选择；要么走向另一个极端，听之任之，重教风气与传统自然打了折扣。

　　教育发展的氛围，首先在于社会对教育的重视程度，新一轮"读书无用论"的苗头，折射出转型期教育政策的错位导致民众对于教育改变命运的预期值的降低，对于正处于发展关键期的湖南教育，其负面影响是显而易见的。与此同时，湖湘教育传统中"蓄血兴学"的有志之士日渐稀疏。在"教育产业化"的喧嚣中，让人寒心的是，不但多数私立教育机构，甚至不少国有名校的主持者也变着法子赚钱，旧时代曾经广遭非议的"学店"时下并不鲜见。对此，诸如"炮轰教育"等各种尖锐的批评不绝于耳，甚至有人把教育列为当今最腐败、潜规则最为盛行的行当之一。对此，值得反思的不仅仅是教育界——当基本的办学条件无法满足，当教师的基本生活尊严不能保障，当弄钱成为校长的第一要务，李约瑟之问、钱学森之问、乔布斯之问的解答必然"绵绵无绝期"。无论是基础教育的投入、高等教育的规模与结构，还是教育对经济社会发展的贡献率，湖南乃然有很长的路要走，弘扬重教兴学、磨血育人的传统，依然是重要的题中之义。无论是政府还是民间，公开舆论场上教育的重要性不容置喙，但转型期浮躁、功利的世风下，政府不应再以穷省办大教育的省情为托辞推诿谋划、改革、发展教育之责，也不能站在遥不可及的高处，以倨傲施舍的心态对待教育，而应把其作为最重要的民生，俯下身来，真正以民众的满意度作为出发点和归宿点，通过理性而有力的政策规范、舆论引导，营造党政主导、部门联动、全民参与共建教育强省的合力与氛围。①

　　在湖南重教兴学教育风气的熏染下，麓山国际实验小学不甘落后，提倡"勤勉、好学"的学风，勉励学生以"勤"为风，以"学"为乐，充分珍惜求学时光，享受求知过程。孩子们徜徉在青葱校园中，穿梭于各个楼宇之间。"乐学楼""勤学楼""博学楼""敏学楼""笃学楼"……充满理想的名称让校园变得生动而立体，让孩子们沉浸于浓厚的学习氛围中。"学苑广场""学苑路""学府路"……通往知识的道路引领学生不断前行，且行且思。而名为"学海无涯"和"麓山有路"的校徽闪耀胸前，更给予学生无限的学习动力和学校荣誉感。

（二）经世致用的学风

　　经世致用是宋代以来湖南书院盛行的一种学风，教育学子"不读死书、讲

---

① 伍春晖：《湖湘教育传统与当代湖南教育》，《教育文化论坛》2014年第3期。

求实学"，掌握"齐家治国平天下"的真实本领。废除科举、提倡新学以后，这种学风和办学思想更成为湖南教育界的一种风尚。

楚先民早在"筚路蓝缕，以启山林"的发展阶段，就孕育了强烈的事业进取精神。屈原流放沅湘，始终念着富国强民。为解救祖国的危难和人民的疾苦，他表示"亦余心之所善兮，虽九死其犹未悔"。起承转合，千载而下，湖湘士子将先人的精神发扬光大，提炼出了湖湘学风的基本内核——经世致用。

宋明理学中湖湘学派的一个鲜明特点，就是把传习理学的学术教育活动同经邦济世、解危救难的强烈经世愿望紧密结合在一起。胡安国以《春秋》为"经世大典"，胡宏主张"以仁致用"，张栻强调"知行并发"，无不出于现实的需要。湖湘学派产生之际，南宋正处于内忧外患之秋，湖湘人士除蒙受了一种家破国亡的屈辱感外，还多了一层民族文化的危机意识，因而认识到倡行经世致用，既是为了"经邦济世"，也是为了挽救理学自身。

湖湘学子的经世济民活动是多方面的。

明末清初，从岳麓书院走出来的王夫之，又把经世思想推上了一个新的高度。王夫之本以反清复明为头等大事，在举兵起义、出仕南明的政治斗争失败后，才归隐山林，发愤著述，以表达自己的经世致用之志。他把天、道、心、性奠定在气、物、欲等感性存在的基础上，提出"天下惟器"，"据器而道存，离器而道毁"的唯物自然观，从而抑制了理学走向空疏和虚诞，适应并推动了实学思潮的发展。

到近代，湖湘经世学派发展到了巅峰。魏源首开近世风气，在学术上复兴今文经学，打破旧汉学板块而为新学；在政治上提倡"师夷长技以制夷"，使湖湘学人从此走出封闭，睁眼看世界。

曾国藩承"桐城派"遗绪，自开"湘乡派"士风，使庞大的"书生领兵"集团形成。从这一集团分离出来的郭嵩焘和曾纪泽，走出国门，到外面呼吸新鲜空气，成为中国第一代杰出的外交家。

然后，谭嗣同、唐才常等充当激进维新派的弄潮儿，湖南成为全国新政"最开风气的省份"。再后以黄兴、陈天华、宋教仁、焦达峰等为代表的资产阶级知识分子集团形成，在推翻清王朝的伟大斗争中，为湖南摘下首功。

"实事求是"语出《汉书·河间献王传》，但之后千余年间却不见经传。1885 年，湖南巡抚卞宝弟为《湖南通志》所作的序言提出"实事求是之心不敢不勉"。1914 年湖南工业专门学校校长宾步程将"实事求是"四字刻成大匾，悬挂在岳麓书院。后来，毛泽东对"实事求是"进行改造，"一切从实际出发"

成为毛泽东思想的灵魂。①

麓山国际实验小学创办初期，就特别重视传承湖湘文化精神，更注重培养国际化人才的"经世之学"，把英语和信息技术作为重点课程加以建设。21世纪以来，伴随着教育改革的深入和新课程的实施，国内外各种教育理论和方法纷至沓来。学校"讲求实学，不课时文"，接纳能被广大教师理解的教育理论，选取能为广大教师操作的教育方法，让先进的教育理念"落地"。如采用3+N课程体系的理念和方法，使其在学校落地生根，取得了改革课堂教学、提高教育质量的实际效果。经世致用的学风也成为麓山国际实验小学的办学传统。

第二节　共创博采众长的学校文化生态

学校文化包括学校的精神文化、制度文化、校园物质文化、师生行为习俗文化。其核心是精神文化，它反映了学校的教育思想、办学理念、价值观念、思维方式。② 良好的学校文化生态的打造是促进学校文化由潜在转化为自觉，让师生在理解中认同、在认同中践行，把学校文化内化为自己的信念与行为的关键路径。

基于这样的认识，麓山国际实验小学按照国家的教育方针，坚持育人为本，树立人人都能成才、师生和谐平等的育人观念，以学校的课程和教学作为学校文化的载体，以承继优秀湖湘文化传统为起点，在学校教育思想、办学理念、价值观念、课程改革的探索中，重视麓山文化内涵的涵养，重视价值观、思想情感的熏陶，创建了博采众长的全方位、一体化的麓山国际实验小学富有个性特色的学校文化生态。

一、确立"面向世界，博采众长，发展个性，奠基人生"的办学理念

美国教育家鲍伊尔认为，任何一所学校，有一个共同的奋斗目标比什么都重要。鲍伊尔所说的共同奋斗目标，就是办学理念的核心内容。提炼办学理念是学校创新发展需要审慎思考并追寻的基本问题。建校初期，学校创始人提出"面向世界，博采众长，走向辉煌"的口号，表达了一种开放、包容、走向

---

① 陈先枢：《论湖湘学风的特征》，《湖南社会科学》1997年第2期。
② 顾明远：《学校文化是什么》，《今日教育》2013年第12期。

成功的办学理想，激发麓山人办一流国际小学的雄心壮志。后来随着学校的发展，我们认识到办学理念的内核是学校观、教育观、学生观。经过不断的提炼与反复的论证，确立了"面向世界，博采众长，发展个性，奠基人生"的办学理念，将麓山国际实验小学的学校文化进行外化表达，为学校的发展指明了方向。

（一）面向世界，博采众长

【面向世界】

"面向世界"是指结合学校"国际实验"的实际，把学校放在世界教育的平台上，表达的是敢为人先的学校精神和放眼世界的宏大气度。

【博采众长】

"博采众长"是湖湘文化的精神特质，体现了湖湘文化中不同民族、不同地域、不同学派之间的文化融合，以及湖湘文化与外国文化融合的创新意识，表达的是麓山国际实验小学兼收并蓄的创新精神。

面向世界，博采众长，反映了麓山国际实验小学的精神气度和文化品位。

学校以邓小平"教育要面向现代化，面向世界，面向未来"的教育思想作为办学的指导思想，结合学校冠名"国际实验"的实际，突出"面向世界"这个维度。学校提出的"面向世界"是指从理念与实践相结合的层面上面向世界开放办学，把学校放在世界教育的平台上，让它在国际教育交流与合作中，在现代教育理论的指导下，借鉴发达国家先进的教育经验，实现高水平发展。这种放眼世界的宏大气度正在转化为学校发展的力量和行动。一是把学校办成湖南省唯一的一家"外商子女就读学校"，每年接纳来自美国、英国、韩国等的学生就读；二是聘请英国、美国、加拿大、澳大利亚等国家的有资质的优秀外教进行英语口语和国际部数理化等基础文化课程的双语教学；三是走出国门，先后与日本、英国、美国、加拿大、澳大利亚、韩国、新加坡等国家的学校开展国际教育交流活动，每年组织学生出国游学，教师和学校管理人员境外考察。

作为办学理念，博采众长表达的是学校兼收并蓄的创新精神，也就是发扬本土文化与众多外国文化之长处，从多方面汲取国内外学校的先进办学经验，形成一种突出合作与交往的创新的文化。这是学校文化品位的追求。基于这样的理念，"博采众长"具体体现为：

一是文化学习。定期派遣优秀教师到国外参观、访学，学习外国教育研究成果，参观世界博览会，观看外国教育电影，开拓国际视野，感知丰富多彩的世界文化，促进教育教学的研究与创新；开设湖湘文化和英语文化课程，让学生同时学习本土文化和欧美文化，汲取两种文化之长。

二是文化交流。开展国际文化交流活动等。组织学校京剧社等中国民族特色文化学生社团出国，参加国际青少年艺术节，开展国际文化交流活动。

三是文化体验。每年安排一批学生出国游学，走进外国中小学校园，感受不一样的课堂文化；走进外国同学家庭，参观当地著名景点，体验不一样的历史文化、风土人情和家庭生活。定期举办国际合作的英语夏（冬）令营，让更多学生获得英语文化和多元文化体验。

四是文化融合。在校园里，建立我国学生和外国教师、外国同学和谐共处的多元文化交流的人际关系，营造团结合作的集体生活环境，建设促进国际理解的校园文化，形成以本土湖湘文化为主体、多元文化融合的学校文化氛围，使我们的学校文化能够与世界、与人类普遍的文化共识接轨。

（二）发展个性，奠基人生

"发展个性，奠基人生"表达的是我们学校教育的核心价值追求，即把培养人、发展人、成就人作为教育根本目的。这继承了岳麓书院"成就人才，以传道济斯民也"的教育宗旨和理念，能够为实现人的个人价值和社会价值奠基。

它包括三层含义：

第一，把培养人、发展人、成就人作为教育根本目的。学校强调"人才"内在人格的精神力量。此外，学校教育的价值追求也受到鲁迅先生"立人"教育思想的影响。"立人"强调教育必须发展每一个人的个体精神自由，即教育要培养人的独立人格、自由的思想、创造的精神。用鲁迅自己的话来说就是："其首在立人，人立而后凡事举。"因此我们认为，让人的外在形象、人的人格气象、人的内在生命立起来，让"真正的人"立起来，是学校教育的责任，也是学校时刻要践行的教育理念。

第二，要为满足学生个人发展需要奠定基础。这是从人性内在向往和本能自然追求出发的。我们推崇"为了每一个学生的发展"的新课程理念，使面向每一个学生、发展学生的个性成为一种自觉的办学行为。我们的教育实践追求是：要让每一个学生都有自己特别感兴趣的课程（包括国家课程、学科拓展课程和校本选修课程）、学习领域和实践活动；要让每一个学生都有经常在小组和全班展示自己学习成果的机会；要让每一个学生都学会独立思考，敢于提出不同观点和见解，遇事有主见；要让每一个学生都获得来自不同方面的肯定和奖励；要让每一个学生都享受学校生活的自由舒畅。这有助于学校进一步树立坚定地把学生培养成有独立意识、有判断能力，同时性格阳光的人的教育信仰。

第三，要为满足未来社会对人的发展需要奠定基础。这是基于社会进步和发展的外在要求。从为学生"奠基人生"出发，学校的课程、教学和德育都围绕未来全球化社会对人的发展的需要设计内容、形式和学习方式。首先是教好全部国家课程，让学生形成扎实的基础学力，打下宽厚坚实的"通才基础"；同时，从小学入学开始持续开设英语和信息技术课程，让学生掌握未来社会和世界公民生存与就业的技能，即21世纪的基本能力。最后通过持续不断的德育实践活动，让学生提升国际视野，形成爱心、社会责任感和与人共处的意识，发展良好的人际关系能力，以主动适应新的全球经济形势下的竞争与合作。总之，要让学校教育成为使人能动地适应他所生存的世界的活动。

二、提炼具有"湖湘精神，中国根基，国际视野"的育人目标

苏霍姆林斯基曾说："要使学校的每一面墙壁说话，发挥出人们期望的教育功能。"为传承麓山文化，麓山国际实验小学不断创新内涵发展，提炼出具有"湖湘精神，中国根基，国际视野"的育人目标。要用先进的办学理念引领学校发展，不断深化教育改革，优化管理服务，全面实施素质教育。要把学生培养成有"自信、自理、自主"能力和"爱心、责任、合作"素养，有全球胸怀和独立人格的世界公民；让教师成为有包容情怀、反思意识和责任担当、合作精神，有职业幸福感和专业知识技能的研究型教师；努力把学校办成师资雄厚、质量一流、管理规范、特色鲜明、设施完备的具有实验性、示范性的现代化窗口学校，为长沙创建儿童友好型城市发挥积极示范作用。

（一）育人目标的体现

育人是学校工作的根本，学校一切工作都要围绕育人这个中心，不断提高学生培养的质量。学校通过校训、誓词、精神三方面体现育人目标的要求。学校提出"学会生存，学会关心"的校训、"做豪迈的中国人"的誓词，以及"追求卓越，永不满足"的学校精神，以此将学校文化的内涵予以呈现和外显，使学校适应时代精神的发展。

1. 校训：学会生存，学会关心

"学会生存，学会关心"是联合国教科文组织面对人类未来发展而提出的。

1993年，学校在办学之初，正值邓小平同志提出教育要"三个面向"10周年，学校以"学会生存，学会关心"作为校训，表达了湖湘后人在世纪之交"面向世界，博采众长"的办学理念。在二十多年的办学实践中，一代代麓山人不断探索，形成了"湖湘国际化实验性"的办学定位，用教育实践诠释了体现湖湘优良教育传统的"学会生存，学会关心"的精神内核。

图 2-1　麓山国际实验小学育人机制

【学会生存】

"学会生存"表达了湖湘文化"蛮"的精神，强调养成"勤奋、质朴、勇敢"的优良品质。

学会生存是一种现代教育理念，怎样让这样的教育理念"落地"到实践中来，怎样让这样的培养目标为老师和同学们所理解、所把握、所操作？我们基于本校学生群体已有的行为表现和发展需求，基于学生发展的主动性理念，提出了一个能操作、可观察、可评价的学生自我发展要求，即"自主""自理""自信"。

【学会关心】

"学会关心"表达了湖湘文化"心忧天下"的精神，强调培育"关心社会，关心国家，关心世界"的意识。

我们总的目标是培养有能力、关心人、爱人，也值得别人爱的人。内容包括：明确"关心"的内容，"关心自我"，"关心身边的人"，"关心陌生者和远离自己的人"，"关心动物、植物和地球"，"关心人类创造的物质世界"，"关心知识"；培养关心他人的态度与能力，能用尊重、信任、友爱、宽容的态度与人相处，能分享、接受、给予爱和友谊；建立关心和被关心的双边关系，形成一种关心的文化；培育国际理解素养，形成多元文化意识和全球责任感，增进对远在异国他乡的陌生人的关爱之情。"学会关心"的具体培育目标是"爱心""责任"与"合作"。

2. 誓词：做豪迈的中国人

"做豪迈的中国人"是一个具有民族性、时代性和国际性文化内涵的培养目标。

"豪迈"意为大气魄、大格局，勇往直前。麓山国际实验小学以"做豪迈的中国人"为誓词，意在引领麓山学子以湖湘精神"心忧天下，敢为人先"为使命感召，以毛泽东、曾国藩、左宗棠、郭嵩焘等一批具有大气魄、大格局，影响中国、影响近代史、影响世界的湖湘文化名人为精神指引，立志做具有湖湘根基和国际视野的"豪迈的中国人"。

"做豪迈的中国人"要表达的是学生在"学会生存""学会关心"的基础上，要做一个什么样的人。在全球化时代"做豪迈的中国人"，对学生有三个层次的目标要求。

第一个层次是做一个中国人。要求：一是"知"，学懂中国历史文化知识，知道中国现实国情，了解中国与世界的关系；二是"情"，具有中国灵魂、民族情结、爱国情怀；三是"意"，有捍卫中国主权，保护中国历史文化和自然环境资源，为中国人民谋幸福的坚强意志；四是"行"，在学习生活、社会实践、国际交流中为中国的改革开放和社会发展做出力所能及的实事。

第二个层次是做一个现代中国人。目标要求：全面发展、学有特长、全球胸怀、独立人格。"全面发展"的目标涵盖国家规定的道德品质、公民素养、学习能力、交流与合作、运动与健康、审美与表现六个方面的基础性发展目标和学科学习目标。"学有特长"，即学生的特长不限于传统意义上的艺体特长，而是扩展到课程学习、实践活动、国际交流、社团组织、管理服务等各个领域。"全球胸怀"强调作为"世界公民"的国际理解素养。"独立人格"表现为：独立意识强，习惯于独立思考，不依赖外在的精神权威；具有独立判断能力和独立自主精神；认识自我，积极评价自我，自信程度高；有较强的自主意识和进取心，主动寻求自我价值的实现；在与他人交往中保持自身的独立性，并以个体的独立价值参与社会活动；具有较强的自身心理承受能力和独立处事的能力。

第三个层次是成为"世界公民"。所谓"世界公民"，是指把自己置身于世界体系中，具有世界眼光，不止关心自己的社区和国家，也关心世界，愿意身体力行承担全球责任的人。启蒙运动以来，一些超越国家民族的狭隘情感、具有世界情怀的知识分子，或者由于种种原因奔走于世界各地的人，把自己叫作"世界公民"。在人类进入了全球化时代，各国、各地区之间的联系日益紧密的今天，可以说，人人都成了"世界公民"，即使没有跨出国门，也可能受到外部世界的影响，也会对他国居民产生影响。麓山国际实验小学着眼于学生的终身学习和发展，为他们成为世界公民奠定素质基础。

（二）湖湘精神的融合

　　著名学者林语堂写过一篇题为《北方与南方》的文章，评价过"湖南人则以勇武和坚韧闻名"。近代著名文化学者钱基博在《近百年湖南学风》一书中说过："湖南之为省，北阻大江，南薄五岭，西接黔蜀，群苗所萃，盖四塞之国。其地水少而山多，重山迭岭，滩河峻激，而舟车不易为交通。顽石赭土，地质刚坚，而民性多流于倔强。以故风气锢塞，常不为中原文明所沾被。抑亦风气自创，能别于中原人物以独立。人杰地灵，大儒迭起，前不见古人，后不见来者，宏识孤怀，涵今茹古，罔不有独立自由之思想，有坚强不磨之志节。湛深古学而能自辟蹊径，不为古学所囿，义有淑群，行必厉己，以开一代之风气，盖地理使之然也。"梁启超说过："可以强天下而保中国者，莫湘人若也。"湖南特有的地域文化，海内外学人称之为湖湘文化。

　　湖湘文化的基本精神是什么？著名作家唐浩明认为：湖湘文化之魂，也就是湘魂，可概括为八个字：心系天下，敢为人先。湖湘学派学者周兴旺概括为以下四个方面：淳朴重义，勇敢尚武，经世致用，自强不息。其实，经世致用，忧国忧民，自强不息，敢为人先，不独是湖湘文化的基本精神。[①]

　　"心忧天下"（取自左宗棠对联"身无半亩心忧天下，读破万卷神交古人"）突出表现了湖湘子弟以天下为己任的忧患精神，历史上左宗棠在家治学、毛泽东在长沙求学时，都曾以此自勉。麓山学子以湖湘精神为鉴，涵养天下意识、大局意识。"敢为人先"（取自《道德经》的"不敢为天下先"）突出表现的则是湖湘文化积极进取的拼搏精神和历史上湘军"霸得蛮"的大无畏精神。麓山学子以湖湘精神为鉴，培养创新、进取精神。

---

① 陈代湘：《湖湘学案》，湖南人民出版社1999年版。

（三）中国根基的底色

"中国根基"是学校对学生成长的底色要求，表达的是"具有中国根基的孩子"要学懂中国文化知识，知道中国现实国情，了解中国与世界的关系，具有中国灵魂、民族情结和爱国情怀。

从远古至今，中华文化如长江黄河之水奔流不息，灿烂的中华文明一直延续着。经过了几千年的文化积淀，中华民族传统文化中体现出诚实、善良、谦卑、包容等优点，以及"己所不欲，勿施于人"，"忠、孝、节、仁、义、礼、智、信"等。中华传统文化追求天人和谐，并重视个人修养，强调儒、释、道并存，包容各个民族，继承和发展各个民族的文化，维护人们的道德，从而使中华民族有了一种独特精神，这种精神成为了中华文化的精髓。而到了现代，毛泽东主席等老一辈革命家，将马克思主义同中国实践相结合，有了共产主义的远大理想，走出了一条符合中国的革命道路，将中华民族的思想发扬光大，为中华文明掀开了崭新的一页。[①]

（四）国际视野的追求

长沙市委市政府和第一代麓山人以"国际实验"命名学校，确定了"探索对外开放、与国际教育接轨、成为湖湘国际化实验性学校"的办学定位。"培育具有湖湘精神、中国根基、国际视野的中国人"体现出第三代麓山人秉承第一代麓山人最初的办学定位，对教育理想有矢志不渝的追求。

进入 21 世纪，人类进入全球化时代，各国、各地区之间联系日益紧密，麓山国际实验小学着眼于学生的终身学习和发展，为他们成为一个具有国际视野的中国人奠定素质基础。其中包含三个维度的目标要求。一是知识与能力。了解国际知识，懂得全球互相依存的关系；认识世界与我国发展的关系；了解世界上贫穷与不公平的成因，认识可持续发展的重要性；具备合作学习、有效讨论、批判思维、欣赏差异、理解分歧、调解纷争、解决问题的能力，以及国际交往技能和国际理解素养。二是情感与价值观。确立人类共同的基本价值观；认同多元文化，尊重不同文化的价值；设身处地感受世界上贫穷与不公平的状况；反思个人与世界的关系；探讨中国发展对世界的影响。三是行为表现。按照人类共同的基本价值观规范自己的行为；正确分析和处理国际问题；身体力行，为个人的行为对世界的影响负责；在校园、家庭、社区展开行动，为建设公平、可持续发展的世界做有益的事情。

[①] 《做一个有灵魂的中国人》，https://www.sohu.com/a/308276988_100161009。

第三节 构建育人为本的 3+N 课程体系

2018 年 9 月 10 日，习近平总书记在全国教育大会上强调："培养德智体美劳全面发展的社会主义建设者和接班人，是教育工作的根本任务，也是教育现代化的方向目标。让学生德智体美劳全面发展，归根到底，就是立德树人，这是教育事业发展必须始终牢牢抓住的灵魂。"由此可见，"育人为本"是全面落实党的教育方针，发展国家教育事业的具体表现。把"育人为本"作为培养德智体美劳全面发展的人的核心要点，就要求学校把育人的中心任务融入学校的顶层设计之中，并贯彻到学校文化建设、课程设置、教学改革等各个环节当中。

麓山国际实验小学为贯彻"育人为本"的根本任务，将学校课程作为最重要的育人载体，深入思考"麓山"文化下的 3+N 课程体系建设，不断夯实 3+N 课程体系基础，并使 3+N 课程体系建设指向新课程标准"知识与技能""过程与方法""情感态度价值观"的三维目标，强调培养学生的实践创新与责任担当，强化其社会责任、家国情怀。学校强调个人价值和社会价值统一、科学价值和人文价值统一，树立创新和谐发展理念，健全学生人格，享受终身学习，成就每一位麓小学子的生命价值。

一、3+N 课程体系内涵阐释

课程建设是学校育人的重要载体与实施路径。学校课程的建设也是有效落实教学计划，提高教学水平和学生培养质量的重要保证。麓山国际实验小学传承学校的历史传统，依据本校生源实际，紧扣为学校培养全面发展的人这一核心目标，树立了"以人为本、多元文化和自主选择"的学校课程核心价值观，并以课程设计的基础性、实践性、选择性、整合性和时代性的构建原则，构建了麓山国际实验小学独有的 3+N 课程体系。

（一）3+N 课程体系的概念内涵

在国家课程、地方课程和校本课程三级课程管理的基础上，根据学生的认知规律与发展实际，对课程体系进行重新构架，形成学科基础型课程、拓展丰富型课程、活动实践型课程柜结合的多元课程体系。学科基础型课程，是按国家课程体系标准开设的基础型学科课程。拓展丰富型课程，是以满足学生兴趣、激发学生潜能、丰富校园生活为目的所开设的个性化课程，按选修方式分为限选和自选两类，根据类别分层级重新编班授课。活动实践型课程是从学生的兴趣与生活经验出发，利用学校、家庭、社会资源，通过学生的亲身体验和实践，运用自主性、合作性、探究性学习方式，主动发现和提出问题、探究和解决问题，培养学生自主与创新精神、研究与实践能力、合作与发展意识的课程，包括综合实践活动、少先队活动、社团活动、国际交流活动、学校主题活动等。这就是3+N课程体系中的"3"，而"N"是指对国家课程进行二度开发的课程后的延展课程。将多类课程合理搭配，使其相互关联、渗透、协调发展，加强其相互间的沟通和联系，形成持续、立体、动态的课程体系。

图 2-2　麓山国际实验小学 3+N 课程体系

为培养"全面发展的人"，学校以"价值引领 + 习惯养成"为目标，根据学科属性、学习规律及学习方式将这套课程体系整合为五大领域："品格与社会""体育与健康""语言与人文""数学与科技""艺术与审美"。这五大领域指向的是学生成长素养的提高：公民道德、国家认同、身心健康、审美情趣、学会学习。

"3"是"N"的基础，"N"是"3"的补充、延伸、拓展。两者相辅相成，融合共生，动态平衡，共同促进学生的发展。根据几年的实践可知，这里的"+"不是简单的加法，而是"3"与"N"相辅相成，形成一个趋于合理的整体的课程结构。我们既使学生学好国家规定的核心知识、形成核心能力，又使其能在这个基础上使知识得到拓展或深化，使能力特别是运用知识的能力、探究问题的能力、动手实践的能力得到提升，满足个性需要。

3+N 课程体系的构建旨在帮助儿童更好地建立书本知识与现实生活世界之间的有机联系，在与世界的开放联系中不断拓展思路，开阔视野，创生意义，从而更加有效地面对现实问题，培养具有中国根基的世界公民。

（二）3+N 课程体系的发展目标

3+N 课程以"育人"为根本指向，对标"文化基础""自主发展""社会参与"三大核心素养，续接麓山国际实验小学的"湖湘文化""中国根基""国际视野"的学校办学传统与发展目标。学校整合国家课程，创生符合本校实际的校本课程，逐步形成一套基于国家课程且高于国家标准的、符合麓小学生整体、多元发展需要的 3+N 课程体系。

表 2-1　麓山国际实验小学 3+N 课程发展目标

学生发展目标	湖湘精神			中国根基			国际视野			N课程
	湖湘历史	湖湘人物	湖湘地理	中国汉字	中国诗词	中国节日	认识世界	文化交流	关心世界	
文化基础										
自主发展										
社会参与										

（三）3+N 课程体系的内容设置

学校依据基础性原则、全面性原则、整合性原则、选择性原则，在国家课程、地方课程和校本课程三级课程管理的基础上，形成学科基础型课程、拓展丰富型课程、活动实践型课程相结合的多元课程体系。三个层次的课程是层层递进的关系，每个领域的课程都层层递进，各层级课程协调一致。

3+N 课程体系的内容凸显统整式课程体系设置。如：道德与行为课程设置了道德与法治、麓小儿童礼、五彩麓山枫、号鼓队等相关课程。语言与文化课程设置了语文、英语、语言演诵、经典诵读、人文阅读节、国际研学等相关课程。数学与科技课程设置了数学、科学、机器人、3D 打印、编程、生活数学、创新发明、数学科技节等相关课程。艺术与审美课程设置了音乐、美术、民乐、合唱、手风琴、毕业课程、校园艺术节等相关课程。劳动与运动课程设置了体育与健康、劳动实践、攀岩、足球、武术、国际象棋、围棋、生命健康节、体育健康节等相关课程。

表 2-2　麓山国际实验小学 3+N 课程体系内容结构

类别／领域		1	2	3	N
		学科基础型课程	拓展丰富型课程	活动实践型课程	学科融合型课程
道德与成长	道德与法治		◉思政启蒙 ◉红领巾课程	*爱心义卖 *红领巾志愿者	认识自我 我与社会 我与自然 国际理解 ……
	综合实践活动		◉社区课程 ◉创意发明	*五彩麓山枫 *研学旅行	
语言与文化	语文		◉中国故事 ◉古诗古文	*人文阅读节 *湖湘文化启蒙	
	英语		◉课本剧表演 ◉跨文化交际	*国际文化节 *国际研学	
数学与科技	数学		◉生活数学 ◉趣味数学	*科技数学节 *科学实践 *农耕课程	
	科学		◉创客课程 ◉3D打印		
艺术与审美	音乐		◉民乐团 ◉合唱团	*艺术节 *场馆课程 *作品展示	
	美术		◉中国书法 ◉创意美术		
体育与健康	体育		◉足球篮球 ◉定向越野 ◉国际象棋	*体育文化节 *生命健康节 *亲子体育	认识自我 我与社会 我与自然 国际理解 ……
	心理健康		◉团体咨询 ◉疏导课程		

二、3+N 课程体系的实施

　　遵循育人为本的学校课程整体规划中，课程实施是最关键的环节。麓山国际实验小学在国家课程、地方课程和校本课程三级课程管理的基础上，根据学生的认知规律与发展实际，对课程体系进行重新构架，形成学科基础型课程、拓展丰富型课程、活动实践型课程相结合的多元课程体系。该体系从"品格与社会""体育与健康""语言与人文""数学与科技""艺术与审美"五大领域开展实施。学校科学地对课程体系、课程目标、课堂教学和教育活动进行顶层设计，旨在帮助儿童更好地建立书本知识与现实世界之间的有机联系，在与世界的开放联系中不断拓展思路、开阔视野，从而更好地面对现实问题，成为具有中国文化根基的世界公民。学校 3+N 课程体系的目标设定、内容设置、策略选择、成效评估都是在国家课程标准的基础上进行的。

（一）课程实施的原则

1. 在课程设置上，提倡"上静下动"

"上静下动"的课程安排即上午安排以授课为主要形式的基础文化课程，下午安排以学生动手实践、运动熏陶为主要形式的艺术类课程和实践性课程。

比如，学校根据儿童发展需要和学校实际情况，设置了"晨诵""午读"时段，用于学生诵读积累和静心阅读。同时，给予学生尽可能多的文体活动与兴趣拓展的时间，在下午及晚上分别安排两个活动时间。16：50—17：40安排学生进行一些文体活动，特别是保证了学生体育活动的时间；18：30—19：20是兴趣拓展时间，主要安排选修课程，包括限选与任选课程。

2. 在课程整合上，做到"优化增科"

"优化增科"的课程安排即根据不同年龄段的特征，适当优化整合基础文化课程的课时量，增加选择拓展忄课程和校本特色课程的课时。如，根据儿童形体发展的需要，从低年级的三节体育课中抽出一节作为形体课，并配备专业的形体老师；为了优化雨天体育课的质量，从2018年秋季开始，开设了国际象棋课等。

又如，我们构建并扩充了英语学科群。其中包括国家课程计划中规定的英语课程，学科延伸类课程中的英语听说、英语听读、英语文化等课程，拓展丰富型课程中的迪士尼英语、外语歌曲、自然拼音法、英语朗诵、英语口语（英语角）、英语写作、英语句式、英语休闲阅读、英语情景对话与考级指导等课程，以及英语文化节学科主题活动：英语"酷贝拉"主题活动等。其中，前两类课程为学生必修，后两类为选修。基于学校的办学定位和充足的英语师资力量，学校英语学科的起始年级为小学一年级，开设英语听说、英语听读、英语文化等必修课。

3. 在课业完成上，倡导"弹性作业"

"弹性作业"即学校倡导对学生的作业实施"分层布置"。作业包括"基础知识""拓展知识"及"挑战自我"三部分，让学生根据自己不同的学力水平选择完成。

如，根据学生基础不同，学校书法教育设置有常规练习、辅导提高、专业训练三个层次。常规练习包含硬笔书法和毛笔书法两种。硬笔书法以人民教育出版社的《写字》教材与各年级语文教学的自编教材相结合，以学习硬笔楷书和行楷书为主。毛笔书法教学采用上海书画出版社的《中学生字帖　柳体》，另有关于思想教育、时事政治、学生活动等的自编教材供学生临习创作。辅导提高班的培训内容有毛笔书法、硬笔书法、作品创作，创作的书法有正、草、隶、篆、行等。专业训练班是由老师挑选有兴趣的学生，指导学生夯实书法基础、拓宽视野，进行毛笔书法创作并参赛。

4. 在课时安排上，采用"长短课结合"

"长短课结合"的课时安排即根据各课程的不同内容，在设置课程时间时采用长短课结合的形式。如，每周四下午有两节作文连堂课，美术学科和科学实验课每周有两节连堂课；而每天上午第四节和下午第一节为 35 分钟的短课；晚自习之前全校学生在民族乐、音乐声中练习 15 分钟。

对于学科基础课程中的语文、数学、英语、历史、生物、化学等所有国家基础课程，我们基本坚持绝大多数课程为每节课 40 分钟，而对于学科延伸类课程，同样纳入周课表，采取灵活多样的时间长度，分别以 20 分钟、25 分钟、30 分钟作为一个课时单位。如，英语课程遵循短课时、高频率的原则，英语听读和英语听说分别利用晨读和午间广播站的时间进行。各年级的长短课时时间安排不尽相同，一般高年级的长课多、短课少，低年级则相反。如四至六年级每天上午四节长课。一至三年级则上午"三长""两短"、下午"一长""三短"。调整后的学科基础型课程总课时与国家课程计划一致，而学科延伸类课程则主要对应校本课程和地方课程的课时比例。至于晨间、午间和课余，则在不增加学生课外负担的前提下，以丰富学生生活、吸引学生兴趣的活动短时课程呈现，学生能轻松愉快地在教师引导下自主地学习。

5. 在课程优化上，采取"分层设置"

"分层设置"的课程安排即根据学生学习能力和个性发展的差异，分层设置学科基础课堂、学科内拓展课程；通过"AB 班"的形式扩大拓展课程的容量。如，一位数学成绩优异且喜欢画画和踢足球的孩子，可以选择在完成学科基础课程之后，在周一、周二的下午上数学思维培优课，周三、周四下午踢足球，周五下午画画。

学校还整合以前在课程建设方面的经验，重新理清各个课程之间的层次关系，将选修课程分为限选与自选。限选课程中，对在科学、人文、艺术等方面具有特长的学生，给予更高层次的指导。自选课程立足于学生兴趣的培养，由学生选择老师，也就是说教师开设课程，由学生自由选择。在校本课程中划分出层次关系，这样就保持了学校课程设置的优良传统，既照顾了学生兴趣的培养，又注重学生特长培养，兴趣与特长并举。

（二）3+N课程实施的策略

麓山国际实验小学3+N课程实施的策略选择着眼于全面育人、全策育人的视角。学校从丰富学生学习经历的角度，设计学校课程实施的多维途径，落实促进学生学习方式变革的要求，以此提升课程实施的质量和学生学习的整体效益。

1. 以课程育人为定位，开展跨学科整合

在课程实施中，借助学校课程资源的开发与建设，站在课程整体育人定位的角度，推进学校课程整合。学校进行了学科内、跨学科、跨学段、学科与校内外实践的联系与整合，从而让课程适应每一位学生的发展。

表2-3　以跨学科整合——数学与体育学科的整合为例

课程类别	课程名称	涉及学校课程领域	涉及学校课程主题	课程内容	具体目标
模块一	体育技巧	数学	目测丈量	匍匐爬行	掌握目测距离技能，合理采用通过障碍物的动作形式
				支撑跳跃	掌握目测距离技能，根据自己的身高腿长选择踏跳点、落地点
模块二	体育技巧	数学	角的认识	沙包掷远	知道出手角度是决定投掷远度的一个重要影响因素，合理的出手角度可使沙包投掷得更远
				蹲踞式跳远	明确助跑速度、起跳角度的衔接紧密，可以提高跳的远度
				跨越式跳高	首先明确起跳脚，其次采取有效助跑路径。衔接合理起跳角度，可以跳得更高
				立定跳远	知道起跳角度是决定踏跳远度的一个重要影响因素，合理的起跳角度可使立定跳远跳得更远
模块三	体育竞赛	数学	行程问题	不同地起跑的问题	知道同样距离的跑步，不同起点位置是由椭圆的半径（道差）决定的
				400米跑比赛	记录自己400米跑的步数，与比自己跑得快（跑得慢）的同学比较，知道步幅与速度的关系
				50米全程跑	明确决定比赛的因素，提高奔跑速度
模块四	体育游戏	数学	比大小问题	不同目标的站队	学生根据采集的数据，按照不同要求目标（身高、体重、头发长短、鞋的大小、姓氏笔画等）站队，提高学生体育比赛中应用数学大小关系的能力
				各种接力比赛	通过体育接力比赛，提高学生口算、心算能力，从而促进个人技能的提高

2. 以"有效"课堂为抓手，打造有活力的课堂

"有效"课堂是课程实施的重要载体与环节。"有效"课堂建立的是大课堂的概念。"有效"课堂是超越教室的课堂，旨在实现课内课外相关联、校内校外相衔接、家校互动合作育人、多种资源的整合与运用、学科间的整合与穿越。"有效"课堂的实施与落实贯穿课堂内外，其目标是打造高效、活力、灵动、有发展、有生命、有灵性的课堂。

我们通过"有效"课堂的实施，提升教师的课程意识、课程设计、实施等能力，促使教师从整体关注 3+N 课程的目标，在课程实施过程中着眼于学生的发展需要，从而提高教师的课程领导力，最终提升学生的获得，以此达成课程目标效益。

3. 以课程化思维，实施实践活动课程化

学校结合各方面实际，深入挖掘了校内外各方面的课程资源，形成了丰富的资源群。以学生课内外实践活动资源为例，学校以"课程化的思维"聚焦如何有效开展校内外活动，提出"实践活动课程化"，挖掘、梳理、整合、利用校内外资源，将学校课内外实践活动资源分为参观型实践活动资源、服务型实践活动资源、仪式型实践活动资源、演艺型实践活动资源和竞赛型实践活动资源。

三、3+N 课程体系的评价

学校课程的设置和实施，是一种价值选择和价值创造的过程。麓山国际实验小学为了让 3+N 课程体系有效实施与开展，在课程顶层设计的搭建阶段，便制定了一套完善的课程评价体系，以此来有效保障 3+N 课程体系的实施，推进学校育人目标的实现。

（一）3+N 课程体系评价标准及内容设定

1. 以课标要求为基准，制定各学科学业测试评价标准

麓山国际实验小学以学科课程标准规定的目标要求确定课程基础，用既定的标准评价教师教学效果，改变传统的以平行班成绩为单一标准来评判优劣的评价方式，创建走向合作共赢的团队环境；改变过于重视甄别和选拔的现状，更好地发挥评价诊断和发展的功能，让教师更多地研究课程标准的要求及达成要求所需的措施，更多地关注专业适应性的提升。

学校为各学科教师配备各学科课程标准文件，要求各学科教师熟悉本学科的课程标准的要求及相关内容。学校教务处根据课程标准制定《麓山国际实验小学 ×× 学科学业测试评价标准》和《学科测评实施方案》。新的课程评价将

教师的实际教学效果与课程标准的要求进行比较，通过统计及格率和优秀率，了解课程标准的完成情况。

为了更好地落实课程标准的要求，必须从课程评价开始，先制定明确、适合的考核标准，然后让教师根据学生实际和自身特点开展创造性、个性化、有效率的教育教学工作。理想的教育立该是教学目标和评价标准相对确定的，而教学过程则是创新、变化的。

2. 以学科教材为基础，细化立体、全面的评价内容

在评价过程中和评价实施前，学校往往会发现很多教学目标无法落实，这与评价内容不够具体有着直接关系。只有评价内容和课程目标一致时，课程标准才能被师生真正关注。学校根据各学科课程标准的要求，紧扣教材，以各学科的教材作为本学科评价的具体内容，细化了麓山国际实验小学各学科评价方式。

【语文】

（1）知识检测内容包括：词语、句子训练、语言积累、阅读、习作。

（2）能力考核内容包括：朗读课文、诗文背诵、书写、阅读。

【数学】

（1）知识检测内容包括：填空、计算、选择、操作。

（2）能力考核内容包括：口算、综合性学习。

【英语】

（1）知识检测内容包括：听力、词汇、简单语法、阅读理解、英语文化。

（2）能力考核内容包括：口语对话、英语歌谣、歌曲、篇章仿写。

语文、数学、英语等学科一股都以教材为本进行测评，但音乐、体育、美术、科学等艺体学科教材的教学价值、引领价值却常常被忽略。我们通过实践研究发现，对于艺体学科，如果也能紧紧围绕教材内容进行教学和教学评价，学生的学科素养就可以得到全面提升。

如，四年级上册的音乐教材共有12课，包含了"歌曲演唱""读谱唱歌""听赏""音乐知识""乐器演奏""音乐家故事""音乐游戏""歌曲跟唱""声音表现"等方面的内容。所以，在对该年级学生的音乐学科进行测评时，便紧紧围绕教材内容制定该年级的评价细则。紧扣教材进行的评价，既是对学生学习效果的检测，也是教师教学的导向。有了这样的评价标准做引领，教师在教学过程中便会紧紧落实每一个单元的内容，一个学期下来，学生在"歌曲演唱""读谱唱歌""听赏""音乐知识""乐器演奏""音乐家故事""音乐游戏"等

方面都得到了提升和训练。

美术、科学、信息技术等学科都是紧扣课标和教材，制定了该学科的评价细则。曾有从外校调入学校的艺体老师感叹，在麓山国际实验小学是没有主课、副课之分的，每一门学科都需要评测、考查。对于麓山国际实验小学的孩子来说，音乐教材上的每一首歌他们都会唱，美术教材上的每一个内容他们都进行过创作实践，科学教材上的每一个实验他们都做过，于是，学科的育人价值便在这里得到了体现。

但是，在艺体学科中，有一门学科是没有教材的，那就是体育学科。对于体育学科的教学，各学校、各个老师似乎都是各自为政。针对这一情况，学校根据《国家体育与健康课程标准》统一了体育课程的各学段教学的具体内容。

（二）3+N 课程体系的多元评价方式

在评价方式上，学校从学生发展出发，建立"全面检测 + 单项抽查 + 学科展示"三者相结合的学生综合评价体系，对学生进行综合、立体、发展的考查与评价，做到了 3+N 课程评价体系的多元化。这一评价方式的改变也相应地改变了以往课程评价过分强调甄别与选拔的单一功能，如此一来，就能充分利用评价促进学生成长、借助评价促进教师教学实践能力提升，通过过程性评价和终极评价突出评价的诊断和发展功能。

1. 师生全面评估检测

为了考查学生对各学科知识的掌握情况，根据学校制定的各学科测评方案，在期末时成立各学科命题小组，制定各学科测评试卷，用试卷对全体学生进行该学科的全面检测。语数英学科由学校统一组织考试阅卷，艺体学科由学校组织考试，教研组内组织阅卷。阅卷完成后，教务处将随机对艺体学科试卷进行抽查及分析。根据分析结果对该学科的任课老师进行绩效考核。

2. 学科能力单项抽查

全面检测主要进行学生对该学科的知识学习的检测。在学科能力方面，主要通过学科单项检测来考查。如，语文学科制定单项口语测试实施方案，拟定语文学科单项测试内容分布表，并在语文学科单项口语测试现场对照执行。美术、书法、音乐、科学学科也分别制定单项测试方案，并在单项测试时按照方案来落实执行。在时间安排上，这样的单项测试一般在每学期的最后 3 周进行，所有学校领导、中层干部、教研组长都会下到各组进行现场抽查。

3. 拓展丰富型课程汇报展示

在 3+N 课程体系中，学科基础型课程主要通过全面检测和单项抽查的形式来考查，而对于拓展丰富型课程，主要是通过汇报展示的方式进行测评。如，每学期期末，所有开展拓展课程学习的班级都要对本学期的学习内容进行汇报展示，学校根据汇报课程的效果来核定该课程学生的学习情况。

以上这三种方式指向学生学科学习终极定性评价，它构成了整个3+N课程评价体系的70%，另外的30%是过程性评价。

3+N课程体系的过程性评价包括常规课堂、学科作业、学科活动等三大板块。学校通过对各学科常规课堂进行抽查、对语数英学科的学科作业进行检查、对艺体学科的学科活动进行评价，来完成各学科的过程性评价。

在几年的实践过程中，麓山国际实验小学本着导向性、系统性、发展性的原则，依据课程目标和学生身心成长规律，基于学生的全面成长，紧扣育人为本的核心，从课程改革出发，从课堂教学变革出发，从教师专业成长出发，不断构建并逐步完善3+N课程体系评价的内容及方式，充分发挥教育评价的功能，以此来指导转化教师的教学行为和学生的学习行为，促进了每一位学生健康快乐地成长。

第三章

跨学科学习：打造学科基础型
课程 +N 的课程体系

《国家中长期教育改革和发展规划纲要（2010—2020年）》指出："以学生为主体，以教师为主导，充分发挥学生的主动性，把促进学生成长成才作为学校一切工作的出发点和落脚点；关心每个学生，促进每个学生主动地、生动活泼地发展；尊重教育规律和学生身心发展规律，为每个学生提供适合的教育，培养造就数以亿计的高素质劳动者、数以千万计的专门人才和一大批拔尖创新人才。"《纲要》中拔尖创新人才培养的要求，对学生综合素质的培养提出了新的目标与使命，而新课程改革作为促进学生综合素质的培养与发展的全面综合性改革，对学校教育提出了"综合性""开放性""整合性"的理念要求。

在新时代要求与教育改革的背景下，麓山国际实验小学遵循"以学生发展为本"的课程理念，紧跟国际国内中小学跨学科学习的趋势，以学科基础型课程的实施为根本，突破学科界限，注重学科之间的联系，以"跨学科学习"为实施路径，整合课程的有效资源，积极探索学科基础型课程 +N 的课程改革与实践。

第一节　跨学科学习概述

当前，跨学科学习渗透到基础教育领域，中小学育人目标设定、学校课程变革、学科探索实践等方面具有明显的跨学科特点。具体表现为在文化科学基础知识和基本技能教授与掌握的基础上，重视发展学生的志趣、特长，努力培养学生具有不断追求新知识的热忱，自学能力，分析问题、解决问题的能力以及实事求是、独立思考、勇于创造的科学精神。由此可见，跨学科学习对于学生的成长、学校的发展、社会的进步乃至国家的未来，都具有非凡的现实意义。基于这样的认识，麓山国际实验小学教师团队将跨学科学习作为专项论题，对其理论与内涵进行了深入的学习与研究。

一、跨学科学习概念界定

"跨学科"的理念源远流长，可追溯至中国先秦时期和西方的古希腊时期，而其作为一个研究领域被正式确立起来，则已是20世纪下半叶。跨学科研究是科学综合化发展的一个具体体现，近代和现代科学发展史表明，科学上的重大突破、新的生长点乃至新学科，常常在不同的学科彼此交叉和相互渗透的过程中产生。跨学科综合研究对于推动科学进步、解决经济建设和社会发展的重大综合性问题具有重要作用。就如何界定跨学科研究而言，由于文化背景的不同，中外学者的论述也有很大的差异。

心理学家皮亚杰是"跨学科"研究的典范，他将生物学、数学、哲学、心理学、教育学等领域紧密融为一体。他从年轻时就一直致力于跨学科研究的探索。他的《跨学科关系的知识论》有力地推动了跨学科运动的发展。

　　我国学者杜俊民先生对"跨学科"的理解是"凡是超越一个已知学科的边界而进行的涉及两个或两个以上学科的实践活动，均可称为'跨学科'"①。关于跨学科的定义，我国学者还有以下几种看法。

　　《刍议跨学科研究的界定》一文认为："广义地看，跨学科泛指科学知识间的相互联系。这种联系要通过人的科学研究活动才能得以体现，所以狭义地看，跨学科又特指研究主体根据学科间的内在联系，创造开发跨学科知识产品的科学研究活动。这其中问题的存在和多学科人员的共同参与以解决这一共同感兴趣的问题是一项研究活动是否具有跨学科性的必要条件。"并指出跨学科具有以下几方面特点，即（1）普遍联系性；（2）方向性；（3）团体性。②

　　跨学科研究的进一步开展，对科学整体化趋势的发展起着重要作用。它将不断拓展甚至爆发新的研究领域，引导、促进新兴学科特别是新兴交叉学科的孕育发展。③

　　综上，几门学科的简单叠加或机械混合显然不是真正意义的跨学科学习。那究竟什么是有价值的"跨学科学习"？南京师范大学课程与教学研究院院长张华教授指出："'跨学科学习'是整合两种或两种以上学科的观念、方法与思维方式以解决真实问题、产生跨学科理解的课程与教学取向。产生跨学科理解、运用学科思维、实现学科整合是'跨学科学习'的基本特点和判断标准。"④ 这一表述得到了国内教育专家与学者的一致认可。麓山国际实验小学的跨学科学习研究也采纳这一概念界定，以此指导学校的课程改革与实践。

二、跨学科学习的目的与意义

　　在很长一段时间内，国内外跨学科学习（或研究）主要针对的是高等教育或科研，并不涉及中国小学的跨学科教育。随着高等教育弊端的日益显现，以及社会发展对综合性人才的需求，对中小学跨学科综合学习的研究也日渐提上日程。随着跨学科研究的深入，20 世纪 60 年代以来，美国跨学科活动水平不

① 杜俊民：《论学科与跨学科的统一》，《科学技术与辩证法》2000 年第 4 期。
② 同上。
③ 转引自朱桂龙、毛家杰、杨永福：《刍议跨学科研究的界定》，《科学学研究》1998 年第 16 卷第 3 期。
④ 张华：《跨学科学习》，《基础教育课程》2018 年第 11 期（下）。

断提高，创建跨学科课程的运动盛行于美国教育的各个阶段。进入20世纪90年代后，这场运动规模越来越大，跨学科课程已经成了美国学校改革的代名词。"在准备学校结构重组的单位中，有3/4正在进行跨学科课程的组建。"[①]世界上其他地方对跨学科课程的组建有的超出了美国本土，如英属哥伦比亚大学把"课程整合"放在了课程改革的核心位置。[②]面对世界课程改革的大趋势，我国新一轮课程改革也确定了"跨学科学习"课程改革的新趋势。

（一）符合社会发展对人才的需求

1. 社会的高速发展亟需跨学科综合人才

跨学科学习能力是运用知识和理论，在人文、科学、艺术、技术和各种实践活动领域中不断提供具有经济价值、社会价值、生态价值的新思想、新理论、新方法和新发明的能力。创新能力作为整个社会发展的动力之一，其重要性不言而喻。《新课程标准》指出，应坚持"以学生发展为本"的教育理念，面向全体学生，全面实施以德育为核心、以创新精神和实践能力为重点的素质教育，推进拓展、探究型课程的建设，并提高其实施的质量，让学生获得更多的自主学习的空间，激发学生的创新思维能力。

但目前小学的国家课程、地方课程和校本课程三级课程中创新能力开发类课程极为稀少，即便开设了相关课程，其中也存在不少问题。

（1）**教学目标不明确**：重视知识与技能，忽视过程与方法，教学过程中缺乏信息反馈和民主气氛，灌输有余，启发不足。

（2）**创新能力开发策略缺乏**：教师在教学中缺少激发学生创新能力、开拓学生思维的教学策略，不注重学生个体创新能力的培养，把创新课程教学等同于新事物、新技术的介绍。

（3）**创新教学主体模糊**：教师忽视学生在课程实施过程中的主体地位，多采用教师主导的课堂教学模式。

这些做法均不利于真正提高学生的创新能力。因此，需要学校开发符合本校学生实际的创新型校本课程。

（二）符合学校发展的要求

在课程改革不断深入的背景下，学校也正积极尝试着进行教学改革。麓山国际实验小学有着"面向世界，博采众长，发展个性，奠基人生"的办学理念，根据学校的传统和师生的特长，充分尊重学生的差异与多样性，以课程建设为抓

① 转引自张海燕：《美国中小学跨学科课程研究》，华东师范大学博士学位论文2005年。
② 刘仲林：《跨学科教育论》，河南教育出版社1991年版。

手，以国家课程地方化、校本化实施为目的，充分激发和保护学生的学习热情，努力营造快乐学习的氛围；立足教师的专业背景，积极开展跨学科的校本研修，充分挖掘各学科教学的探究拓展内容，凸显课程特色，逐步建设符合学生个性发展的、符合教师个人成长的课程，以满足学校的发展需要。

（三）符合师生自身发展的需要

1. 符合教师突破教学瓶颈、自我成长的需要

随着课程改革的不断推进与深入，对教师的知识水平、教学技能和理念提出了新的更高、更深层次的要求，大部分教师的知识能力已经不能满足不断发展和变化的教学现实的需求。面对新课程"综合性""开放性""整合性"的理念，要让教师跳出自身专业单一性的局限，在知识能力层面拥有跨学科研修的机制保障，发挥教师的专业成长的作用。

当今的世界，单枪匹马搞出大发明的现象已经成为历史，今后所必需的，应是多人共同从事研发学习，不同学科的人合作研究将成为历史主流。[①] 创造性的多学科综合学习，首先需要教师在对课程通盘考虑的前提下，为了达到课程的目的而采取手段。

在新时代要求与教育改革的背景下，许多专家学者指出了未来中小学教学的跨学科教学趋势，教师作为课程的实施者，已从改革的观望者变为改革的主体。教师专业要创新发展，就要破学科界限，注重本学科与其他学科的联系，重视用本学科知识解决其他问题的能力的培养。跨学科教学俨然成为教师迅速成长的关键。

综上所述，顺应时代要求的跨学科课程已提出并实施，从理论要求、实践要求，学生的发展、学校的发展、国家的发展，都已说明把握教师教学的"度"、获取教师角色的正确定位已显得极为紧迫。

2. 符合新时代学生的心理特点、自我成长的需要

新时代背景下，伴随着技术的高速发展与海量信息的即时传播，作为网络原住民的学生的自我意识得到了前所未有的发展，他们关心自己并对自己的活动与行为进行评价，渴求独立，自尊心很强。高年级学生的感知和观察更富有目的性、系统性、全面性和深刻性。由于知识的扩大和加深，他们兴趣广泛而又有中心，辩证逻辑思维和独立分析问题、独立解决问题的能力都进一步加强了，其思维的独立性和批判性也发生了质的变化。他们对各种问题常有自己的

---

① 中村信夫著，郝勇译：《多学科综合研究——创造的源泉》，《世界研究与开发报导》1987年第8期。

见解，对教师的教学也进行评价，情感体验丰富，能够有目的、有计划地克服困难去完成各项任务，具有不怕苦、不畏难的坚强的毅力。

在跨学科综合学习中，教师应根据学生的心理特点，尊重学生的意见，激活学生内在的学习动力，激发学生兴趣，点燃学生追求知识的"火把"，把握好师生关系，引导学生自主学习、自主探究。这是新时代学生心理智能发展的必经阶段，因此，遵循当代学生心理发展的规律和特点，有助于其心理的健康发展，个性的健康发展，学力的稳步发展。

三、跨学科学习的开展原则

跨学科学习的开展与实施需要保证教师教授的内容不是多学科互不联系的观点并列，而应该是真正的"跨学科"的综合，教师应"注重学思结合。倡导启发式、探究式、讨论式、参与式教学，帮助学生学会学习"。（《国家中长期教育改革和发展规划纲要（2010—2020年）》）教育理念不分学科、教学方法没有界限，课程的跨学科综合化趋势特别需要教师之间的合作，各门学科之间应该打破边界，各科老师应以跨学科教学的方式，组成新型教学研究组，形成新型合作关系，在对话和交流中提高发现、分析、解决问题的能力。

（一）学科统整原则

跨学科思维者应该掌握三大学科，包括自然科学（理解自然）、人文科学（理解人）和社会科学（理解社会）。

自然科学是以定量作为手段，研究无机自然界（物质形态、结构、性质和运动规律）和包括人的生物属性在内的有机自然界的各门科学的总称。它包括物理学、化学、生物学、天文学等基础科学和医学、农学、气象学、材料学等应用科学，它是人类改造自然的实践经验即生产斗争经验的总结。

人文科学是指以人的内心活动、精神世界以及作为人的精神世界的客观表达的文化传统及其辩证关系为研究内容、研究对象的学科体系，它是以人的生存价值和生存意义为学术研究主题的科学，它所研究的是一个精神与意义的世界，包括文学、历史学、哲学、艺术、语言学、考古学等。对人文科学的研究可以帮助我们更好地理解人类的精神活动，便于更好地追寻人生的意义。

社会科学是用科学的方法，研究各种社会现象的科学，社会科学所涵盖的学科包括：经济学、政治学、法学、伦理学、社会学、教育学、管理学、人类学、民俗学等。对社会科学的研究可以帮助我们更好地理解社会的形成、运行背后的机制。

小学阶段的自然科学、人文科学、社会科学内容往往融合在语文、数学、音乐、体育、美术及社会与思想品德等学科当中。因此，跨学科学习首先是要注重学科统整的原则，将自然科学、人文科学和社会科学有机统整到一起。

麓山国际实验小学道德与行为课程、语言与文化课程、数学与科技课程、艺术与审美课程、劳动与运动课程的开设就是学科统整的积极尝试。

（二）跨学科学习突破教学局限原则

跨学科学习有三大特性：第一，它以产生跨学科理解为目的。第二，它根植于学科思维。第三，它实现学科整合。学科壁垒的形成由来已久，导致不同学科之间存在歧视，严重影响教育的发展和现代化，这种工科主义必然导致人的工具化。因此，跨学科学习对我国教育有深刻的影响。

跨学科学习有三大误区：第一，常识化——对一个主题浅尝辄止。第二，学科拼盘——学生学不到什么实际知识。第三，功利化——"赶时髦""创品牌"。

因此，跨学科学习要突破教学的局限，真正找到学科相互融合的融合点和生长点。

第一，跨学科教学的适用范围是有限的，需要恰当的问题和一定的条件。跨学科问题的设计是跨学科教学的关键，同时，学科之间的内在逻辑和连贯性决定跨学科教学的成败，而问题的难易程度、学生的知识基础、教师的知识结构和指导水平等众多因素，都影响着跨学科教学的有效展开，切不可强硬实行。

第二，要明确跨学科教学作为一种学校教学模式，是具有学校教育的先天局限性的，即与直接的生活生产相脱离。这一局限是跨学科教学无论怎样提供完整的知识、真实的问题情境也无法弥补的。而就学生对于分科知识的综合运用、解决实际问题能力的养成乃至身心全面发展的问题而言，如果说分科教学解决不了，那么跨学科教学仍然解决不了。马克思主义的"教劳结合"及"综合技术教育"思想为解决这一问题提供了根本路径。我国基础教育中"综合实践活动"的实施，虽在一定程度上贯彻了这些思想，但仍需进一步研究和运用。

第三，要增进学科间内在联系，从"多学科教学"到"跨学科教学"。当前跨学科教学实践中出现的机械杂糅、刻意复杂的问题，表明许多学校仍停留在"多学科教学"层次上，并非实施真正的"跨学科教学"。"多学科"和"跨学科"两个概念虽然常被混用，但事实上两者有本质区别。

在研究领域，"多学科研究"体现的是一种学科中心或者方法中心倾向，各个学科从自己的立场和视角出发，用自己的一套技术和方法去解决问题的某个层面或某个侧面。"跨学科研究"则是从研究对象本身的具体丰富性出发，立足于问题，采用一切有利于问题解决的策略，并根据解决问题的需要，将分散于其他各学科的方法、技术和手段组织成有机的方法体系来解决问题。

由此可知，"多学科"与"跨学科"的区别主要在于是否构建了针对问题的独特的、有机的方法体系。为此，一方面需要进一步强调跨学科教学要以"问题"为中心，选题上要注重选择现实情境下的真实问题，并基于问题增进学科间的内在联系。

另一方面，要增强跨学科师资队伍的建设，要着重培养具有多学科背景的教师，也要着力构建跨学科师资团队，其成员用各自专业知识完成共同的教学任务。最终要从当前的"多学科教学"的层次提升到真正的"跨学科教学"的水平上来。

四、跨学科课程的实施路径

在跨学科学习的过程中，学校需要为跨学科课程的实施提供良好内在条件和外在环境。内在条件即是否具有一批高素质的教师团队，其要点包括组成人员的特点、领导者、相应的技能、教研项目组织和小组内部的交流等。外在环境则主要包括该项研究所需时间、经费、设施场地和支持人员等。只有在内外部环境有充分准备的前提下，才能采取有效的实施路径，使跨学科课程的学习顺利开展与实施。

（一）建设跨学科教研组

跨学科综合学习意味着打破学科局限，建立更加灵活、更加开放的动态教研机制。要成立跨学科教研共同体、建立跨学科教研制度、开展跨学科教研活动、开发多视角的教学设计、实现多渠道的教学资源共享，进一步强化教师综合素养和育人能力，促进学生更加积极、主动、全面地发展。麓山国际实验小学开展的"互联网＋背景下有效开展中外双师云课堂的探索与研究"，就是学校跨学科教研改革的实践行动。

（二）开发跨学科综合课程

学校科学规划学科课程，丰富跨学科特色课程体系，尊重学生兴趣，开发具有跨学科教育特色的人文历史类、绿色生态类、艺术创新类、科技创新类的地方化、校本化课程，制订学校跨学科教育融合的课程体系方案。麓山国际实验小学所开发的"语文＋信息技术""语文＋美术""美术＋文学"等课程，就是跨学科综合课程的积极尝试，取得了良好的课程实践成效。

（三）注重学科与学校活动间的统整

跨学科教师团队支撑着课程体系实施。教师是课程最直接的实施者，通过课堂教学、动手制作、社会调查、课后反思等主题系列实践活动，进行学科间与学校活动之间的统整，在专家引领下形成跨学科教育案例，提炼和形成学科课程开发和实施的基本路径，探索真正具有实效的跨学科教育之路。

第二节　语文＋信息技术课程的实践与思考

2018 年，中华人民共和国教育部印发《教育信息化 2.0 行动计划》，自此AI 智能、大数据等信息技术在教育教学中得到广泛运用。麓山国际实验小学把握这个机遇，使传统语文课堂逐渐转型成促进学生语文核心素养发展的"智慧课堂"。并通过对小学语文智慧课堂教学的生态模式的分析，结合具体研究举措探索信息技术与语文课堂融合的实施路径，形成了信息技术背景下小学语文智慧课堂教学的应用策略，重构了基于跨学科学习的语文＋信息技术课程。

一、信息技术背景下小学语文智慧课堂发展现状

信息技术的快速发展，移动终端和互联网的普及，使知识存在、创造、传播、获取的方式发生了深刻的变化，从而带来了全新的社会语文生活，也给语文学科与信息技术的深度融合带来了前所未有的机遇。[①]

麓山国际实验小学全体语文教师顺应趋势、转变观念，重新思考在引入新的信息技术的背景下，小学语文智慧课堂教学所呈现出的新的生态模式。

（一）课堂教学从"教师中心"走向"学生中心"

信息技术背景下的小学语文智慧课堂突出以学生为中心的课程理念，由"教师的教"转化为"学生的学"。课堂从传统的老师讲解的单向输出模式，转变为用信息技术手段辅助语文课堂教学，学生进行自主学习、个性化学习的模式。如，课前，教师利用信息技术手段辅助分析学情，包括学生经验、知识储备、学习能力、学习风格以及学习条件等，精准确定教学的适切目标。为了解学生的已有知识基础，教师在新课讲授前可运用在线问卷工具设计调查问卷，通过 QQ、微信、晓黑板等即时沟通工具组织学生填写问卷，快速收集和分析学生信息，有效了解学情。这为教学重难点的突破、教学策略的选择和教学活动的设计提供了科学依据，为教学中动态调整教学内容和方法提供了参考。[②] 教学时，教师可根据学生的实时学习需求，通过智慧课堂系统教师端，向学生端推送电子课本、多

① 戴晓娥：《整合视野下信息技术与语文教学深度融合的实践探索》，《新校园》中旬刊 2016 年第 1 期。
② 教育部科技司：《中小学教师信息技术应用能力发展测评规范》A1 技术支持的学情分析，2014 年。

媒体资料等学习资源；语文课堂的品词析句、主旨鉴赏等分享将更为立体直观、生动灵活。这样就能实现生生互动，彰显学生的个性化理解。教师可以利用手机拍摄学生活动瞬间、利用云笔记随时记录对学生行为的观察等，这些质性记录资料既可以作为教师评价学生行为和学习的重要依据，同时也能成为学习档案袋的重要内容。① 因此，语文教师在实现信息技术与语文课堂的无缝融合时，更应该以生为本，以学定教，学会选择恰当的信息技术辅助语文课堂，使学生成为学习的真正主人。

（二）课堂教学技能从单一走向多元

从一支粉笔走天下到 PowerPoint 的普及，到如今的教育信息化 2.0 时代，"人工智能 + 教师队伍建设行动"迫使语文教师了解信息技术，提升专业技能。摆在教师眼前的各项技术手段层出不穷，在语文教学的各个环节都已到广泛运用。在利用信息技术进行导入环节设计时，教师可以通过调整动画出现的速度、将课题的大小、颜色改变等一系列方式引发学生的有意注意，使学生产生对文章的兴趣。在复习巩固环节，可运用随机抽选、限时问答、PK 竞赛等方式帮助学生在寓教于乐的游戏中回顾知识点；在小组合作环节，可通过计时器、投屏等方式直观展示小组讨论成果，达到课堂学习效果的最优化。面向未来转型的语文教师，必须不断学习信息技术，熟练掌握、运用多种信息技能，才能打造真正智慧的语文课堂。

（三）课堂教学环境从单间教室走向立体多元

智慧课堂不同于一般的智能教室、未来教室，不是指单纯的技术系统、技术环境，而是由智能系统（智能化平台和工具）、人（教师和学生）及其活动（课前、课中、课后教学环节）等组成的新型智能化课堂教学体系。② 语文教师应走出单间教室的束缚，在人工智能时代下，将智能系统、教师、学生、学习活动勾连成一张现代学习智网，使教学环境立体多元化。

综上所述，如何重构信息技术下的小学语文智慧课堂教学已是当下语文教师需探索的新命题，也是新时代下语文教师的使命。

二、信息技术背景下小学语文智慧课堂的重构

为培养拥有前沿发展观念、熟练信息技术的语文教师，推动小学语文智慧

---

① 教育部教师工作司：《中小学教师信息技术应用能力发展测评规范》A12 评价数据的伴随性采集，2014 年。
② 刘邦奇等：《基于智慧课堂的学科教学模式创新与应用研究》，《课程与教学》2019 年第 4 期。

课堂的构建，麓山国际实验小学语文教研组有计划、有步骤地采取了积极有效的实施举措。

（一）精准指向信息技术专业落点

根据《教育信息化 2.0 行动计划》《长沙市教育信息化"十三五"规划》《智慧长沙发展的总体规划》《长沙市中小学教师信息技术应用能力提升工程 2.0 实施方案》等文件精神，语文教研组依据《长沙市中小学教师信息技术应用能力提升工程 2.0 长沙麓山国际实验小学整校推进实施方案》和教研组具体情况，确定校本研修目标和研修计划，要求其精准指向三个落点。

1. 指向明确

研修目标为立足学科特征，聚焦课堂，依托教研活动，改进教师教学行为，提高教师信息化教学水平。我们致力于帮助语文教师解决信息技术与语文学科教学深入融合中出现的新问题和新情况，全面提高教师技能水平。

2. 切实研究

研究计划切口小，落点实。制订的研究计划与平时教研组主题教研活动、各备课组集体备课活动、各级各类课题研究活动、各级各类教学竞赛、教师专业成长计划、学校青蓝工程实施、网络联校帮扶活动等有机结合，做到在真实的教育教学情境中熟练应用信息技术解决问题，并借助信息技术手段进行个别指导，做到与学科的融合创新。

3. 全员参与

麓山国际实验小学九十多位语文教师人人参与，不拘年龄，实现全员覆盖。我们根据学校现有的信息化建设情况，结合语文组教师的年龄结构以及问卷调查结果，制定具体考核细则。以表格形式体现每位教师个人信息化能力提升目标、微能力提升点和提升策略，使本团队教师的信息化教学能力都能在原有基础上得到提升，力保智慧课堂的有力推进。

长沙麓山国际实验小学 2020 年教师信息技术应用能力提升工程 2.0 校本研修方案

（＿＿语文＿＿教研组）

一、指导思想

依据《长沙市中小学教师信息技术应用能力提升工程 2.0 长沙麓山国际实验小学整校推进实施方案》和教研组具体情况，特制定本校本研修方案。

二、研修主题

基于信息技术背景的高效语文教学研究

三、研修目标

根据学校信息技术能力提升工程 2.0 整体推进的规划，本学期深入和完善以信息技术应用能力提升为核心的校本研修工作，立足学科特征，聚焦课堂，依托教研活动，改进教师教学行为，提高教师信息化教学水平，切实研究、解决信息技术与语文学科教学深入融合中出现的新问题和新情况，全面提高课堂教学质量。

四、工作安排

1. 制订方案：5 月 26 日前，从湖南省中小学信息技术应用能力提升工作 2.0 校本应用考核能力点规划标准中选取 3—5 项微能力作为本组校本研修的主要内容，并依据学校推进实施方案和本组教师信息化水平及规划目标制定校本研修方案。

（向学校提交的研修方案要有重点研修内容。要结合学校实际情况，制定明确的线下校本研修活动策略。要体现每位教师个人信息化能力提升目标、微能力提升点和提升策略，使本团队教师的信息化教学能力都能在原有基础上得到提升。）

2. 组织实施：5 月—8 月，所有教师完成提升工程 2.0 校本研修、网络研修及校本应用考核任务，并给予考核评价。7 月 31 日前提供本教研组提升工程 2.0 校本研修第一阶段的过程性材料；8 月 30 日前在省校本应用考核平台上提交校本应用考核资料；8 月 31 日提供校本研修第二阶段过程性材料及研修总结材料。研修期间发 1 篇新闻。

（要求：与平时教研组主题教研活动、各备课组集体备课活动、各级各类课题研究活动、各级各类教学竞赛、教师专业成长计划、学校青蓝工程实施、网络联校帮扶活动等有机结合起来，做到在真实的教育教学情境中熟练应用信息技术解决问题，并借助信息技术手段进行个别指导，做到与学科的融合创新。）

3. 项目验收：8 月 30 日，学校提升工程领导小组对各教研组研修成果进行评估验收；9 月 30 日，市级提升工程办对学校的提升工程进行评估验收。

五、研修任务

序 号	时 间	事项及目的	负责人
1	第十九周集体备课时间	技术学习（微课制作）	备课组长
2	6 月 16 日	应用实践（信息化教学研讨课 1）	龙琳
3	6 月 23 日	应用实践（信息化微课研究呈现 1）	刘爽
4	第二十周集体备课时间	协同备课（以备课组为单位，利用贝壳网进行在线集体备课）	备课组长
5	6 月 30 日	应用实践（信息化微课研究呈现 2）	刘爽
6	7 月 7 日	教学成果（课例）	何欢

1. 校本研修：以技术学习、协同备课、应用实践为重点有效开展教研活动3—4次，设计信息技术应用的观察量表，诊断分析授课教师课堂信息技术融合的有效性。

（1）技术学习：进行信息技术培训和应用实践，掌握相关技能工具（贝壳网、希沃白板、钉钉、问卷星等通用工具，几何画板等学科工具），学会使用在线教学平台进行直录播（人人通、腾讯课堂等），学习在线教学策略，建立本教研组的网络课程体系。要求教师能合理、常态地使用已配置的信息技术教学设备进行教学；能熟练使用1—3种公共直播平台开展教学活动；能使用公共教学平台布置、批改、分析作业。

（2）协同备课：以备课组为单位，利用贝壳网等资源空间进行在线集体备课，确定一两个应用突破口完成教学设计。例如每年9月参与湖南省在线集体备课大赛。

（3）应用实践：每位青年教师利用多种技术手段，创新教学方式，融合学科特征，进行信息化教学研讨。

（4）创新教学成果：基于教学改革、融合信息技术的新型教与学模式，如STEAM教学、项目式学习、翻转课堂、创客教育和跨学科融合教学研修等，形成1个教学成果，如论文、教学课例或案例等。

2. 网络研修：5月29日开始，学校组织教师参加中国教师研修网的研修，成绩合格的计32学分。行政干部建议选修C-19、C-20中的一项，班主任建议选修A-15家校沟通。

3. 校本应用考核：8月30日前在省校本应用考核平台上提交校本应用考核资料。

六、职责分工

培训联系人（刘爽）：负责本组校本研修的统筹规划与管理协调，制定具体研修方案及推动组织研修活动。

网络研修坊主（何欢）：负责本组信息技术应用能力提升工程2.0学员网络在线学习管理与督促；通过"传、帮、带"，为信息技术应用能力较为薄弱的教师提供技术支持，帮助教师利用信息技术解决教学过程中的实际问题；审核、评价本团队学员研修作业。

过程性材料整理（朱艳、孙雨晴、杨紫歆）：提供本教研组提升工程2.0校本研修的过程性材料，包括校本研修各类活动的会议记录、活动新闻、培训学习照片、公开课资料等。

总结性材料整理（李天骄、黄花、曹仁静）：整理过程性材料，总结本组校本研修经验，提炼研修成果，形成提升工程 2.0 校本研修的总结材料。

（二）储备提升信息技术专业知识

1. 网络研修，夯实理论基础

2020 年 5 月 25 日开始，麓山国际实验小学全体语文教师参加中国教师研修网的研修，以储备和提升信息技术专业知识。研修环节包括：

（1）确定微能力

根据学校信息化建设实际，从湖南省 20 个微能力中选择重点研修的 6—8 个微能力，供学校教师自主选择。中国教师研修网针对不同研修对象分别提供有针对性的课程资源、专家指导、问题答疑以及相关表单等支持。

（2）选择微能力

在线学习前沿热点课程，完成能力提升测评问卷，结合自诊结果和学校推荐研修的微能力，根据考核要求自主选择拟提升的信息技术微能力。

（3）自主选择课程学习

自主选学信息技术应用微能力课程。针对不同研修对象设计安排不同模块的学习任务。每个模块下，设计了"学一学：个人自主选学""议一议：同伴交流研讨""做一做：提交研修成果"三个环节。

2. 校本培训，学习专业技能

学校语文组组织、参与了各类针对信息技术的培训，包括：

（1）"微课制作"培训

微课适合时代的发展，顺应学生的兴趣。为让微课制作在教师专业成长中发挥积极作用，更好地促进信息技术与语文教学深度融合，2020 年 6 月 22 日至 6 月 26 日，语文组分年级组织了"微课制作"培训讲座。培训采用"现场培训＋线上辅导＋个人制作"模式，利用集体备课时间，进行现场研讨。该环节侧重于微课制作技术辅导、先进经验学习。年级组推选出在微课领域技术熟练的老师为大家进行"微课"相关内容的知识和技能培训。学习并总结微课制作的过程和要点：一是选题。微课的环节要详细，条理要清晰。课题、学科、作品分析、基本流程都要考虑清楚再制作。二是 PPT 课件要体现出现代教育技术。三是录制软件。可以使用多种软件，如 PPT、CourseMaker、喀秋莎等，转化文件格式时可以用"格式工厂"等容易操作的软件。培训之后的线上辅导阶段，大家撰写微课脚本，老师们在线上反馈修改意见。最后是个人制作阶段，教师们个人独立制作，不断完善微课质量。培训达到了提升教师专业化水平的目的，为智慧语文课堂的构建打下了良好的基础。

（2）贝壳网无纸化备课培训

在贝壳网上，可通过网络协同办公软件或网络平台建立备课群组、开展多区域在线实时研讨、创建资源共享库并迭代更新教学资源、共同观看教学课例视频、保留文档修改痕迹等，这些重点体现了备课人的网络教研技能。各备课组在备课组长的组织下，利用集体备课时间学习在贝壳网进行线上备课。各备课组的主备人发起一项集体备课内容，同组其他老师各自在线进行研课讨论，整合教学设计。通过此次贝壳网备课培训，语文老师们对如何运用网络进行集体备课更加熟练了。

（3）"易教研"在线听评课培训

在线听评课技术的运用，使得听评课活动的开展突破时空的限制，扩大了参与听评课活动的人员范围，丰富了听评课活动参与形式和素材呈现形式。教师可实时交流听课者观点和思考，将听评课数据进行可视化分析，加深集体教研文化。2020年7月的线上听评课培训中，教师现场采用投屏技术，以手机操作开展网络听评课。移动网络教研听评课活动的开展，改变了传统的语文教研形式，实现了线上线下实时教研、随时随地听评课的新型教研模式。

（4）知网数据库使用培训

由于网络数字资源数量庞大、种类丰富、来源复杂，语文教师在教育教学中引用相关资源时需要评估数字资源的适用性，从资源发布机构的权威性和可信度，内容的科学性、契合度、时效性、教育意义等方面判断是否可用于语文教学。学校语文教研组请来中国知网培训讲师杨红做《知网数据库在中小学教师备课与课题中的应用》专题培训，围绕CFED是什么、CFED在哪儿、CFED能干什么、CFED在备课和课题中的应用案例演示、文献的下载和使用、中国学术期刊等几个方面给语文教师做介绍。培训在语文教学资源的检索方法、媒体形式以及资源的适用性、数字教育资源的科学性和时效性等角度对教师有很大启发。

（5）信息技术2.0工程培训

为了迎接信息技术2.0工程考核验收，保证语文组教师能通过考核、提升教学能力，语文组黄瑾君、陈曦、杨紫歆三位老师，通过反复的钻研和探讨，录制了微能力点4"跨学科教学设计"和微能力点14"数据可视化呈现与解读"的作品案例。培训组内教师构思教学设计、录制课堂实录、剪辑解说视频，完成了个性化的信息技术能力提升。

湖南省中小学信息技术应用能力提升工程2.0校本应用考核能力点

表 3-1　跨学科教学活动设计:《小蝌蚪找妈妈》教学设计

学　校		长沙麓山国际实验小学		授课教师	黄瑾君（语文）姚叶（美术）	
课例名称		小蝌蚪找妈妈				
学科（版本）		语文（统编版）二年级上册		章　节	第一单元　神奇的大自然	
学段、年级		小学二年级		学　时	1	
教材分析		在二年级上册中,统编版语文教材第一课编排了《小蝌蚪找妈妈》,湘美版美术教材第10课设计了《小蝌蚪》的教学内容。根据《教师教学用书》对《小蝌蚪找妈妈》的教学建议,借助美术教材中丰富的美学资源,辅助理解课文内容,降低学生理解字词的难度;有效促进小学生对课文内容的理解、记忆;增强小学语文教学的趣味性,活跃课堂气氛;全面促进学生的身心发展,提高学生的语文核心素养及美学能力				
学情分析		小学二年级学生形象思维占主导,还在语言积累的起步阶段,能将自己的想法借助拼音简单地写下来,无论是写字还是画画都比较自如。能在老师、家长的辅助下顺利地开展学习互动,完成融合课程的学习				
教学目标		1. 通过绘画实操,正确理解"群""游""迎""追"等字的意思。 2. 通过图画排序的方式理解故事的主要内容,初步了解小蝌蚪变成青蛙的过程,讲述小蝌蚪找妈妈的故事。 3. 通过观看动画电影,启发学生进行图文结合的个性化创作,发掘想象空间,发展语言组织能力及绘画表现能力,培养热爱自然、观察生活的美好品质				
教学重难点		教学重点 1. 通过绘画实操,正确理解"群""游""迎""追"等字的意思。 2. 通过图画排序的方式理解故事的主要内容,初步了解小蝌蚪变成青蛙的过程,讲述小蝌蚪找妈妈的故事。 教学难点 通过观看动画电影,启发学生进行图文结合的个性化创作,发掘想象空间,发展语言组织能力及绘画表现能力,培养热爱自然、观察生活的美好品质				
教学方法		诵读法、讨论法、练习法、合作探究法、展示交流法				
教学环境		校园网络管理平台、希沃一体机、希沃白板5（EN5）、希沃授课助手（link）、计时器、希沃教鞭、班级优化大师				
教学环节	教学目标	学习内容	教学方法与步骤	技术运用	设计原理	
课前准备	目标1	细读《小学语文·二年级上册》教材第1—3页,根据在第一课时的学习中梳理出的变化过程画出对应的图画	【练习法】 团队分工,每人选择一个变化过程进行绘图,在班级优化大师中提交自己的作品	1.【班级优化大师·统计】	1. 关联主义学习理论,即建立网络,在关键知识节点上建立有效关联。利用美术画图,帮助学生进一步理解	
课堂探究	目标1	（一）绘图识字词 1. 根据学生所绘的图画内容理解"群""游""迎""追"等字的意思	【讨论法】 通过班级优化大师抽选出一个团队的画作,学生根据展示中所绘的图画内容判断图画作者是否理解"群""游""迎""追"等字的意思。再进行全班交流,加深理解	2.【班级优化大师·抽选】 3. 使用课件投影展示:直观呈现前置作业。运用【希沃白板·汉字、拼音进行教学】	2. 建构主义学习理论——通过创设接近学生生活的学习情境,促使学生自我发现问题和解决问题。在比较中加深对字词的理解记忆	

续表

教学环节	教学目标	学习内容	教学方法与步骤	技术运用	设计原理
课堂探究	目标2	（二）列图说故事 1. 通过图画排序的方式理解故事的主要内容。 2. 初步了解小蝌蚪变成青蛙的过程。 3. 讲述小蝌蚪找妈妈的故事	【合作探究法】 【练习法】 1. 美术老师点评画作，选取最能体现小蝌蚪变化过程的图画。学生对照图画顺序，总结小蝌蚪的变化过程。 【EN5·即时书写工具】圈点，批注、板书。 【板中板】生成教学资源。 2. 打乱图画顺序，学生上台一边摆出正确的图片顺序，一边说变化过程。 【班级优化大师·随机点名】指名学生并点评。 【希沃白板】使用白板中的交互功能。 3. 学生自行练习：对照图片和同桌互相讲一讲小蝌蚪找妈妈的故事，计时5分钟。 【EN5·计时器】 4. 学生展示：上台用自己的话讲一讲小蝌蚪找妈妈的故事。 【班级优化大师·随机点名】指名学生并点评	4.【EN5·即时书写工具】圈点，批注、板书。 5.【板中板】生成教学资源。 6.【班级优化大师】指名学生并点评。 7.【希沃白板】使用白板中的交互功能。 8.【EN5·计时器】 9.【班级优化大师·随机点名】指名学生并点评	3. 行为主义学习理论——学习的起因是学习者对外部刺激的反应（学习行为）。通过合理的"刺激"，如即时书写的板书（板中板）等，强化学生的"应激反应"，从而促使学生深度探究
	目标3	（三）观影启创作 1. 通过观看动画电影，启发学生进行图文结合的个性化创作。 2. 发掘想象空间，发展语言组织能力及绘画表现能力	【合作探究法】 1. 播放动画电影《小蝌蚪找妈妈》。 【超链接】联网。 2. 启发学生想象创作：小蝌蚪还可能会见到谁？它们之间又会发生什么呢？请你为你的画作配上几句话吧！ 【展示交流法】 3. 让学生自画自写，计时10分钟，配乐。 【EN5·计时器】	10.【超链接】联网，学习相关知识。 11. 使用儿歌音乐音频，创设活动氛围。 12.【Link·拍照同屏】快速直观展示学习成果。 13.【班级优化大师·随机点名】【点评学生】	4. 多元化教学原理——通过"儿歌音乐""网络链接赏析"、动画电影欣赏等方式，创设情境，营造氛围，帮助学生感受"美"的意境。通过同屏技术，即时进行学习交流和展示，全方位实现"音、画、景、情"多维教学方式的结合

教学环节	教学目标	学习内容	教学方法与步骤	技术运用	设计原理
课堂探究	目标3	3. 培养热爱自然、善于观察生活的美好品质	4. 投屏学生作品，配乐，进行有创意的展示。【Link·拍照上传】		5. "教—学—评"一体化——通过"同屏技术"直观展示并即时评价学生作品，反馈学习效果，提出改进意见，达到精准教学、有效突破的目的

（三）实操提升信息技术专业能力

前期的网络研修和校本培训，达到了提升教师专业化水平的目的，为加强信息化手段与学科的融合打下了良好的基础。在实操阶段，各类梯度的比赛和现场展示，提升了教师信息技术专业能力。

1. 参与微课制作比赛

"源池杯"教师基本功比赛——"微课制作"中，语文教研组全员提交了自己剪辑的微课视频，并进行评优。优秀微课作品的教师代表一一展示了作品，并进行了设计讲解，充分展示了他们对信息技术的熟练运用，同时让在场的老师们学习到了更多微课制作的技巧。

自教育信息化进入2.0时代后，使用微课进行各类型的语文课程教学，成为当前新型小学语文课程教学发展的必然趋势。《义务教育语文课程标准》（2011版）附录2"关于课外读物的建议"中提出："要求学生9年课外阅读总量达到400万字以上，阅读材料包括适合学生阅读的各类图书和报刊。"教师可根据需要，从中外各类优秀文学作品中选择合适的读物，向学生补充推荐。因此，将微课教学运用到整本书阅读的教学活动中，更有利于激发学生课外阅读的兴趣点，实现教师课外阅读教学的最优化。教师在设计、制作整本书阅读教学微课的过程中，应使微课特性与教学目标相契合，做到短小精悍，一课一得；使微课内容与文本特性相结合，做到直切重点，高效学习；使微课形式与学生个性相应和，做到兴趣为主，方法为辅。

张一春教授认为："对于老师而言，最关键的是要从学生的角度去制作微课，而不是在教师的角度去制作，要体现以学生为本的教学思想。"教师应站在学生的角度进行微课形式的设置思考，使学生在十分钟以内的微课学习中始终兴致勃勃、高度专注。

节选微课片段如下：

导入环节，游戏激趣

1. 课内复习，翻牌游戏

这学期我们走进了"科学精神"这一单元，学习了《真理诞生在一百个问号之后》这篇文章。老师这里有三张人物牌，十秒钟之内，你能说出他们对应的科学发现吗？（学生说对应发现，教师翻牌揭晓答案。）

2. 衔接课外，玩连连看

在科学史上，这样的事例还有很多。我们再来玩一个小游戏"连连看"，你能把科学家和他们的发明发现连起来吗？（学生进行连连看，教师播放视频揭晓答案。）

3. 抛出疑问，导入本书

这些推动人类社会文明进程的发明和发现，说上三天三夜也说不完，科学家们到底是怎么发现它们、创造它们的呢？这背后又有哪些传奇故事？今天，老师就带来了一本书《数理化通俗演义》。

通过学生喜闻乐见的游戏环节，在寓教于乐中自然而然地过渡到整本书的阅读导入。

（节选自黄瑾君老师论文《教育信息化 2.0 时代下的阅读指导微课构建策略》）

2. 参加湖南省在线集体备课大赛

在 2020 年湖南省集体备课大赛中，语文组组建数十支团队积极参赛，在筹备中多次在线研讨，充分将希沃白板、智慧课堂等多项信息技术运用到识字写字、阅读、习作教学中。下面以学校语文教研组长刘爽老师的习作指导课《记一次游戏》为例进行说明

基于习作要求及学情，团队计划抓住学生喜欢玩、会玩的特点，利用小乒乓过"桥"这个游戏，创设游戏体验式的课堂情境，以此激发学生的兴趣，打开学生思想的闸门，唤醒学生的言语动机。如果这一设想有信息技术作为支撑，课堂会更加高效。因此，如何使信息技术与课堂教学有机融合，是我们整个研磨过程中，最关键的一个思考点，因此也有了一些巧妙的设计。

1. 观看短视频，了解游戏规则。

课堂开始，便直入主题，运用信息技术，在课件中插入一个几十秒的游戏视频，让学生观看。这样既能激发学生参与的兴趣，又能帮助他们迅速了解游戏的玩法、规则。

2. 巧用计时器，营造紧张氛围。

之后，我们设计了几组 PK 赛，让学生上台进行对决。比赛开始，播放倒计时音乐。音乐响起，学生的心情也在不断地发生变化。计时器的使用，营造了紧张的氛围。学生在写作时能够充分利用自己的感官体会心情的变化，描绘出来的场景更加真实。

3. 定格画面，筛选写作素材。

学生的参与度高，体验感强烈，写作动机被充分唤醒，有"米"下锅，写作自然变得轻松。但是，学生在游戏中观察到的画面较多，该选择哪些画面来写呢？针对这一点，我们运用鸿合多屏软件，通过手机投屏，滚动播放一些现场拍摄的照片，引导学生交流游戏过程中印象最深刻的环节或情景。我们尊重学生的体验，让其选择自己印象最深刻的场景，把它记录下来。

4. 回放慢镜头，捕捉游戏细节。

选定了画面后，该如何引导学生把画面写具体呢？我们以课文《一只窝囊的大老虎》的一个片段为例，教给学生一个"小妙招"——分解动作写具体。在此基础上，回到游戏现场，利用爱剪辑软件慢速回放在学生游戏时拍摄的视频，引导学生捕捉细节，关注"选手"一连串的动作，学习使用连续性动词，按一定的顺序把游戏过程写清楚、写具体。

5. 投屏代表作，学习点评修改。

写完片段，教师投屏呈现学生作品，借助"画笔"工具在屏幕上进行勾画、点评，用更直观的方式引导学生借助评价标准进行自评、修改。

3. 开展"易教研"听评课展示

学校开展与信息技术手段相结合的电子化观课，二年级语文组李小芳老师为观摩团队展示《坐井观天》在线授课听评课示范。授课完毕，在场的观课教师、在会议室观课的学员们，以及学校其他年级的备课组长通过线上和线下的途径参与听课评课，即时生成评课数据。再结合评价量表的相关数据，对老师们评课的情况进行解读，形成综合评课报告。以下是李小芳老师的说课稿：

现代信息技术作为教育改革的"第一推动力"，促使教师走下讲台，走近学生、走进网络……借助远程教育资源，运用多媒体技术辅助教学，不但能使语文课堂生动、形象、直观，富有感染力，而且还能使学生积极主动地获取知识，语文能力得到充分的发展。这既符合小学生的认知特点，也给我们的课堂注入了新的生机与活力。

我执教的是统编教材二年级上册第12课《坐井观天》第二课时的片段。在本堂课里，我融合了以下信息技术方式：多媒体课件、希沃白板、微课、卡通视频字幕等。

一、希沃白板交互，激发探究欲望

希沃白板强大的交互功能从根本上改变了教师讲课、学生被动听课的方式，为师生们在教学过程中的互动和参与提供了极大的方便，同时也激发了学生探究学习的欲望。在检测学生对"渴"和"喝"两个字的掌握程度时，我就利用希沃白板的互动功能，请一位学生上台操作，在记忆生字的基础上摆一摆偏旁，拼凑出与情境图片相符合的生字。其他学生在台下观察演示过程。这样的操作，不仅培养了学生的动手能力，也激发了学生的探究兴趣。

二、录制微课讲解，扩大课堂容量

在检测完学生对"渴"和"喝"的掌握程度后，我使用提前录制好的微视频，及时揭晓检测答案，让学生对于此知识点进行复习巩固。学生兴趣盎然，课堂容量大增。

三、卡通视频字幕，鲜活文本内容

低年级学生年龄较小，生理和思维发展都需要不同性质和程度的感官刺激。卡通视频中的画面色彩鲜艳，生动、鲜活、直观的形象展现在学生面前，特别能吸引低年级学生的注意。本节课我把坐井观天的故事做成卡通视频，使文本转化为字幕，让学生在情境中分角色朗读。一共进行三轮配音，第一轮是自由配音，熟悉视频；第二轮点名展示，点评需要注意的地方；第三轮全班男女生分角色进行填空式配音。这样三轮下来，学生既不会感到枯燥，又在游戏中熟读成诵，高效达成了本课的教学目标。

三、信息技术背景下重构小学语文智慧课堂成效斐然

通过一系列举措，语文组的信息技术提升工程2.0的线上学习任务完成率达到了100％，作业提交率达100％。验收阶段的能力点作业提交率同样达到了100％。其中，语文组推送的A4微能力点"跨学科融合设计"获得作品推优肯定。

在2020年湖南省中小学（幼儿园）教师信息技术与学科教学深度融合在线集体备课大赛中，麓小语文组团队选送课例《记一次游戏》《他像一棵挺脱的树》《四季之美》《枫桥夜泊》获得特等奖，并评有一等奖一个，二等奖三个，

三等奖两个（本次评选比例为 36%）。

1. 提升信息技术技能，形成优质课例

从 2020 年 9 月起，语文组内开展了"青年教师课堂教学竞赛暨湖南省优质录像课评选活动"、第二届"源池杯"青年教师基本功 15 分钟片段教学等多项竞赛。学校要求以"青蓝工程"团队为单位，人人参赛，鼓励老师们把在学习中学到的信息技术知识融合到自己的教学中，并将其列为课堂教学效果的评价指标之一。通过研修，老师们的信息技术能力普遍得到了提升，希沃白板用得驾轻就熟，有的老师还自学了很多软件，制作出来的微课十分精美。许多教师的课例展示了信息技术与课堂教学的完美融合，为应用信息技术解决教学中的难点问题起到了良好示范作用。

"易教研"在线研讨听评课课例

《坐井观天》第 2 课时
（授课人　李小芳）

教学目标：

1. 复习词语，重点回顾"渴""喝"的区别。

2. 学习青蛙和小鸟第二、三次对话，读好对话；探究它们说法不同的原因，体会故事寓意。

3. 创意配音朗读，熟读成诵。

教学重点：

学习青蛙和小鸟第二、三次对话，读好对话；探究青蛙、小鸟说法不同的原因，体会故事寓意。

教学难点：

学习青蛙和小鸟第二、三次对话，读好对话；探究青蛙、小鸟说法不同的原因，体会故事寓意。

一、回顾旧知，复习导入

1. 板书课题

师：上节课，我们学习了课文《坐井观天》，课题上有两个字是我们昨天要求会写的字——"井"和"观"，请大家跟老师一起书空，把课题补充完整。

井、观（说笔顺、书空）

齐读课题，提示："井"后鼻音

上节课我们认识的其他词语宝宝也想和大家见面，一起来打招呼吧。出示词语：

井沿、回答、坐井观天、无边无际、弄错、哪儿、口渴、喝水、说大话

《坐井观天》究竟讲了一个什么故事呢？请大家根据屏幕上的提示，试着说一说。

PPT出示：

青蛙和小鸟在争论（　　　　　）。他们进行了（　　　　　）次对话，青蛙认为天只有（　　　　　）。小鸟认为天（　　　　　）。

2. 根据学生发言，教师贴板书

师：对于"天有多大"这个问题，他们为什么会有不同看法呢？这节课，让我们再次走进这个故事。

二、深入文本，聚焦对话

1. 复习第一次对话，检测"渴"和"喝"

（1）请两位同学读一读第一次对话。

（2）出示第一次对话，提问：小鸟的话里有两个相似的生字是？

（3）打开希沃白板，请小朋友上台根据情景图片拖动偏旁组成新字。

（4）微课出示"渴"和"喝"的讲解，总结"渴"是三点水旁，"喝"是口字旁。

（5）"渴"和"喝"，你能分清了吗？老师考考大家。

请把新的字填入句子中。

句子：天气很热，小女孩感觉口（　　），想要（　　）水。

2. 学习第二次对话，体会"无边无际"

师：小鸟说口渴是因为它飞了一百多里，小青蛙相信吗？

生：不相信。

师：请同学们看第二次对话。

点名读：哪两位同学来读一读？

出示对话，点名说：谁来讲讲"说大话"的意思？

生：吹牛、夸张的话。

师：所以青蛙一点都不相信，你买读读青蛙的话。

师：它说还用飞那么远吗？意思就是……不用飞那么远。

师：青蛙认为小鸟在吹牛，所以它说——生读

青蛙认为天空只有井口那么大，所以它说——生读

体会"无边无际"

师：小鸟的回答里用了个什么词来形容天？

生：无边无际。

师：生活中你还知道什么是无边无际的？

生：宇宙、大海、沙漠、平原。

跟着老师一起把句子说完整。（　　　　　）无边无际，大得很哪！

齐读填空：（大海、草原、沙漠）无边无际，大得很哪！

师：再次提示"哪"是多音字。

3. 练习说话

小鸟每天在天空中飞翔，这次飞了一百多里，飞过了绿绿的草地，飞过

（　　　　　），飞过（　　　　　），还是没有看到天的边，真的是无边无际啊！

点名填空：飞过（　　　　　），飞过（　　　　　）。

师：请一位同学连起来，把整段话说完整。

师：小鸟飞了这么远还是没有看到天的边缘，这就是无边无际。

学习第三次对话，体会寓意。

师：最终青蛙会相信小鸟吗？来看第三次对话。

（1）同桌角色扮演读（自由练习）。

点同桌读（两次，老师读旁白）。

（2）刚刚我看到我们同学带上了表情，小青蛙笑了，小青蛙和小鸟的笑一样吗？点名回答。

生：不一样。

（3）体会青蛙的笑（自大、自以为是、盲目）。

点名回答，顺着回答，读青蛙的话。

体会小鸟的笑（自信、坚定、劝说）。

点名回答，顺着回答，读小鸟的话。

三、探究原因，总结寓意

1. 师：他们为什么都这么相信自己的看法呢？

（1）选一选青蛙和小鸟眼里的天空。

（2）现在谁来说说它们的说法为什么不一样？

预设：住的地方不一样；角度不一样。

故事读完了，你认为谁说得对，为什么？（提炼寓意）

点名回答。

是啊，小青蛙在井底，眼光也只有井口那么大；小鸟站得高，看得更加全面。我们要学习小鸟，如果生活中遇到像小青蛙这样的小朋友，也要及时劝告

他，让他跳出来接触广阔的世界哦！

像这样蕴含着深刻道理的小故事，我们叫它寓言故事。（ppt 出示小故事大道理）

2. 分角色读对话

这么有趣的寓言故事，我们来给它配个音吧！要想象着你就是那只坐井观天的青蛙和那只飞了一百多里的小鸟，带上动作，读出它们不同的语气哦！

（1）自由练习。（没有旁白，直接对话）

（2）请两位同学展示。（真不错，都是专业的配音小演员了）

（3）请大家合上书本，难度升级，这一次一些字幕被遮挡住了，你还能完美配音吗？请男生读小青蛙的话，女生读小鸟的话，做做动作。一起来试试吧。

四、课后拓展，作业布置

布置作业，让学生搜集课外其他寓言故事，读一读，和小伙伴分享读后感受。

2. 教学辐射引领，公益推广获得好评

2020 年新冠肺炎疫情暴发后，麓山国际实验小学语文组积极响应教育部的号召，按照长沙市教育局的统一安排，制订多项方案，发起了"抗击疫情，学习不停"名校名师公益行"空中课堂"。麓小"空中课堂"是传统教学、个性化教学、远程教学的结合，是一种融课前、课中和课后为一体的立体化教学模式。自开播以来，全体语文老师积极参与配合，主动承担课程，认真研磨课堂，承担直播课例上百余节，点击数量达千万次。直播课程辐射广，持续性强，影响大，获得学生、家长以及社会各界人士广泛好评。以下为麓山国际实验小学暑假名师公益课堂安排表：

表 3-2　麓山国际实验小学公益课堂安排表

时　间		授课内容	授课对象	执教老师
7 月 21 日		六年级毕业试卷解析（语文）	五、六年级学生	张迎娟
7 月 24 日	上午	绘本《幸运的内德》导读课	一、二年级学生	赵仁红
	下午	绘本《小猪变形记》导读课		陈芳芳
7 月 25 日	上午	《爱德华的奇妙之旅》整本书导读课	三、四年级学生	胡　莎
	下午	《乌丢丢的奇遇》整本书导读课		许　锐
7 月 26 日	上午	《80 天环游地球》整本书导读课	五、六年级学生	谭超月
	下午	《数理化通俗演义》		黄瑾君

　　要在短期内建立一支信息技术专业能力强的语文教师队伍，能在各项信息技术考核中被评为优秀，能在上万支队伍参赛的省级备课比赛中脱颖而出，背后需要一支高效的管理团队。为了让所有教师走出现有舒适区、顺利习得新型信息技术，语文组统筹规划、明确分工，以何欢老师为学习坊主，建立了一支线上线下相结合的服务团队。管理团队实时跟进教师的网上学习。从2020年5月到11月，管理员先后三次下载学情，分发到每一个团队中，由组长组织组员交流，看本组的学习还差在哪里、问题出在哪个环节，然后马上解决。

四、信息技术下重构小学语文智慧课堂的思考

　　经过一段时间的探索与实践，麓山国际实验小学全体语文教师对信息技术有了深度的认识，积累了丰富的操作经验，在信息技术重构小学语文智慧课堂教学的研究中也逐渐摸索出一系列有规律可循的教学模式。在教学过程中，教师始终做到技术手段的应用与教学目标相匹配、技术工具的选用与课堂效率相匹配、技术策略的使用与学生学情相匹配，在课堂中画出一个诗意的语文疆域，引领学生在信息技术手段下进行个性化的言语实践，照亮自己的言语生命。

　　同时，信息技术与语文课堂的融合也给我们带来更多的思考和挑战。当现代大数据走入古老的方块文字，当理性的智能技术与独特的阅读体验相碰撞，教师如何消除信息技术给语文课堂带来的"突兀感"，避免过度"炫技"带来的堆砌之感，让其真正服务于语文，打造高效高质的语文课堂，促进学生个性化的发展？这个命题留待语文教师在未来进行更多的思考实践。

　　教育信息化走向2.0时代，信息技术不断更新，重构语文课堂教学绝非一日之功。语文作为主学科，理应顺应趋势，努力走在数字化建设的最前沿。语文教师不应对信息技术"讳疾忌医"，而应吐故纳新，积极学习先进的信息化教学方法，让课堂在信息技术手段辅助下更有"语文味"。

第三节　语文＋美术课程的实践与思考

　　跨学科学习的主要实施路径是进行学科间的整合。常用的整合方式有：学科培养目标的整合、学科知识内容的整合、教育技术手段的整合等。小学语文和小学美术学科除了各自的学科属性外，在学生的情操陶冶、个性养成和品格

塑造等方面都具有先天的共性优势，具有共同的美育功能属性。语文与美术课程的融合，往往可以通过对经典的文学作品、美术作品进行赏析评价来实现，从而在促进学生语文核心素养提升的同时，也促进学生的审美品位与审美能力的提高。

麓山国际实验小学着眼于语文学科与美术学科的美育功能，积极探索语文习作教学与美术学科的融合路径与方法，最大限度地发挥各自学科的优势和特长，有效提升三维目标达成效力，提高学生的语文核心素养和审美能力。

一、基于价值导向的语文＋美术课程融合分析

伴随着现代教育的不断发展，整合教学内容、开展学科融合教学已成为教育者的共识。麓山国际实验小学基于学校的跨学科学习研究与教学实践，就小学语文和小学美术这两门国家课程的学科融合价值，从以下几个维度进行了分析。

（一）基于教育导向的分析

在当今"五育并举，全员育人"的教育大环境下，为进一步促进学生德智体美劳的全面发展，学科之间的教学融合也有了越来越重大的现实意义和教育价值。随着社会的迅速发展，人们的精神需求越来越高，也愈加重视对美育的追求。美是纯洁道德、丰富精神的重要源泉。美育是审美教育、情操教育、心灵教育，也是培养丰富想象力和创新意识的教育，能提升审美素养、陶冶情操、温润心灵、激发创新创造活力。

语文学科与美术学科都重视想象力和创造力的培养，这也是学生核心素养中必不可少的。基于此，小学语文和小学美术两个学科，必须最大限度地发挥各自的学科优势和特长，使学生提升学习效果，提高综合素养。

（二）基于学科特点的分析

《义务教育语文课程标准》（2011年版）明确指出，应"拓宽语文教学和运用的领域，注重跨学科的学习和现代科技手段的运用，使学生在不同内容和方法的相互交叉、渗透和整合中开阔视野，提高学习效率，初步养成现代社会所需要的语文素养"。

语文是一门兼具实践性和综合性特点的基础学科，与其他学科教材当中的知识存在一定的包含与交叉关系。通过学科间的互相渗透融合、共生共长，综合运用各学科知识，可以打造立体丰富的语文教学课堂，增强学生进行语文学习的动力，从而提高语文课堂教学效力和质量。

（三）基于学校实际的分析

伴随着学校办学理念的不断深化与发展，学校积极开展课程建设探索与实践，逐步构建了学科基础型、拓展丰富型、活动实践型相结合的"3+N"课程体系。学校正在实现学科融合与课程延展，实现科学与人文、本土与国际相结合、过程与结果、预设与生成相融合，长课时与短课时、显性课程与隐性课程相衔接。

其中，学科融合作为一项重要的课程建设与实施内容，被一线教师广泛运用并不断优化，达到了预期的教育教学效果。

（四）基于教师专业成长的分析

目前，我国中小学教师接受的教育是分科教育，大多数教师只是对单一的某个学科领域有比较充分的理解。由于长期从事某一学科的教学，教师们逐步形成了自己的一套学科教学风格，教师个人的知识系统也相对局限于所教学科。但教师职业创新性和发展性的特点，决定了教师需要满足情况各异的学生的成长需求，因此，教师在教学实践中需要互补，需要打破学科壁垒，走向学科与学科的深度融合，促进个人知识和能力的综合发展。

（五）基于学生思维发展规律的分析

我们的教育是为了培育学生具备适应未来生活的能力。这样的能力是多向的，具有多种需要。加德纳的多元智能理论指出：一个人的智能有多种成分，包括语言、数理逻辑、空间、身体运动、音乐、人际智力等。在传统的分科教学中，一个老师、一个学科的教学，无法同时满足学生多种能力发展的需要。多元智能理论认为应该根据学生的不同情况来确定每个学生最适合的发展道路，这就需要更多的课程实施形态来完成。

小学阶段的语文学习在知识学习、口头表达、综合想象等方面的能力形成和培养方面需要教师予以耐心全面的帮扶和细致有序的指导。

比如，三年级学生还在习作语言积累的起步阶段，能将自己的想法简单地写下来，但是要调用多种感官把自己的观察写下来，还要写出事物的变化，还是有难度的，需要教师搭设支架，帮助学生达成学习目标。三年级学生同时还是以形象思维为主导的小学生，这就需要在美术教师的指导下对眼前的动物或植物进行细致的观察和描绘，用线条和色彩把自己的感受表达出来。

通过语文教师和美术教师运用学科融合的方式，发挥语文与美术学科的优势特长，加上信息技术手段的合理运用，学生就能够更为顺利地开展学习互动，完成融合课程的学习。

二、基于优势互补的语文＋美术课程融合路径探索

谈及学科融合，就离不开"关联"这个关键词。学科融合的目的不是单纯体现全新的教学理念和先进的教学组织形式，更不是作秀式的为了"融合"而融合。在需要借助其他学科的教学内容及组织形式之时，恰到好处地渗透、实施学科融合，才能有效凸显各学科之优势，最大限度地提升教学效果。

那么，如何实施学科融合？如何有效整合小学语文教学和小学美术教学呢？笔者将通过案例展示的形式，从以下三个路径来讲述如何实现语文和美术双学科的优势互补，真正凸显学科融合的优势与效力。

（一）内容整合，精准关联

学科融合的实施，需要教师独具慧眼，找准教材中的逻辑关联点，在这样的基础之上设计出的融合教学，才符合学生的认知发展规律，才能有效促进智力培育与能力培养。

不同学科之间的关联点是多主题、多形式的，或是内容交汇、主题类似，或是形式一致、组织统一，或是相互补充、互鉴互学。总而言之，学科融合强调连接各学科的散点式知识，有效帮助学生进行点线贯穿，综合地认识世界，形成面的认识。

就小学语文与小学美术学科的内容特点而言，精准的教材分析就体现了两个学科中的关联点。

如，部编版小学语文教材三年级上册第五单元为习作单元，编排了"初试身手"和习作《我们眼中的缤纷世界》。针对学生在"初试身手"小练笔中暴露出的描写匮乏问题，我们决定与美术学科进行学科融合，发挥美术课堂在指导学生细致观察、生动描绘方面的学科优势，解决学生因观察不细致、不全面而导致的语言匮乏问题。

此次习作的主题为：我们眼中的缤纷世界。要求学生细致观察，调用多种感官进行观察，注意事物的变化。结合学生生活观察的实际情况，我们让学生观察一种动物或一种植物，方便学生进行有序、细致的观察，以更好地达到教学目标。同时借助美术教材中丰富的美学资源，辅助理解本次习作的要点，降低学生习作表达的难度；增强小学语文教学的趣味性，活跃课堂气氛；全面促进学生的习作能力的发展，提高学生的语文核心素养及美学能力。

（二）学科互融，共生共长

学科融合可以实现资源共享、目标互补。就小学语文＋美术融合课程而

言，主要通过以下五大环节来层层推进，达到语文和美术教学的共生共长。

1. 借助绘图，启发表达

在习作指导课"绘图识事物"这个教学环节中，教师引导学生在所绘图画的基础之上来汇报自己喜欢的动植物，通过借助绘图启发学生的初步表达。该教学环节的设计意图是开启学生表达的"话匣子"，为口头表达向书面表达的过渡做准备，为清楚有序、角度多样的书面表达打基础。

2. 巧析画作，细化表达

在"话匣子"打开的基础之上，教师选择2—3幅学生图画作品进行指导性点评，运用希沃白板中的画笔、放大镜等功能，讲解学生作品中的精彩之处，引导学生通过仔细观察关注其中的细节，体会画作中事物的特点。经过教师的细化点评之后，学生再对照图画对自己的画作进行修改，突出画作中事物的特征，同时也为习作表达做准备。

3. 借助实物，丰富表达

要引导学生调用多种感官把自己的观察写下来，仅仅依靠平面的图画加以细化指导是不够的，因此需要运用更为直观的方式进行引导。课上，老师用水果实物引导学生现场感知，引导学生从多个角度对所画事物进行描述，丰富表达内容，提升表达质量。

首先，教师引导学生从颜色，即从视觉的角度对水果外形进行观察和描写。再将水果切开，引导学生再次细致观察水果内部结构，并结合触觉、嗅觉等其他角度，对水果进行立体丰富的描绘。在初步练习了调动多种感官对水果进行描述之后，学生迁移运用这一方法，和同桌互相讲一讲自己画作的特征，从多个角度把画作的特征说清楚。

在这一教学环节中，环环相扣的学习活动，使学生较好地掌握了多角度观察的方法，为习作表达打下了良好的基础。

4. 观影启智，完善表达

在接下来的"观影启创作"活动中，教师通过播放动画电影，展示草莓从发芽到最终成熟变红的全过程，启发学生在习作表达中加入水果的生长变化。教师引导学生发挥想象或联系生活经验，再说说水果其他生长阶段的样子，发展学生的想象力和语言组织能力，进一步培养学生热爱自然、热爱观察生活的美好品质。

5. 二次融合，提升表达

通过前四个步骤的学习，学生将口头表达转为书面表达之后，教师还可布置选做作业：试着用超轻黏土捏一捏自己所写的事物，并用语言把它介绍给自己的家人。

此环节其实是语文＋美术学科的二次融合。从第一次的平面画作到第二次的立体"模型"，学生对所写事物的观察、体验和情感都会有提升。这样的设计明确了学生表达分享的对象，增加了语文习作学习的趣味性、交互性和交流性，既锻炼了学生的观察和语言组织能力，又锻炼了学生的动手能力，可谓一举多得。

（三）学法互借，综合发展

学科融合使之前的单一学科的知识点，通过关联点形成了一条线，能最大限度地保留学科独有的特征和功能。整合的方式，能为学生提供运用学科知识去思考和解决问题的机会。教师在教学中，作为活动的牵引者、组织者、协调者，要让学生在真实的活动中，在解决问题中习得知识。

因此，学生在融合活动中真正成为学习的主体，通过观察、讨论和探究等学习活动，积极参与到各学习活动中，变"要我学"为"我要学"。在以上语文＋美术融合课例中，画作及实物的观察与语言表达紧密结合在一起的活动设计，不仅开发了学生的智力，还对其形象思维和创新思维起到很好的锻炼作用，有利于学生文学素养与美术能力的综合发展与提升。

三、基于教学相长的语文＋美术课程融合成效初显

习作教学是小学语文教学中的难点，如何帮助学生突破习作难点，将写不清楚、写不细致的地方加以改进呢？语文＋美术学科的两次融合，不断让学生的表达细致化、丰富化和立体化，让学生在观察、绘画、表达（口头表达和书面表达）、动手操作等多样化的学习活动中"步步为营"，较好地发挥了两个学科的特长和优势，在达成教学目标的同时对学生的全面发展具有重要意义。

（一）经验小结，要点梳理

1. 转变意识，全面思考

要想顺利实现学科融合教学的目的，作为实施主体的教师，其课程意识显得尤为重要。教师本身需要有学科融合的意识，对如何进行深度融合作全面的思考，这其中既蕴含教师对自身与学生主体性的思考、对如何运用课程资源和如何实施课程的认知，同时也蕴含教师对课程评价的把握。教师的课程意识的提升，既能促进教师个人的专业成长，又能进一步推进课程改革。

2. 深入分析，定准目标

布鲁姆认知领域学习目标有"记忆、理解、应用、分析、评价及创造"六个层次。学科融合不是简单的跨学科学习，它需要教师既深入分析教材，又深入分析学情，根据学生的发展水平预设教学难点，重视知识的应用、分析、评价及创造，激发学生学习动机，提升学生的高阶思维，促进学生综合发展。

在小学三年级语文习作＋美术课程教学活动设计上，教师基于教材和学情分析，确定了对于学生有一定难度但"跳一跳"能达成的学习目标，这样，学生在课堂上能够主动建构知识，激发学习潜能。

学情分析：

小学三年级学生还在习作语言积累的起步阶段，能将自己的想法简单地写下来，但是要调用多种感官把自己的观察写下来，还要写出事物的变化，还是有难度的，需要教师搭设支架，帮助学生达成学习目标。根据学生形象思维占主导的现实情况，美术教师要指导学生对眼前的动物或植物进行细致的观察和描绘，用线条和色彩把自己的感受表达出来。相信有了学科的融合，发挥了学科的优势特长，加上信息技术手段的合理运用，学生能够较为顺利地开展学习互动，完成融合课程的学习。

教学目标：

1. 通过绘画实操，初步感知水果的特征。

2. 通过美术作品讲评、课堂细致观察及方法指导，明确本次习作的主要内容，确定自己的写作对象，完成作文的雏形。

3. 通过观看动画电影，启发学生进行图文结合的个性化创作，提升语言表达质量。

4. 在第一次学科融合的基础上，再练习捏一捏水果，发掘想象空间，发展语言组织能力及动手能力，培养热爱自然、观察生活的美好品质。

3. 巧设支架，层层递进

深度的学科融合才能助推深度学习，将散落于不同学科的碎片知识进行有效整合，形成一种相互衔接、各取所长的课程体系，才能有效提升学生的综合素养。就本课例而言，课堂资源的引入、课堂教学环节的设计、学习活动的开展等都是以环环相扣、层层递进的方式进行的：从平面走向立体，从单科走向多科，从课内走向课外。从第一次实践到第二次融合，语文和美术两个学科之间的壁垒被真正打破，学生全面分析、解决问题的能力得到逐步的锻炼和发展，最终实现能力的螺旋式上升。

（二）激趣导能，促进学生深度学习

1. 激发学习兴趣

在语文习作课堂中引入学生自己创作的美术作品，再延伸至精细的手工制作，打破了原有的单一、陈旧的教学组织形式。课堂在有效融合多种学习资源的同时，全方位调动了学生的多种学习感官，营造出宽松愉悦的学习环境，吸引学生全身心参与到学习和活动中来，并使学生形成与教师的良好互动，有效激发了学生的学习兴趣。

2. 降低学习难度

调动多种感官将事物写清楚，对三年级的孩子来说确实有难度。在以上课例中，通过搭建层层支架，教师引入画作、实物、短视频、手工制作等多种教学资源，引导学生在观察、交流、分享、讨论等丰富多样的学习活动中扎实训练，分解了学习难点，帮助学生从完整的口头表达过渡到书面表达，有效降低了学习难度。

3. 提升运用能力

课堂上，教师通过语文与美术的融合教学，创设出更加适合学生发展的深度学习空间，为学生营造了一种图文互促、学用合一的文化氛围，有效提升了学生的艺术审美能力和文学素养，使学生能够自觉追求美好生活、感受真善美，同时有利于提升学生链接各种知识及迁移运用知识的能力。

4. 促进教师发展

（1）拓展知识，拓宽视野

语文与美术的融合为教师的课堂教学提供了新的思路和方法。为适应融合教学的需要，教师相应地会对相关的学科知识加以学习和研究，对教学方法进行创新和优化，同时学习最前沿的教育知识原理，与时俱进，让课堂不断焕发新的活力。这对教师个人的知识与视野的拓展具有十分重要的意义。

（2）精心设计，巧用策略

在学科融合背景下，教师必然会用心选择教学内容，精心设计教学目标和教学活动，巧妙地使用适合学情的教学策略，耐心引导学生深入思考，让学生做到学用结合，不断培养和提升学生的综合能力，特别是面向未来的核心

能力。

（3）"身份"转型，综合提升

在现在分科教学仍占主导地位的课程实践中，走学科融合之路的教师需要不断克服分科教学的弊端，打破学科间的壁垒，那么，他必然会以"研究者"的姿态，在"研究——实践——再研究——再实践"的往复过程中，不断积累有效的教学策略，始终保持新鲜灵动的研究状态，直至完成从"教书匠"到研究型教师的转变，这样，教师的专业成长将得到长足发展。

四、基于多方联动的语文＋美术课程融合未来展望

语文＋美术课程融合不只是一节课的融合，一个知识点的融合，更应该是各学科核心素养的深度融合。就小学美术与语文学科的融合来看，美术知识还可以与识字、写字、阅读、习作等多个类别的内容学习进行深度融合。在不同年段、不同学段中知识、技能、方法等多方面的融合，还未完成，值得一线教师们努力探索，积极实践。

教育主管部门层面，可以持续探索颁布相关文件，提供政策支持。学校层面，还需努力构建全新课程体系，提供培训条件。教师层面，则要自主加强研究和学习，积极总结和分享经验。

同时，基于各学科间的知识存在相互交叉、渗透的现实，作为基础学科的语文还可与小学其他各学科进行深度融合。如与数学学科的融合，指向良好的阅读理解能力，有助于数学应用题审题、读题能力的提高。与英语学科融合时，可尝试开展中英实时互译竞赛，有效提升学生听说能力。与音乐学科融合时，则可以在学习歌曲前，补充相关的背景知识，加深对作品的感悟和情感的理解。与体育学科融合时，可尝试在运动会中撰写加油稿，并进行体育竞赛后的日记练习。与心理健康课程融合时，可开展给同学、老师及父母写感恩卡的活动，增进友谊及情感，化解矛盾，提升幸福感。与信息技术课程融合时，则可以尝试在语文课中使用希沃白板技术，有效控制课堂节奏。可通过跨学科活动的开展、多视角教学活动的设计，实现多渠道的教学资源共享，促进学生更加积极、主动、全面的成长与发展。

第四节   美术＋文学课程的实践与思考

小学美术教育处于学生美术素养奠基的重要时期，而作为文学课程重要内

容的传统文化教育在小学美术课堂口的渗透，也使得美术课堂具有了更重要的意义。将美术与文学课程进行整合，不仅能培养学生的美术素养，更能使学生多元地了解传统文化，推动传统文化的传承与弘扬。基于这样的思考，麓山国际实验小学尝试将戏画西游课程纳入3+N课程体系，开始了美术+文学课程的实践与思考。

一、基于文化自信与课程标准的美术+文学课程融合

2020年11月27日，全国政协在北京召开"推动中华优秀传统文化进课本、进课堂、进校园"远程协商会，习近平总书记也发表了关于传承发展中华优秀传统文化的重要论述："从坚定文化自信，高度认识推动中华优秀传统文化进课本、进课堂、进校园的重大意义，聚焦立德树人根本任务，坚持整体设计和分类施策相统一、内容优化和形式创新相统一、问题导向与目标导向相统一，绵绵用力、久久为功，把中华优秀传统文化的种子埋入每个孩子心田，培养富有文化自信的社会主义事业建设者和接班人。"

《义务教育美术课程标准》也强调在美术教学过程中需要"引导学生参与文化的传承和交流""在广泛的文化情境中认识美术"。传统文化进校园，美术是一个很好的载体，也具有极大的优越性。学校在提升学生审美感受的同时，可以利用美术作品传播文化价值，提升中国传统文化的影响力。美术学科承载着人类文明的传承与发扬的教育任务。拥有人文性质的美术学科，又能帮助学生建立正确的审美，引导其感受并体验美的历程，形成完整的价值观。

麓山国际实验小学以主动、积极、交互、平台互动的构建方式和学生一起获得对传统美术的新认识，增强对民族文化的基本信念。为将"中华优秀传统文化走进校园"这一工作落到实处，寓传统文化教育于日常的教学工作中，学校根据实际情况，根据办学目标，决定以校本课程的开发为突破口，依托中国名著以及湖湘文化资源，进行校本课程的研究和实践，逐步形成中国传统名著、湖湘民间传统文化和学校特色相融合的学校美术课程活动，开设了"教师书法学校""书法、美术校队"，开展了"戏画西游""画笔中国年"等系列传统课程活动。学校也在教学中使传统文化与课本内容相结合，进行延伸和拓展，形成主题单元，做了一些尝试。这些活动能让学生感受更多元的文化，培养学生对祖国优秀传统美术的热爱，加深他们对多元文化的了解，从而使他们尊重并理解生活乃至世界的多元文化。

（一）构建学校校园传统文化环境，学会关心

学校结合湖湘民间传统文化，立足传统之美，使学生通过经典名著的学习了解到更多传统文化的内容和精髓，以此让学生学会关心，提升学生的人文素养，推动学生良好的审美情操的形成。在构建传统文化校园的同时，我们须培育学生的民族使命感。我们利用校园这一独特环境来培育民族精神，从而体现出独特民族特色。中国传统文化注重以民为本，崇尚和谐，讲究君子和而不同，提倡仁义礼智信，因此，它也成为了中华民族自强不息、生息繁衍的最大动力。传统文化延续着中华民族世代积累的理想，展示着其价值，它不仅展示了我们的民族身份，同时也维系着民族的认同感。从诸子百家到现在，中华民族的文化底蕴具有兼容性，在漫长的历史长河中始终能够保存下来，也能更好地提高我们对于现在和未来的把握。中华民族传统文化中的珍贵品质，对家庭、国家和社会起到了巨大的维系与调节作用。

（二）践行社会主义核心价值观，学会生存

社会主义核心价值观体现了中华优秀传统文化中的价值理念的继承、发展和提升。"唯有德才兼备，方为人才"，为此，学校充分发挥社会主义核心价值观对学校办学理念的引领作用；充分发挥课堂主阵地作用；充分结合学科各类实践活动的推动作用。让社会主义核心价值观教育融入学生的成长过程中，让学生学会生存。引领他们树立理想与信念，将他们培养成具有责任感、上进心、实践能力的时代新人。

（三）打造优秀教师团队，展麓小风采

教师的成长与发展直接决定着教育的质量，决定着学生全面、健康、和谐的发展，教师是教育事业的第一资源。教师是学校课程的实施者。学校根据实际情况推行了"展翼计划"，目的是培养会研究和有探索能力的教师队伍。课堂是"回家"的途径，课程是沿途的风景，每一位师生都是同路人。"戏画西游""画笔中国年"等系列传统课程活动的构建和实施，可以引导师生向真向善向美，涵养师生心灵，为师生的人生幸福奠基。

（四）汲取传统文化精髓，做豪迈的中国人

中华优秀传统文化在思想上有大智，在科学上有大真，在伦理上有大善，在艺术上有大美。它已经成为中华民族的基因，植根在中国人内心，潜移默化地影响着中国人的思想方式和行为方式。中华美育精神是中华优秀传统文化的精髓，包含深厚的自然、艺术、人文底蕴，体现了中华审美与艺术传统的精神特质，是引导学生建立文化自信的根本。我们要结合新的时代条件，传承和弘

扬中华优秀传统文化，从传统文化中汲取智慧，传承和弘扬中华美学精神。学校开设传统文化经典美学课程，引导学生在参与和体验中学习中华文化艺术知识、技能与方法，让学生学会发现、感知、欣赏、评价美，让学生在切身感受中华传统文化美的同时，提升鉴赏美的能力，培养高尚的欣赏趣味和人格，同时树立学生的民族文化自信，培养学生的民族文化认同感，积淀学生的民族文化底蕴，浸染学生的民族文化精髓。学校的校训是做豪迈的中国人，一直以来学校都坚持国际化的办学理念，根植中国，花开世界，进行循序渐进的传统文化渗透，为选择国际教育、未来走向世界的学校学生打上中国烙印，使其昂首挺胸、堂堂正正地走出去，时刻心系祖国，学成回馈家庭、报效国家。

二、美术＋文学课程融合实施方案与课例

值此"十四五"开局之年，基础教育改革呈必然趋势，美术教育作为基础教育的重要课程之一，也越来越被重视。长沙市教育科学研究院联合麓山国际实验小学参与推行三点半课程的实施与开展。

1."戏画西游"美术＋文学课程方案

"戏画西游"——走进长沙市麓山国际实验小学活动方案 1

《西游记》是中华传统文化的瑰宝，无论是神通广大的美猴王，还是憨态可掬的猪八戒，都可谓耳熟能详。为弘扬中国传统文化，寓教于乐，传承民族经典，拟策划一次包含戏曲和漫画两大传统文化元素，集趣味性和艺术性为一体的走进校园活动。

主办单位：

长沙市教育局

长沙市教科院

承办单位：

长沙市麓山国际实验小学

长沙希望校园影视文化有限责任公司

湖南美术出版社

协办单位：

湖南省京剧保护传承中心

湖南省美协水墨漫画研究会

时间：11 月 26 日（周四）下午 3:30—5:10

地点：长沙市麓山国际实验小学

活动概述：

下午 3 点 30 分，活动启动。

1. 下午 3 点 30 分，市教育局领导宣布主题活动启动。

2. 由湖南京剧演员饰演的美猴王孙悟空、猪八戒、沙僧和唐僧走进校园，进行戏曲表演。

湖南省美协水墨漫画研究会的漫画家、《校园漫画》的漫画家与麓山国际实验小学的同学现场写生，并以《西游记》中的人物为题材进行创作。

麓山实验小学《西游记》绘本展在校园展出。

活动全程由长沙市教育局课外平台"三点半"进行直播。

5 点 10 分活动结束。部分参加活动的演员、画家和小画家接受媒体采访。

通过传统媒体和新媒体对活动进行广泛宣传。

将活动做成专题数字课程，供长沙及全国适龄学生课外学习或制作出版物。

传统文化进校园之"戏画西游"系列课程走进中小学活动执行方案 2

一、时间： 11 月 26 日下午 3：30—5：20，启动式地点：麓小体育馆

二、工作小组

组长：黄斌　龚拥军　戴伍军　聂琴

组员：向春芳　邹玲静　瞿新国　沈毅　叶俊　杨霖　熊奕　曹健斌　成艳　谢军　李恋

三、活动内容： 传统文化进校园之"戏画西游"系列课程走进中小学活动

四、流程：（现场总导演：成艳）

（1）主持人：李志鹏　张晋　　11 月 26 日下午 3：30 正式开始

（2）长沙麓山国际实验小学领导致欢迎辞

（3）缪局长讲话并宣布活动启动

（4）开幕式后，进行京剧《大闹天宫》赏析。京剧演员在台上表演，戏曲老师（省京剧院黄帅）现场讲解，五年学生观摩京剧并参与互动。

（5）5：20 学生退场

五、活动布景：

1.《西游记》绘本及学生主题画展（地点：体育馆）

2. 校门电子显示屏：传统文化进校园之"戏画西游"系列课程走进中小学活动

六、准备工作

组　别	工作内容	具体要求	
美术组 （曹健斌）	方案落实、协调	按照市教育局、市教科院的要求落实相关工作	曹健斌
	场景布置	师生作品展	布展地点：体育馆
		布展负责（25 日完成）	彭成龙、兰立波、王丹及全体美术老师
	新闻素材	文案：姚叶　图片：米健　活动结束后交新闻组微信推送	
	展板设计	学校三点半课程图文：蔡东阳　摆放地点：体育馆	
教务处 （向春芳）	学校三点半课程资料	4 块展板（1.2 m×2.4 m）	
	体育馆	11 月 25 日下午 2：15 五年级进退场彩排（谢军） 11 月 26 日下午体育馆无学生体育训练（谢军） 周四下午 3：15 学生到达会场，学生注意文明礼仪、会场纪律，着红蓝校服、戴红领巾。老师内穿校服蓝色裙子，外套风衣或者呢大衣（如果气温太低，可以着羽绒服）。当天下午会有小矮凳给学生坐着参与活动	
	参加学生	五年级学生。注意出入体育馆顺序、场地划分、学生纪律、放学通知	
信息中心 （叶俊）	体育馆电子设备	当天下午所有电子设备提前准备，正常运行（美术社两个机位及无人机拍摄），控制室有人值守	
		两位主持人、领导发言台及话筒、互动话筒、PPT 会标、课件、电子显示屏内容整合（张红）	
	校门、体育馆电子屏会标内容	传统文化进校园之"戏画西游"系列课程走进中小学活动	
	配合录课	启动式设计 共四堂课（第 1 堂课在体育馆，第 2、3、4 堂在录播 1）技术支持	
总务处 （瞿新国）	学生小矮凳	周四下午 3：00 各班派学生领取小矮凳	
	车辆停放	恒大华府车位停放安排，有专人手势指挥（教育局入校车辆 3 台）	
	校园环境	校园整洁，环境尤美。体育馆移走室内篮球架、舞台上的活动阶梯及广告板	
	食堂	备约 20 人的晚餐	
学生处 （沈毅）	查验健康码	参加活动来宾、媒体记者、戏曲表演演员、化妆师约 20 人（部分工作人员上午会入校调试设备）	
	活动安全	学生放学期间，不追跑、防相撞，年级组长、值日老师巡视	
	体育馆	会场纪律、师生礼仪	
办公室 （杨霖）	长沙市教育局、市教科院领导接待	安排开幕式前休息、茶水、迎送、合影 外租两台车，接送省京剧院演员、摆放道具	
	校史馆	注意卫生、空气净化、物品摆放	
	新闻	文稿：新闻小组　摄影：米健	

七、活动当天具体安排（11月26日 3:30—5:20）

流　程	时　间	活　　动	地　点	责任人	备　　注
1	3:20	参加活动的领导、媒体记者、戏曲表演演员抵达校园领导合影	学苑广场文化大厅	戴伍军杨　霖	詹蓉（教科院）陈建安（希望校园）柳刚永（美术社）刘谦（漫画）
2	3:15	五年级学生入场	体育馆	谢　军李　恋	五年级各班班主任
3	3:30—3:40	开幕式	体育馆	叶　俊	摄影（米健）
4	3:40—5:20	京剧《大闹天宫》赏析	体育馆	叶　俊成　艳	PPT整合：张红拍摄：廖书斌摄影：米健
5	5:20	结束退场	体育馆	谢　军	

2. 传统戏剧美术＋文学课程方案

课例1： 　　　　　　　　　《京剧脸谱》

（周　瑛）

教材分析：《京剧脸谱》一课来自义务教育小学美术湘教版六年级下册第六课的《唱大戏》一课，属于综合探索学习领域。本课是以我国传统的戏曲表演为题材设计的综合探索课。本次执教的内容是第一个教学活动：戏曲脸谱。具体内容是脸谱的欣赏、认识与制作。教材中呈现了线描、水墨和彩蜡画等三种方式表现的脸谱，对中国戏曲和脸谱色彩的寓意做了简单介绍，提供了三个不完整的谱式给学生练习参考，通过引导学生欣赏、认识戏曲脸谱，让学生掌握脸谱绘制的过程和方法，激发学生对中国传统戏曲脸谱文化的热爱。

学情分析：本次教学活动的学习者为五年级学生，该年级段的学生具备较好的绘画基础，大部分学生能较好地表现平面形象、立体造型，并能大胆地发挥想象。学校五年级学生在上此课前就已经参与了长沙市教科院在学校举办的传统文化进校园之"戏画西游"的活动，欣赏了京剧表演，对京剧尤其是京剧脸谱有了一定的了解，因此对本节课的学习认知更清晰，更得心应手。

教学目标：

使学生掌握画脸谱的基本方法和步骤，并从纹样和色彩这两方面来分析脸谱。

通过学习，学生能绘制出富有戏剧的韵味和个性的脸谱。

激发学生对中国传统京剧文化的认识以及热爱。

教学过程：

教学过程	教学活动	教学策略研究
看戏剧	今天老师想请大家来欣赏一出好戏。【播放《大闹天宫之闹天门》片段】 （1）提问：你们知道这是什么艺术吗？【京剧】 （2）展示图片：孙悟空。 提问：为什么孙悟空脸上有许多的图案和颜色？【引出主题《京剧脸谱》】	
说戏曲	同学们，京剧是我国传统艺术，京剧有四大行当：生旦净丑，你们知道哪一个行当中人物的脸上有图案和颜色吗？【课件出示行当名称以及图片】 没错，就是净行。这种画在脸上的图案和颜色在京剧中叫脸谱，是京剧特有的舞台化妆艺术。那么，你们知道脸谱有什么作用吗？ 【小结：它运用夸张和变形的图形展示角色的性格特征】 脸谱的特别之处在哪儿？【板书：纹样、着色】	
变戏法	京剧脸谱的纹样和着色究竟有什么特点呢？脸谱又是如何通过纹样和着色去展示角色性格特征的呢？请听：蓝蓝的窦尔顿……【播放京剧歌曲《说唱脸谱》，同时课件出示各色脸谱】 同学们，看！每种颜色的脸谱都代表不同角色的性格，猜一猜哪种颜色象征正直？（黑色）哪种颜色象征忠勇？（红色）哪种颜色象征奸诈？（白色）……【希沃白板出示性格特征词，学生拖动词语到相应颜色的脸谱下】 除了颜色，脸谱的纹样在表现角色性格特征时也帮了大忙。根据不同的角色性格，脸谱造型大致可分为整脸、歪脸、三块瓦脸、十字门脸等。这些脸型是什么？有什么特点呢？这里老师先卖个关子，我们先一起来玩一个小游戏：脸谱对对碰。 除了上面四组脸谱，我们还有一种无固定谱式的脸谱，叫象形脸。刚刚京剧片段中的孙悟空就属于象形脸。大家都知道孙悟空有火眼金睛，能七十二变，是一只神猴，因此孙悟空用的是象征神怪的金银色脸谱，他顽皮、机智，故用桃心形的猴纹样。而他又有火眼金睛，所以在眼圈用的是金色或黄色。孙悟空有不止一种脸谱造型，有的脸谱在额头上面勾画着佛珠，代表着孙悟空是佛门弟子，还有的脸谱使用纯金色和纯银色的线条，以显示出孙悟空的神圣和威严。【课件出示孙悟空脸谱图片】 你们看，京剧中的脸谱纹样可都是有讲究的，是根据不同角色的特征来画的。现在老师想请大家讨论一分钟，说一说二郎神的脸谱特征。 京剧脸谱是不是十分有趣呀？现在我们一起来勾画脸谱吧。怎么画呢？请拿出我们的作品卡。【教师现场示范讲解】	讲着色时可先让学生体会不同颜色给大家带来的感受，如：红色代表鲜血，因此红脸象征忠勇。 京剧脸谱主要有以下三个特点： ①美与丑的矛盾统一； ②与角色的性格关系密切； ③其图案是程式化的
演戏剧	老师运用希沃白板将学生作品投到PPT上，进行评价：老师发现大家的脸谱都很有特色，请小作者上来说一说你设计的是什么脸谱？ 学生将自己的脸谱戴在脸上，进行说和演	
作业布置	课内作业	课外作业
	学生小组合作，在老师发下去的有脸谱外形的画纸上，选择自己喜欢的纹样装饰与颜色进行脸谱的设计与创作	

教学反思：

教师对课前的分析做了较充分的准备，在教学方式上运用了小组合作学习方式，适时运用媒体，培养学生从课本和社会网络资源中获取知识信息的能力。采取平面和立体的绘画表现形式绘制脸谱，给学生更多的选择性，让学生多样地展示自己的艺术成果。在教学中尽量调动全体学生的积极性，让每个孩子都有机会参与，让学生对京剧脸谱有更深层的了解，激发了学生对中国传统文化艺术的热爱之情。运用希沃超级分类、投屏等功能，使信息技术与美术课程达到了较为深度的融合。

对于不同种类、不同花纹的脸谱还可以精讲，将脸谱花纹的特殊含义讲得更深更透一些，让学生对脸谱花纹有更深的了解。针对五年级学生的学习以及身心发展特点，本课的文化内涵可以更多一点。教师评价语言缺乏激励性，评价语言单调。当学生的表述语言非常单一时，教师应想办法激发学生的思维，引导学生适当表达自己的看法。

课例2：　　　　　　　　　　　**《绘本西游》**

（冯　琳）

教材分析： 本课为湘教版六年级下册第9课，为造型表现与设计应用相结合的课程。本课结合"传统文化进校园"活动，以四大名著之一《西游记》为表现题材，以多媒体为表现手段设计立体绘本。在教材中展示了一些中西方不同的绘本和故事书，也简单地在构图、色彩方面对绘本、故事书知识点做了概括。课前师生一起搜集了《西游记之大闹天宫》不同版本的绘本类书籍等资料作为校本教材资料，结合原教材内容完成本次教学。

学情分析： 六年级的学生对于绘本已有一定认知，对于用纸材制作出立体效果是非常感兴趣的。课前教师将立体小机关的制作方法录制成视频，让学生选择自己感兴趣的小机关制作方法进行学习，在认识《西游记》中的形象的同时完成学习卡任务，并带着学习卡的任务完成本次教学。

教学目标： 认识立体绘本，学习用手工和绘画的方式制作立体绘本，学习绘本中分镜头的构图方法。

结合《西游记之大闹天宫》故事，组合创作有意思的绘本作品。

通过绘本设计与制作，让儿童动脑思考、动手操作，培养听、说、读、写、画等多元智能，从"做一本书"去认识书、爱上书，爱上阅读。

重难点分析： 故事构架能力，绘本场景设计方式确定。使用多种方式制作立体绘本。

教学准备：多种装饰材料、纸、笔、彩色材料、希沃白板、平板电脑

活动设计：

教学过程		
教学环节	过程与方法	个性化设计
导入	平面视频导入：大闹天宫。 　　提出目标：以《西游记—大闹天宫》的故事为脚本设计制作立体绘本。 　　板书：《西游记》—绘本制作	激趣。 　　这个动画片主要讲了什么故事？片中的主角是谁？ 　　今天我们以一种新的方式——立体绘本的表现方式来创作《大闹天宫》的故事。 　　人类的所有文明都具有图画叙事的传统，文字也起源于图画。绘本可以给人一种精致细腻的艺术感觉，并且具有独特性。 　　它的"图画语言"的功能，让"画"成为了它的生命线，其内涵甚至比文字讲述更丰富，有些绘本甚至被称为"无字书"
出示范本，猜读激趣	在明确故事大纲内容后，小组根据需要设计场景，明确基本的表现内容设计。（主要解决造型与镜头语言设计衔接的问题）	设计绘本时，我们首先要确立表现内容，将故事简化为提纲式要点，也就是我们所说的找需要表现的关键内容。 　　那么，同学们，你们觉得绘本中哪些是需要表现出来的内容呢？ 　　板书：主要人物、场景（背景）、色彩。 　　（学生短时间内确立表现内容，将故事简化为提纲式要点，明确出现的文字内容。课程采用个人或集体讨论的方式，要求学生独自将故事讲述清楚，其余学生可以提出对脚本的意见；每位学生都可以听取别人的建议，集体参与的课程设计可以活跃气氛，启发学生的思考。） 　　脚本修改成提纲样式后再次讨论，确立最终的故事层次
角色造型与分镜设计	师生互动，分析设计。 　　场景设计。 　　学生明确此次设计的风格，选取材质表现方式，这样设计的造型才能更好地体现绘本的整体风格。确立造型草图后，教师可以依据故事内容引导学生分析造型设计问题，通过比较来引导学生大胆改进造型，避免重复雷同和单一的造型设计，鼓励尝试多种造型风格设计	绘本强调画面的连贯，也就是画与画之间的衔接、故事的连续，这种衔接，起着推进故事的作用，可以将读者带入情节发展中。同时，要不断展开故事，就需要不断地保持和发展形象。要能表情丰富地讲故事、生动地展开情节，还必须具有动感和节奏，也就是一个故事层次（希沃擦除）。 　　这个时候，我们就可以尝试运用一些简单的分镜头进行构图设计了。 　　板书：分镜头。 　　展示几种分镜头构图方式。 　　训练学生风格造型能力与镜头组合设计能力。 　　分镜设计是绘本设计的灵魂，所以分镜设计草图也是需要集体讨论的。将分镜设计草图按顺序张贴起来进行集体分析讨论，有助于同学们阶段性修改的进行（根据时间来决定）。要激发学生间的相互学习和比较的氛围，从而避免出现孤立的创作、与生活脱节的问题。 　　分镜主要表现的就是一幅图的构图，具体体现在人物正在做什么动作、物品是怎样摆放的，等等。以下图分镜为例进行讲解（图源百度百科）

教学过程		
教学环节	过程与方法	个性化设计
角色造型与分镜设计	分镜头设计。 分镜设计在这个阶段中只需要明确草图定位，要求学生根据造型和故事大纲设计分镜头。 几种分镜头构图方式： 全景：平视时的全景；俯视时的大全景。 特写：主要人物形象。 近景：一般会加入环境的部分。 角度：平视、仰视、俯视	
主体设计阶段	怎样制作？ （师生互动） （希沃：学生讲解绘本机关的制作） 机关：书本式、滑道式、围绕式、开合式、螺旋式、转盘式。 教师拍摄几个小机关的制作方法。 学生课前制作的机关卡可以互赠。 教师准备的机关卡可以作为奖品。 师生互动。展示绘本。 故事构架、绘本场景设计方式确定。 设计思路： 主要内容：脚本《大闹天宫》。 制作绘本需要注意的地方（场景设计）。 确定《西游记》故事脚本设计，提高文字内容的简化能力	课前咱们布置了一项小任务： 学习卡：请大家找一找身边的立体绘本的表现方法。 现在请同学们和大家分享一下制作方法和需要注意的地方。 需要注意的地方：重难点。 这种机关适合制作哪些场景？ （学习卡附后） 学生在前期各项准备工作后开始创作设计，这个阶段的前期还是分镜头设计的加强，然后开始正稿的绘制工作。正稿的绘制也采取"集体讨论—各自实施—集体讨论—各自实施"的方式，在讨论中分析不同绘制方法中的问题，对绘制的效果做出正确的预见。整体色彩风格的把握也是这个阶段要解决的问题，及时的讨论可以解决最终色调不一的问题。根据各自的设计能力，在此阶段，学生基本可以完成绘本设计的八成左右工作

续表

教学过程		
教学环节	过程与方法	个性化设计
主体设计阶段	**重点、难点：** 绘本着色设计与立体绘本制作方法。 制作立体形象（剪、折、刻、涂色、粘贴）：人物、关键物品。 装饰背景（勾画、涂色）。 训练学生镜头与色彩综合表现能力。 注意整体色调与色彩表现。 填写设计思路卡（希沃抽小组回答）。 合作完成《西游记》绘本制作。 小组合作制作场景，最后合成一个完整的《西游记》大闹天宫故事	
后期设计	还有很多的制作方法。 拓展：一个角色的创作，从无到有，需要很多的生活积累和知识沉淀。"灵感"不是招之即来，挥之即去的东西，有时候一个随意的效果便能形成视觉的刺激。寻找"一个点"，不要浪费了它，赶紧记录下来，不管是文字的东西还是图象。也许它最后就可以变成立体绘本，可以给人带来美好愉悦的视觉享受。 调整绘本的色彩表现与文字设计，注重绘本的整体设计。 绘本整体调整、绘本文字设计（希沃展示）	课后：要求学生修正整体阅读时出现的问题，包括造型、色彩、文字等，确立最终完成稿

续表

教学过程		
教学环节	过程与方法	个性化设计
作业布置	课堂练习	课外作业
	以组为单位设计《西游记》故事场景与分镜头	
板书设计	图画书——《西游记》绘本制作	
	场景设计：人物、背景、颜色　　方法：剪、折、刻、涂色、粘贴 分镜头：特写、全景、近景	

课后反思：传统美术教育多是以"看画"或"临画"为主要内容展开的，大同小异。想象力和创造思维的培养和开发，是现代美术教育最主要的特征之一。本课借助《西游记之大闹天宫》片段作为表现主题，以组为单位合作完成单篇脚本的设计，人物形象来源于中国第一部水墨动画《大闹天宫》电影版。学生需要对原本平面的形象设计出立体的造型，在前期就要对立体小机关进行学习，所以教师在前期设计了一张学习卡，目的是让学生以组为单位解决一个立体机关的制作。本课还采用了翻转课堂的模式，让学生参与小机关制作这一教学难点的解决，让学生来讲解小机关怎么制作，然后提出此类小机关适合在哪些环节表现。这样既培养了学生的责任感，又能让学生真实地感受发现问题、解决问题的过程，最后内化成自己的实践知识，这一环节的设计还是非常巧妙的。也希望学生能够通过"做一本书"，在学习更多的传统文化的同时感受到自己动手劳动的喜悦。本课不仅仅是解决一个制作立体绘本的问题，更多地是让学生感受中国传统文化，传承经典，提升民族自信心，培养爱国主义情怀。

三、美术＋文学课程融合实施成效

麓山国际实验小学在实施美术＋文学课程融合的过程中，坚持正确的价值导向，遵循教育教学规律，贴近不同学段学生的发展实际，科学地设计教学内容，以此达到循序渐进、因材施教、全程贯通的目的。教师通过不断反思改进教学，结合学生感兴趣的四大名著与民间文化，采用学生喜欢的表现方式，吸引学生参与其中，不断激发学生对中华优秀传统文化的兴趣。在课程实施过程中，精选与生活相结合的教学点，认真组织学生参与知识内容的搜集与准备，参与细化演示环节。教师有效解决了教学难点，学生在动态性的评价中领略传统文化的魅力，呈现出良好的学科融合实施成效。

（一）教研组科研能力提升

在教研组长的带领下，通过不断研讨，教研组形成了一种浓厚的科研氛围。每周进行两到三次集体教研，这样紧锣密鼓的研讨，使整个学科组的教科研能力有了明显提高，教师们也掌握了课题研究的一些方法，通过课题的研究也总结了许多教学策略。教师们在课题的实践过程中对这些教学策略进行了尝试与反思，最终进行二次中介并形成经验。

1. 高效引导。引导学生有效参与、引导学生自主学习、引导学生自主创作，相信学生有能力选择学习方式与创作方式，相信学生能够胜任独立学习与合作学习的任务。

2. 教学内容问题化。问题是思维的开始，在教学中，教师提炼问题给学生，还要引导学生提出问题，学生不仅要带着问题来上课，也要带着更多的问题离开教室。要引导学生独立获取知识，让学生对传统文化真正感兴趣。

3. 教学过程实践化。美术学科的学习包括美术常识的学习、技法的训练、美术鉴赏能力的培养，也包括情感的体验、兴趣的培养。我们可以以情感故事为主线，引导学生思考、想象、接受美术带来的愉悦。我们也可以以情感为线索，引导学生在欣赏或者创作时联系生活世界，激活想象世界、让学生了解传统文化离我们其实很近。

4. 教学评价多元化。教学目标的多维，决定了教学评价的多元。美术学科有一定特殊性，不能量化地评价学生。我们既要评价学生的知识与能力、情感、态度、价值观，也要评价学生美术学习的过程与方法。在教学的过程中，我们不仅要关注学生的技法，也要关注学生创作的思考过程。我们要想一想：在学生创作或者回答问题的时候，他们是怎样想出来的？也就是说，我们不仅要关注学生对绘画技法的运用，也要关注学生所表现出来的对美术的兴趣和对创作的专注程度。

（二）教师专业知识储备增长

为了更好地完成课程研究任务，呈现精彩的课程效果，教师们对相关教育理论专著如《走进新课程：与课程实施者对话》（北京师范大学出版社，2002年版）、《教育社会学》（人民教育出版社，1998年版）、《有效教学法》（江苏教育出版社，2002年版）等进行了精读与研讨；对相关领域的短篇论文、期刊、硕博论文如蒋进霞老师在《新课程》中发表的《中华传统文化进校园的实践研究》等进行了研讨，对《山海经》《西游记》《红楼梦》等传统文化名著等进行了专题学习。大量的信息摄入让我组教师扩充了相关领域的知识储备，在遇到类似课堂的时候能够有底气、有想法，无疑让全体成员都有了方方面面的成长。

（三）学生充分领略传统文化的魅力

在众多儿童作品中，我们选择最贴合学生的名著为切合点，它们以细腻的笔调来展示团队的力量。儿童在阅读后，可以感知到文学形象，通过那些稀奇古怪的故事来理解超乎生活的那些东西。这对培养儿童的观察能力和注意力起着一定的促进作用，从而促进儿童的认知发展。我们在《戏画西游》活动中，进行传统文化教育，比如让儿童进行对角色的认识与创新，让儿童通过故事中的形象进行想象、画脸谱。我们利用丰富的地域文化资源，弘扬优秀传统艺术，从而为儿童思维提供了源泉，为儿童爱上传统文化和艺术奠定了良好的基础。

学校对优秀传统艺术进行弘扬，用传统文化作为引线，让学生结合立体纸艺术创作立体故事绘本，既有新意又有趣。我们将传统与创新结合，引导学生用智慧解决活动关卡中的问题，让他们体会《西游记》中的困境面前不屈不挠的精神。优秀传统文化与艺术创新相结合的校本课程，让孩子们领略到中华民族文化里藏着的道德观念和正确的人生观。此项活动通过寓教于乐的方式让每个孩子打心眼里感受到传统艺术的魅力及民族的骄傲与自豪。

（四）推进学校发展，扩大了学校社会影响

传统文化是全民的文化，戏剧是中华民族传统文化中一颗璀璨的明珠。"戏画西游"活动在人人通以网络直播的形式展现，浏览量高达 105 335 次，吸引了数十万家长与学生观摩学习和积极参与，引起社会各界的广泛关注。红网、《潇湘晨报》《长沙晚报》等行业权威媒体对此进行了全方位、多角度的深入报道。

"戏画西游"系列课程进校园活动全面贯彻了国务院办公厅印发的《关于全面加强和改进新时代学校美育工作的意见》，充分发挥了典型的引领示范作用，加强了青少年儿童对中华文化的熟悉、热爱与欣赏。活动整体推进了长沙市基础教育对传统文化的认知，推进学校美育发展，进一步坚定了青少年儿童的文化自信，使其迈开戏剧传承的新步伐。

四、美术＋文学课程融合的未来思考

小学美学学科教学是一方滋润孩子生命、陶冶孩子心灵的沃土，搭配文学经典中传统文化内容的养料，对孩子们形成健全而优秀的人格至关重要。学

校在不断探索的过程中，已经有了一定的经验。我们还将成功课例推广到其他学校，收获了很多学生的喜爱。但对文化与美术课堂未来的融合方向该如何把握，如何促使双方迸发出更大的价值与活力，实现一加一大于二，仍值得我们思考。

1. 巧设情境，在趣味中欣赏和了解文化

有了文化，课堂就有了底蕴。在我们的湘美版美术教材中，中国传统美术和文化贯穿了美术教学的各个时期。教材拥有剪纸、布艺、泥塑、编织、中国画、风筝制作、刺绣等内容。但文化不能生硬地进入课堂，教师应充分发挥美术教学特有的魅力，以情境化的教学方式，使课程内容与不同年龄阶段学生的认知特征相适应，以活泼多样的课程内容呈现形式和教学方式，将文化内容融入课堂，激发学生的学习兴趣，这样才能使这种兴趣转化成持久的情感态度。

2. 注重体验，在实践中感受文化的魅力

在融入了传统文化的美术课堂中，教师应更多地注重学生主体性的激发，积极鼓励学生的自主学习和合作学习活动的开展，让学生通过实际的动手操作过程来感受传统文化的魅力。甚至可以让学生在课前通过自己的方式去预习课堂相关的文化知识。我们的教材中不乏刺绣、年画、皮影戏、中国结等动手操作的手工课例，这些有趣的课程能更好地提升学生们的课堂参与度。教师应熟练掌握它们的制作流程。通过这类实操活动，学生会逐步加深对传统文化和历史的认识，形成更加标准的文化价值观和世界观，丰富个人的知识涵养，也能深度、近距离感受传统美术的迷人之处。

3. 运用技术，在微课中开阔视野与眼界

新课改指出，要充分利用现代科技手段，加大对美术课堂教学资源的开发与利用，大力宣传中国的传统文化。传统教学模式相对单一，而微课依托现代互联网技术，具有新颖、直观、视觉冲击力强等特点，非常符合小学生的兴趣点。它将传统文化与美术课堂联系在一起，能最大化地使两者高度融合。我们可借助互联网的春风，利用微课，将之投入美术课堂中，这样既能丰富美术课堂的表现形式，又能传承传统文化。它短、快、精的特点，能使学生更好地吸收关于传统文化的美术知识。因此，在美术课堂上根据学生的年龄特点，找准传统文化的切入点进行资源的组合，设计符合学生身心发展需要的微课资源，利用微课使学生从美术的角度云感知传统文化，定能更好地激发学生学习的兴趣、解决学生学习的困难，并加深学生对传统文化的认知。中华文化博大精深，我们还要不断优化新的方法，筛选更多的传统文化内容渗入美术课堂，并不断思索如何使文化与美术结合的课程形成体系，这样才能持续输出传统文化，让更多的孩子了解传统文化、爱上传统文化。下一代的传承与发扬，定能让我们古老而璀璨的民族文化焕发新的生机。

麓山国际实验小学在学科基础课程 +N 课程体系打造过程中，始终保有"以学生发展为本"的课程理念，依据本校生情、师情、校情，充分尊重麓小学生的差异与多样性，对学科基础型课程进行学科拓展延伸，形成了麓山国际实验小学的学科基础型课程、拓展丰富型课程、活动实践型课程相结合的多元课程体系，走上了学校课程建设的可持续发展道路。

第四章

学科实践：创建拓展丰富型课程 +N
的课程体系

我国新一轮基础教育课程改革以"培养学生具有永不满足、追求卓越的态度，培养学生发现问题、提出问题、从而解决问题的能力"为目标，以学生从学习生活和社会生活中获得的各种拓展课程或项目设计、作品的设计与制作等为创新学习载体，要求培养学生的综合实践能力和创新精神，增强他们的社会责任感，为其适应未来社会奠定基础，做好准备。在义务教育阶段，学生的实践能力的发展直接关系到学校教育的成败，因此各学科都要转变观念，在课内外进行丰富的拓展整合，切实培养和提高学生的实践能力。

基于这样的认识，麓山国际实验小学在自身的学科实践中，创建拓展丰富型课程 +N 的课程体系，即聚焦发展学生的学科实践能力，努力实现学科世界与生活世界、学科实践与生活实践的双向融合，开辟了学校课程创新与突破的有效途径。

第一节　学科实践概述

在深化基础教育课程改革阶段，为了体现信息时代个人和社会发展的新特点与新需求，国家富有原创性地研制了各门学科课程的"学科核心素养"，由此迈出构建信息时代课程体系的重要步伐。学科实践是发展学科核心素养的必要条件。作为高阶能力的学科核心素养有两个相互联系、内在统一的核心构成，即学科理解力与学科实践力。唯有通过对学科观念的探究、使用、实践才能发展学科理解力。那种先内化学科知识和训练学科技能、然后再去应用知识和技能的做法，恰如将马车放在马的前头一样本末倒置。学生只有亲自从事学科实践，才可能发展其学科实践能力。

一、学科核心素养的提出

《改变世界的 1 001 项发明》一书中，英国科学教育专家 Jack Challoner 统计了公元前 250 万年到 2008 年之间改变世界的 1 001 项发明，发现中国以全世界 20% 的人口贡献了 3.3% 的发明。我们必须承认，中国的古人与现代人相比，还是要做得好一些。从 20 世纪初的欧洲教育社会和民主化运动，到个性和理性的觉醒，再到保护市场自由的民族意识的觉醒，相比之下每一步我们都落后了。中华民族的创造性依然被压抑着。

2001 年，新课程标准确立了"为了每位学生的个性发展"和"为了每个教师的专业成长"的价值追求，这标志着我国基础教育价值观的根本转变，即由"工具主义"的应试教育观转向"人本主义"的素质教育观。这是课程改革第一阶段的根本任务。如今，在深化基础教育课程改革阶段，为了体现信息时代个人和社会发展的新特点与新需求，解决创造性危机，我国富有原创性地研制了各门学科课程的"学科核心素养"，由此迈出构建信息时代课程体系的重要步伐。

学科核心素养以学科理解或思维为核心的学科高阶，是信息时代学科教育要实现的基本目标。它在本质上是学科知识观的根本转型：由事实本位走向理解取向。核心素养理念意味着中国的基础教育由工业化时期开始迈入信息时代，我们必须要意识到，在核心素养理念的背景下，创造具有教育的本体价值，即有创造不一定就是教育，但没有创造一定没有教育。教育的根本目的是释放人的潜能和创造性，没有创造性，人生就没有意义。哈佛教授埃尔金认为，当前的学校教育要充分促进批判性思维、创造性思维和协作性思维的发展，以此才能培养学生面向未来的核心素养和能力。

二、学科核心素养的内涵

所谓"学科核心素养"，即适应信息文明要求和未来社会挑战，运用学科核心观念、通过学科实践解决复杂问题的学科高级能力与人性能力。该能力以学科理解或思维为核心，受内部动机所驱使，贯穿人的毕生发展。这里的"学科"，既包括学术性学科，如数学、科学、历史、艺术，等等，又包括教育学、医学、商学、法学、管理学，等等。"学科核心素养"的对应范畴是以"读写算"为核心、适应农耕文明和工业文明之需要的"文化读写能力"（cultural literacy）。它不否认以"读写算"为代表的基础知识、基本技能的熟练，但却在根本上超越了它们。信息时代也是"搜索引擎时代"。当几乎所有教科书上的知识均可通过搜索引擎瞬间呈现在眼前的时候，我们还有必要以奖励做诱因、以惩罚做威胁，让学生十二年如一日地内化知识吗？心灵主要以思维为职能，而非装知识的容器。

在教育理论界，第一次明确提出"学科素养"的人很可能是怀特海（Alfred North Whitehead）。怀特海说："对观念结构的欣赏是文化智能的重要方面，这只能在学科学习的影响下得以生长。……唯有学科学习能够对普遍观念的准确结构予以欣赏，对结构化的关系予以欣赏，对观念服务于理解生活予以欣赏。如此学科化的智能应当既更抽象，又更具体。它经由对抽象思想的理解和具体事实的分析得以锻炼。"（Whitehead，1929）怀特海在这里明确提出了"文化智能"和"学科智能"的概念，并指出其特征和培养方式：与未学科化的心灵相比，"学科智能"的特点是"既更抽象，又更具体"；通过学科学习，发展对观念结构的理解、欣赏与应用能力，是发展学科智能的基本途径。

学科核心素养本质上是学科知识观的转型。分门别类的学科知识的本质是什么？人们几乎未加思索地认定是学科事实或真理，由概念、定理、公式、信息或权威经典等所构成。这些学科事实由少数学科专家所发现，经年累月地形成。由于它们经无数次检验是"正确的"，故是客观的、脱离情境的、普世有效的、标准化的。只有学科事实才有资格进入教科书，而一经载入教科书，就恒常而稳定，可以普遍使用、代代相传。在日常语言中，"教科书般的"变成了习惯用语，形容正确而标准的语言或行为。学科事实由不同的个人或群体所提出、产生于不同的文化背景、在不同历史时期逐步积累，故往往具有离散性、具体性和原子化等特性，彼此间缺乏有机联系。这种观点可称为"事实本位的学科知识观"。在哲学上，这种知识观被称为"写真主义认识论"（the epistemology of veritism），认为知识是人对世界的照相般准确无误的描摹，它由彼此分离的片段或颗粒所构成，其准确性或真理性是各自独立获得保证的。在我国哲学语境中，这种知识观被称为"反映论的认识论"，认为知识事实或真理是人脑对客观现实的正确反映。用已故美国哲学家罗蒂（Richard Rorty）的术语说，这是一种"镜式认识论"，人脑或人心不过是反映大自然的"镜子"而已（Rorty，1980）。在教育上，这种知识观认为，受过教育的人就是掌握学科事实的人，就是具有熟练"读写能力"（literacy）的人，课程中最重要的东西就是所谓"双基"："基础知识""基本技能"，课程开发最重要的是如何在有限的时间与空间内，囊括、覆盖更多学科事实，并让学生熟练掌握。

"学科核心素养"尽管不否认学科事实与信息，但却超越学科事实、走向学科理解，倡导"理解本位的学科知识观"。知识本质上是人类理解并创造世界的过程与结果。人们创造学科体系只是为了更好地理解并创造世界。学科在理解中并为了理解。所谓学科理解，即运用学科思维解决真实问题、认识并创造世界的过程。学科思维体现为人面临真实的学科问题和日常生活问题时能够"以学科专家的方式去思考"。学科思维的对应范畴是"常规思维"，即不能恰当运用学科知识、仅从日常经验出发去思考。学科理解既有年龄阶段的差异，又有个体差异。学科理解在人的一生中持续发展。学科理解的价值追求或信念是每一个人都是创造者、问题解决者、自由思想者，人性的光辉就是思想的光辉，尊重一个人就是尊重其思想自由。是谓"理解本位的学科知识观"。

认识论专家、教育哲学家埃尔金（Catherine Z. Elgin）教授指出，如果知识是"事实"，意见（an opinion）因其不真实而不是知识，那么"即便最好的科学理论都不真实"。"虽然科学可能产生一些得到证实或可信赖的真实信念，但这是其副产品。好科学所提供的大多数内容都不是知识。""我认为无论写真主义对解释世俗知识是否貌似有理，但它对科学显然不适当。"（Elgin，2006）科学的主要认知手段，如范畴化（categorization，即确定研究范围）、特征化（characterization，即突出关键特征）、取样（sample）、实验、范例化（exemplification，即以范例来证明）、模型化、思想实验（thought experiment）、虚构（fictions），等等，不仅是科学用以探究世界的方法，而且就是科学本身。"科学寻求并常常提供对一定现象的统一的、整体的、证据本位的理解……指向于获得真理的写真主义忽略了作为科学有机构成的许多要素。"（Elgin，2006）科学的本质是理解，其他学科（如艺术）亦如此，所区别者，是理解的目标、内容和方式不同。科学与艺术之间亦存在内在联系且相互促进。"思想实验即科学虚构；文学和绘画虚构，即美学思想实验。"（Elgin，1991）哲学认识论的根本任务需要转型：从知识到理解。

走向理解是知识学或认识论的新进展。科学乃至整个学科世界开始突破真理的牢笼，不再试图一劳永逸地追求能够准确反映世界的、永远正确的、写真主义的"客观真理"或知识事实，而是永无止境地寻求对世界的日益深入、丰富而多元的理解。学习不再是获得固定而正确的知识事实，而是学会理解。从事学科理解不再是少数学科专家的专利，它在横向上拓展到普罗大众——所有人，纵向上则延伸到从儿童到老年的人的毕生发展。这种理解本位的知识观为发展学科核心素养奠定了知识论基础。

种种研究表明，许多人即使是"名牌大学"毕业，拥有了丰富的学科知识，但却牢固坚守错误概念、错误信念，不能发展学科思维。发生这种普遍现象的主要原因，是认为学习任务就是记忆大量事实、公式和图表。学科本质上是理解世界的独特思维方式。不同学科相区别的核心是其思维方式的不同。但不同学科之间又存在内在联系，它们相互影响、动态互动、交叉融合，共同指向对世界的丰富而多元的理解。学校教育的主要目的之一是发展学生的学科思维。发展学科思维的基本方法是对少量的、典型的学科范例展开深度探究。面面俱到地记忆大量学科事实、事无巨细地训练大量学科技能，反而有损学科思维的发展。

由此观之，转变知识观是发展学科核心素养的钥匙。学科知识本质上不是学科事实，而是学科理解；不是遮蔽世界，而是揭示世界；不是越多越好，而是越深越好；不是培养具有"常规思维""维持性思维"的奴性人格或熟练技工，而是培养具有学科思维和创新性思维的自由人格和创造者。

三、基于学生核心素养提升的学科实践

人只有改变了世界才能理解世界，探究了学科才能理解学科。因此，学科理解内在地包含着、呼唤着学科实践。

所谓"学科实践"（disciplinary practices），即学科知识的发明、创造与应用的实践。它是一个学科领域的专家从事学科探究的典型实践。尽管不同学科专家有鲜明的学术风格，但同一个学科领域的专家的探究实践总具有共同性。学科实践是学科知识与技能的综合。

（一）学科知识与学科实践相互依存、彼此融合，体用不二

倘若剥离学科实践，学科知识就变成无源之水、无本之木。倘若漠视学科知识，学科实践就变成一类空洞、僵化和机械的操作程序。唯有将学科知识与学科实践变成有机整体，才能形成完整的学科概念。科学不只是反映对世界的当下理解的知识体系，它还是一组实践，用于建立、拓展与优化该知识。知识与实践，这两个要素都是必要的。不仅自然科学如此，社会科学与人文科学均由知识和实践的融合所构成。

（二）学科实践具有复杂性，且随时代而变迁、发展

对任何一个学科领域而言，其学科实践绝不只是一种或几种方法、过程或程序，也绝非超越历史和社会情境而固定不变。理解学科实践的复杂性和发展性是今日学科领域和学科教育的重要特点。以科学教育为例，过去长期以来过度重视实验探究，却相对忽视其他重要科学实践如"建模"、发展解释、评判与论证、交流信息等。因此，今日科学教育强调基于证据的评判与论证的重要性。其他学科领域的实践也同样随时代而发展。

（三）学科实践既具有领域特殊性，又具有跨学科性和联系性

以学科专家为主体所形成的学术或专业共同体有自己的信仰、文化、历史和方法论，因此学科实践具有领域特殊性。学科教育在一定程度上属于"特色

教育学"（signature pedagogies）。"特色教育学正因其弥漫性而变得重要。它们隐性地界定了一个领域什么值得称为知识，事物如何被认识。它们界定了知识如何被分析、批判、接受或摒弃。"（Shulman，2005）但因为一切学科领域本质上都追求理解且源于生活，其研究内容与方法亦可相互影响或借鉴，故不同学科实践之间又具有跨学科性与联系性。

（四）学科实践体现了学科专家的工作方式

学科实践即学科知识的产生与发展过程和方式，它在特定社会历史条件下，以学科专家为主体所创造，经过哲学家、历史学家、社会学家和心理学家等专业群体不断研究、反思而得以完善，又经过广泛的社会应用而得到检验与发展。如果说在农耕文明和工业文明时代只有少数学科专家从事学科实践的话，在今日信息文明时代，创新精神、首创精神、创业行为成为一种"大众文化"和每一个人的基本素养，从事学科实践、发展学科智能是对每一个信息时代公民的基本要求。旧时王谢堂前燕，飞入寻常百姓家。创新时代与知识社会要求人人从事学科实践。

（五）学科实践可转化为学生的学科学习方式

所有学科实践，只要根据学生的年龄特征和个性特点加以创造性转化，即可成为学生的基本学科学习方式。任何年龄阶段的任何学生，均可通过亲自从事学科实践而学习学科。倘若学生被剥夺了亲自从事学科实践的机会，那么他们既不能理解学科性质，又不能理解学科知识与观念，还不能产生学习学科的内在兴趣，更无法发展学科实践能力。美国《K-12科学教育框架》指出："我们的期望是：学生将亲身投入实践，而不只是学习关于实践的二手资料。"让学生"实际做科学或工程，能够激发学生好奇心、发展其兴趣并使其后续学习充满动力"。"任何教育，倘若主要聚焦科学劳动的详尽产品即科学事实，而未去深入理解这些事实是如何确立的或忽略科学在世界中的重要应用，则会歪曲科学并使工程的重要性边缘化。"由此观之，让学生通过亲身从事学科实践而学习学科，已然成为学科教育发展的重要趋势。

学科实践是理解学科核心观念的内在要求。知识的本质是观念，观念的本质是实践。人并不是作为旁观者通过静态地"反映"世界而认识世界的，恰恰相反，人是作为参与者通过对世界作出选择和改变而认识世界的。一切认识对象都是行动或实践的结果，而不是预先存在的。改变世界是认识、理解世界的前提。理解本位的认识论必然蕴涵着"实践本位的认识论"。人并非盲目地改变世界，而是在观念的指导下从事行动。观念既源于实践，又指导新的实践。

观念即人从事实践或采取行动时的计划、假设或指导。实践或行动是对假设的验证过程或观念的实现过程，也即人创造世界的过程。

由此观之，一切学科知识或观念都是学科实践要验证的假设或指导学科实践的手段。一切学科实践都是学科观念的创造与实现，并由此实现生活世界的创造与改变。离开学科观念，学科实践就是盲目的；脱离学科实践，学科观念就是空洞与虚妄的。学科观念与学科实践的融合是学科知识的创造和发展过程，也理应成为学科教育要坚守的基本原则。

在今天的信息时代，实践已然变成"知识的实践"，知识与实践的分离已不复存在。教育理应建立在智慧实践、学科实践之上。

总之，知识＋实践＝素养。只有将学生的学科学习转化为学科实践，才有可能发展学生的学科素养。[1]

麓山国际实验小学充分认识到学科即生活，而不是未来生活的准备。在构建信息时代的学科教育时，必须充分发展每一个学生的学科能力和人性能力，必须让学科课程实现学科世界与生活世界的融合。学生只有置身真实生活情境中，才能探究、理解、掌握学科的核心素养。因此，学校创建了基于学科实践拓展的湖湘文化课程、说书课程、农耕课程等丰富型课程。

第二节　　湖湘文化课程的实践与思考

麓山国际实验小学开发了"湖湘文化"校本课程。通过开发湖湘文化中蕴藏的多种语文课程资源，创建校园湖湘文化阅读体系，编纂校本教材，开设湖湘文化大讲堂，组织学生深入湖湘风景名胜进行探访等方式，引导孩子了解自己所处的"湖湘文化"的历史环境，感受、体悟这份深厚底蕴，培养他们热爱湖湘文化的情感，使其在丰富的阅读与实践中自觉传承湖湘文化的精髓，实现学科世界与生活世界、学科意义与生活意义的融合，同时提升其语文核心素养，实现个体的全面发展。

一、湖湘文化课程构建的背景与意义

湖湘文化课程是麓山国际实验小学基于国家政策导向、学校办学传统承继及学校自身发展的实际需求而实施构建的。

---

[1]　张华：《论学科核心素养》，《华东师范大学学报》（教育科学版）2019 年第 1 期。

（一）国家关于弘扬优秀传统文化的政策导向

2011年《中共中央关于深化文化体制改革推动社会主义文化大发展大繁荣若干重大问题的决定》中指出要"增加优秀传统文化课程内容""加强对优秀传统文化思想价值的挖掘和阐发""广泛开展优秀传统文化教育普及活动，发挥国民教育在文化传承创新中的基础性作用"，《湖南省建设强省规划纲要（2010—2020）》中指出"加强中华民族传统文化和湖湘文化教育"。因此，作为义务教育阶段的小学，我们应该贯彻落实中共中央及地方文件精神，担负起研究并传承祖国优秀传统文化的责任。同时，身为湖湘儿女，传承与弘扬"湖湘文化"更是我们的责任之所在。学校地处湘江之滨、麓山脚下，毗邻岳麓书院，有着得天独厚的学习与文化氛围。我们认为，让小学生通过社会实践与阅读经典走进湖湘文化，了解湖湘文化，喜欢湖湘文化，传承湖湘文化，发扬湖湘文化的精神，既是我们麓小的责任与使命，也是文化强校的策略，文化强省的启蒙，文化强国的奠基，更是对正在展开的我国社会主义文化大发展大繁荣局面的积极配合，对培养未来"世界公民"人文素养的实践探索具有重要的研究价值和现实意义。

（二）学校对湖湘文化传统的传承和发展

湖湘文化是中华民族传统文化中的一种十分富有特色的区域性文化，是中华文明中独具特色的文化奇葩。湖湘文化以原道发端，远至屈子，中经贾谊、柳宗元形成湖湘文化原道的源头，到周敦颐重构儒道的《太极图说》、王船山"六经责我开生面"，魏源"技可进乎道""师夷长技以制夷"，谭嗣同锻造维新变法的思想利器《仁学》，直至毛泽东思想形成，"流风所被，化及千年"，积千年之功，卓然独立于世，为中国近现代革命作出了巨大贡献。所以说，湖湘文化博大精深，是一种非常珍贵的教学资源。引进湖湘文化并使其融入学校教学教育，不仅是深化学校教育的现实需要，而且也是传承和弘扬优秀传统文化的迫切要求。

湖南人引以为傲的湖湘文化，在今天正慢慢地被人们所淡忘，当然也就谈不上开发与利用了。对此我们进行了广泛的社会调查，在岳麓山脚下湖湘文化的发源地，选取了师大附中学生、师大和湖大学生以及普通市民等三类群体，发放了调查问卷各100张。参与调查的人中，无论是长沙城里的普通市民，还是生活在麓山脚下、书院门边的湖大、师大及师大附中的学生，都认为在日常生活中几乎感受不到湖湘文化的氛围。现在社会各界对于湖湘文化的宣传，可谓是远远不够。在各高校与中学里没有重视湖湘文化教育的课程，有也仅仅是作为选修课的内容。岳麓书社出版的关于湖湘文化的专题书籍，找遍书店也只有那么几本。湖南的影视业十分发达，甚至被称为"电视湘军"，却根本没有充分利用有利的文化资源宣传和推广湖湘文化。现在，湖湘文化的阵地差不多只剩下岳麓书院这块最后的净土了。这座千年庭院就如同茫茫大海中的一座孤岛，在人们渐渐淡忘了这种优秀的地域文化的今天，仍然固执而寂寞地独守着湖湘学派的白墙黑瓦。湖湘文化陷入无人了解的尴尬境地。

在麓山国际实验小学开设湖湘文化课程，让学生从小就受到湖湘文化的熏陶，是普及湖湘文化的重要环节。因此，湖湘文化进校园，是一项推进学校教育改革的综合性教学实践活动，有利于传承和弘扬湖湘文化。湖湘文化只有植根于校园，才能让学生传承湖湘文化的精髓，增强对湖湘文化的认同感和自豪感，才能让学生充分认识并理解文化的多样性及其价值，让传统文化得到真正的弘扬与发展。

（三）《全日制义务教育语文课程新标准》的贯彻实施

《全日制义务教育语文课程新标准》明确指出："认识中华文化的丰厚博大，汲取民族文化智慧。关心当代文化生活，尊重多样文化，吸收人类优秀文化的营养，提高文化品位。"第三部分"实施建议"第二条"课程资源的开发与利用"提出："各地区都蕴藏着自然、社会、人文等多种语文课程资源。要有强烈的资源意识，去努力开发，积极利用。"随着新课改的进一步深入，作为一线语文教师，我们有责任挖掘教材和学生生长环境中的文化底蕴，培养学生高尚的爱国、爱家乡的情感，培养学生的人文精神，并激发他们努力学习，为建设更美好的家乡和伟大的祖国而努力。

同时，新课程标准也十分强调学生的课外阅读，重视学生的言语积累，要求中小学生广泛阅读优秀文化作品。新课程标准中对学生的阅读量还做了明确的规定，如对第二学段学生的阅读要求："养成读书看报的习惯，收藏图书资料，乐于与同学交流。课外阅读总量不少于 40 万字。"对第三学段学生的阅读要求："扩展阅读面。课外阅读总量不少于 100 万字。"湖湘文化在中国历史上具有较强的影响力，如果积极利用湖湘文化中蕴藏着的自然、社会、人文等多种语文课程资源，将适合小学生阅读、知行的湖湘文化融入小学生的课外阅读资源里，创建校园湖湘文化阅读体系，不仅可以扩展学生的阅读面，激发他们阅读的兴趣，而且可以有效地丰富学生的阅读积累和言语积累，全面提高学生的语文综合素养。

（四）学校语文教学实际的发展与延伸

近年来，湖湘文化成为学界研究的热门课题，涌现了一大批研究成果，推动了湖湘文化研究的不断深入。麓山国际实验小学一大批语文教师在重视并大力推广学生课外阅读时，也接触过有关湖湘文化的书籍和活动，也积累了不少了解湖湘文化的经验，这使学生的阅读习惯和阅读能力都有了长足的发展。这为学校开发湖湘文化课程，挖掘湖湘阅读资源，弘扬湖湘文化奠定了良好的基础。

此外，湖湘文化沉淀深远而悠久，让湖湘学子读一些必要的经典作品，能提高他们的人文素养，有利于人的全面发展。学校把开发湖湘文化的校本课程，构建湖湘文化学习的大课堂，开展学习湖湘文化的实践活动作为学校的文化行动，不仅可以让一届届麓小学子在湖湘文化的阅读中回望历史与传统，牢牢记住我们是谁、我们从哪里来、我们要到哪里去，形成集体的文化记忆；同时可以让学生在优秀文化的熏陶感染下，提高思想道德修养和审美情趣，促进自身精神的成长；还可以拓宽语文学习和运用的领域，让学校的语文课程丰富而有活力，进而使学校真正成为有中华民族精神之魂，有湖湘文化之根，有高度的文化自觉的湖湘名校。

二、湖湘文化课程的实施路径

构建"湖湘文化"课程，发展儿童阅读的探索，具有重要的现实意义和研究价值。2012年至2017年，整整五年的时间里，麓山国际实验小学进行了许多积极的尝试与探索，具体可分为以下几个阶段。

第一阶段是"预研究阶段"。本阶段学校组建课程研发团队，组织团队教师深入学习相关理论，明确了课程研发的目标和任务，了解了"湖湘文化"课程的主要内容、操作步骤、实施过程及意义，同时分团队开展问卷调查，并根据调查结果形成初步的阅读体系。

第二阶段是"准备阶段"。学校邀请湖南省教育学会和长沙市教科院专家们对学校"湖湘文化"课程的研发目标、内容、实施及可行性进行精准把脉，并提出指导性意见。

第三阶段是"具体实施阶段"。学校自主研发"湖湘文化"课程的目标体系，编纂系列校本教材，开发了湖湘文化系列校本课程，组织学生开展以"湖湘文化"为主题的社会实践活动，组织开展以"湖湘文化"为主题的系列阅读节活动，邀请知名作家、朗诵家进校园开展系列讲座等。

（一）组建课程团队，明确课程目标和任务

课程的研发离不开一支强有力的队伍，课程研究团队的组建对提高课程质量、推动课程建设具有重要作用，是课程研发高效、高质量、高水平开展的重要保证。因此，课程研发之始，学校首先组建了课程研发团队，团队成员都是经本人自愿申请，学校研究决定，主持人批准的。主要成员有学校主管教学的副校长、学校教科室主任、小学部教导处主任、语文教研组长以及各年级语文备课组长，其中既有中学高级教师、小学高级教师，也有硕士研究生。团队成立后，召开了预备会议，明确了课题研究方向、具体的负责人及团队成员分别需要承担的研究任务。同时，课程研发负责人积极查找资料，组织团队成员学习相关理论，开展教师培训。老师们在边学习、边实践、边反思的过程中，逐步认识到校本课程的作用——"更加符合学校教师和学生的发展特点与实际需要，能将课程改革的理想更好地落到实处，提高课程的成效"；明白了校本课程开发的规范程序为"需要评估——确定目标——组织与实施——课程评价"；进一步确立了"湖湘文化"系列校本课程要为学生发展提供空间、为教师成长搭建舞台、为学校特色的彰显拓展承载地域的目标。

（二）进行调研分析，搭建湖湘文化初步阅读体系

湖湘文化中蕴藏着自然、社会、人文等多种语文课程资源。如何将适合小学生阅读、知行的湖湘文化融入小学生的课外阅读资源，引导小学生通过阅读实践活动，用自己的视野从多方面了解、感受、体悟"湖湘文化"深厚的底蕴，显得尤为重要。因此，为了让课程阅读资源适合学生年龄特点，满足学生阅读和学习的兴趣，课程组按学段将老师们分成三个团队，每个团队面向学生、老师、家长分别发放相应的问卷调查表，广泛征求师生及社会的意见，确定相对统一的湖湘文化的相关经典作品。最后，老师再根据调查结果搜集作品并阅读，挖掘出湖湘文化经典作品与现代小学生的阅读交集点，形成初步的阅读体系。

（三）邀请专家指导，提出课程实施方案

通过前期的各项努力，课程研发组建立了团队，明确了研究目的、任务及具体实施步骤，初步形成了阅读体系。但是课程组的研究方向是否准确，研究目标是否合理，研究内容是否可行，研究步骤是否科学，这些具体问题都需要专家高屋建瓴地进行指导，提供科学的具有参考价值的意见和建议。基于这方面的认识和思考，课程组老师们在撰写出课程研究方案后，特地邀请了湖南省教育学会和长沙市教科院的专家们莅临学校指导。老师们充分学习吸收专家指导意见，提出并制订了课程实施初步方案。

1. 设定湖湘文化课程研究目标

（1）构建适合小学4—6年级学生的湖湘文化校本课程体系（包括课程目标、内容、实施、评价等）。

（2）激发学生阅读情趣，提升学生的语文素养。

（3）营造具有湖湘文化特色的学校文化，促进学生热爱湖湘文化，感受湖湘文化，传承湖湘文化，推动湖湘文化走向世界。

2. 明确湖湘文化课程研究内容体系

（1）湖湘文化校本课程目标体系的研究，包括研究和分析学生的阅读需求，确定湖湘文化校本课程的总目标和具体的内容标准，制定简要的湖湘文化校本课程标准，即预先设计出学生课程学习的结果（如知道什么、能做什么），为选择和开发课程内容提供依据。

（2）湖湘文化校本课程的内容选择与资源包开发的研究。

（3）湖湘文化校本课程的实施和学生阅读实践活动开展的研究。

（4）湖湘文化校本课程评价的研究。

3. 制订湖湘文化课程研究实施方法

（1）用校本课程开发的方式，让基于湖湘文化传承的小学生阅读实践活动上升为学校的一门课程。通过系统开发的课程目标、课程内容、课程实施、课程评价等平台加以规范和保障。通过优化学生学习过程，达到优化学习结果的目标。

（2）深度开发文学湖湘、史学湖湘、山水湖湘、书画湖湘四大系列文化学习内容，编著相关读本。设置课程内容时，要兼顾适合学生年龄特点和阅读、学习的兴趣，呈现一定的难易梯度，使读本具有导读特点，并将此作为一项系统文化工程加以重点扶持。

（3）开发湖湘文化的校本课程，构建湖湘文化学习的大课堂，开展学习湖湘文化的实践活动作为学校的文化行动，并逐步推广到初中、高中学段。让麓山学生在湖湘文化的阅读中回望历史与传统，牢牢记住我们是谁、我们从哪里来、我们要到哪里去，形成集体的文化记忆；让学校成为有中华民族精神之魂，有湖湘文化之根，有高度的文化自觉的湖湘名校。

（四）制定湖湘文化课程标准，为课程开发打下基础

"湖湘文化"校本课程标准体现了预先设计出的学生课程学习的结果（如

知道什么、能做什么），为选择和开发课程内容提供了依据；它具体包含五个部分的内容，分别是：课程标准的设计思路，课程总目标和阶段目标，课程实施的具体建议，课程的评价建议，课程的授课安排。具体内容详见《"湖湘文化"校本课程标准（草拟）》。该课程标准体系的制定，不仅能较好地推动和引导课程研发，同时也为课程组老师们的课程实践与探索提供了方向。

（五）开发课程阅读资源包，编纂系列校本教材

要想引导学生了解湖湘文化，传承湖湘文化的精髓，必须让其进行系统而深入的阅读实践，通过阅读可以多方面地了解、感受、体悟"湖湘文化"的深厚底蕴，从而培养学生热爱湖湘文化的情感。经过反复研讨，最终确定了校本教材研发的三大主题："我的湖湘我的情——文学湖湘""我的湖湘我的情——史学湖湘""我的湖湘我的情——山水湖湘"。

具体内容为：

校本教材研发主题"我的湖湘我的情——文学湖湘"，旨在引导学生阅读历代文学名人的文学作品，如毛泽东、周敦颐、沈从文、周立波、田汉等名人的著作，感受湖南历代文化名人的情怀。

我的湖湘我的情——文学湖湘读本节选：

走近屈原

屈原（公元前340—公元前278），是中国最早的浪漫主义诗人，名平，字原，是楚武王熊通之子屈瑕的后代，中国文学史上第一位留下姓名的伟大的爱国诗人。他的出现，标志着中国诗歌进入了一个由集体歌唱到个人独唱的新时代。屈原自幼勤奋好学，胸怀大志。早年受楚怀王信任，任左徒、三闾大夫，在屈原的努力下，楚国国力有所增强。屈原性格耿直，在修订法规的时候不愿听从上官大夫的话与之同流合污。楚怀王的令尹子兰、上官大夫靳尚和他的宠妃郑袖等人，阻止怀王接受屈原的意见，并且使怀王疏远了屈原。公元前305年，屈原被楚怀王逐出郢都，开始了流放生涯。公元前278年，秦国大将白起带兵南下，攻破了楚国国都，屈原的政治理想破灭，对前途感到绝望，虽有心报国，却无力回天，只得以死明志，就在同年五月怀恨投汨罗江自杀。老百姓听到噩耗很悲痛，争先恐后地来打捞他的尸体，结果一无所获。于是，有人用苇叶包了糯米饭，投进江

中祭祀屈原，这种祭祀活动一年一年流传下来，渐渐成为一种风俗。现在定农历五月五日为端午节。

走近田汉

田汉（1898年3月12日—1968年12月10日），原名寿昌，曾用笔名伯鸿、陈瑜、漱人、汉仙等。汉族，湖南省长沙县人。话剧作家，戏曲作家，电影剧本作家，小说家，诗人，歌词作家，文艺批评家，社会活动家，文艺工作领导者。中国现代戏剧的奠基人。多才多艺，著作等身。早年留学日本，20世纪20年代开始参与戏剧活动，写过多部著名话剧，成功地改编过一些传统戏曲。他还是中华人民共和国国歌《义勇军进行曲》词作者。文化大革命中，被迫害死于狱中。

校本教材研发主题"我的湖湘我的情——史学湖湘"，旨在引导学生阅读史学资料，如"朱张会讲""曾国藩家书中的精髓""谭嗣同变法维新"等资料，使学生感受湖湘文化思想精髓。

校本教材研发主题"我的湖湘我的情——山水湖湘"，旨在引导学生了解名胜古迹，如岳麓山、橘子洲、爱晚亭、岳阳楼、边城凤凰、衡山、汨罗江、贾谊故居、杜甫江阁，让学生结合实地游历，充分感受其所承载的历史、文化、人文精髓。

我的湖湘我的情——山水湖湘读本节选：

岳麓山风景名胜区不仅拥有"山、水、洲、城"的独特自然景观，更因深厚的历史文化底蕴而蜚声中外。始建于北宋的岳麓书院至今已有一千余年历史，有

"千年学府"之称。有"汉魏最初名胜，湖湘第一道场"之称的古麓山寺，距今已有1 700余年的历史。景区内黄兴、蔡锷等名人墓葬林立，文物古迹众多。以"心忧天下、敢为人先、百折不挠、兼收并蓄"为精髓的湖湘文化，以毛泽东、蔡和森等伟人足迹为代表的名人文化，融儒、佛、道于一体的宗教文化在这里激荡弘扬，交相辉映，影响深远。

"惟楚有才，于斯为盛"。曾几何时，朱熹与张轼开创了岳麓书院会讲之先河；魏源、陶澍、曾国藩、左宗棠、胡林翼、郭嵩焘等近代名人受训于岳麓山下，从这里意气风发地走向文明开化的前沿，担起救国图强的重任；太平天国起义军与湘军鏖战湘江，战鼓之声响彻历史的天空；毛泽东、蔡和森等革命历史伟人在此"指点江山、激扬文字"，演绎了历史的壮丽篇章。

这些系列读本文质兼美，具有典范性，富有文化内涵和时代气息，题材、体裁、风格丰富多样，难易适度，适合学生学习，符合学生的身心发展特点，适应学生的认知水平。最重要的是其注重继承弘扬湖湘文化精髓，有助于增强学生的民族自尊心和爱国主义感情。

（六）以"湖湘文化"为载体，开设湖湘文化系列大讲堂

该课程的教师团队从加入课程研究开始，就集课程决策者、课程编制者、课程实施者于一身。每位教师都紧扣"开发湖湘文化校本课程，组织小学生阅读时间研究"这一课程核心，根据自己的本体性知识（所具有的特定的学科知识）、条件性知识（教育学知识、心理学知识）以及实践性知识（课程开发实践、教学经验累积）积极地思考着可以开设出哪些富有特色的课程。最终，教师们根据自身的兴趣、爱好、知识积累及专业素养，自愿、自发地申报了许多特色"校本"课程，内容有关于湖南历代文化名人的（如湖南人的"精神之父"王夫之、屈原，隋唐大书法家欧阳询，北宋著名理学家和文学家周敦颐，"茶陵诗派"盟主李东阳，唐代湖南三诗人之一李群玉等）；有关于革命者的（如陈天华、曾国藩、夏明翰等）；还有关于近现代知名作家的（如田汉、丁玲、张天翼、沈从文等）。这些课程很大程度上激发了孩子们学习湖湘文化的兴趣。

湖湘文化系列大讲堂课例：

走近乡土文学之父——沈从文

今天我们的讲座交流先来个约定：照我思索，能理解我；照我思索，可以识人。

前测：知道湘西凤凰的请举手？知道沈从文的请举手？

师：目前湘西凤凰之所以如此有名，跟沈从文的文学作品有很大的关系。他是湘西凤凰人的骄傲，也是咱们湖南人的骄傲。今天我们的大课堂就和他相关。现在我们工工整整、恭恭敬敬地写他的名字，并且在心里默念。

一、初步了解沈从文

1. 下面让我们先来走进沈从文的简单介绍，看完后，请在学生用稿的第一题的横线上，写下1—3个印象深刻的关键词。看大屏幕。（播放"沈从文简介"）

二、走近沈从文

1. 说说对沈从文的初步印象。

2. 听他人之言：听听研究他、了解他的人是怎样评价沈从文先生的。（播放"走近沈从文"）

3. 小组内交流＋邻座交流，说说沈从文给你留下的印象。

三、走近乡土文学

1. 师：在简介中有一个关键词叫"乡土文学"。你认为乡土文学应该有什么特点？（板书课题：乡土文学之父）

2. 悟景：

（1）师：我们先来读一段文字，并思考这描写的是什么场景。

日头落尽云影无光时，两岸渐渐消失在温柔暮色里。两岸看船人呼喝声越来越少，河面被一片紫雾笼罩，除了从锣鼓声中尚能辨别那些龙船方向，此外已别无所见。然而岩壁缺口处却人声嘈杂，且闻有小孩子哭声，有妇女们尖锐叫唤声，综合给人一种悠然不尽的感觉。——沈从文《箱子岩》

（2）老师范读后学生齐读，男女生读。

（3）在检测单中第2题文段后的横线上记下1—3个你感兴趣的关键词。

（4）分享一下你写的关键词。（你是怎样理解的？）

3. 悟人：

（1）师：欣赏了一段湘西龙舟赛的场景后，再来看一段文字，并思考这是写景还是写人。

那小孩从翠翠估来年纪也将十三四岁了，神气却很娇，似乎从不曾离开过母亲。脚下穿的是一双尖头新油过的钉鞋，上面玷污（diàn wū）了些黄泥。裤子是那种泛紫的葱绿布做的。见翠翠尽是望她，她也便看着翠翠，眼睛光光的如同两粒水晶球。有点害羞，有点不自在，同时也有点不可言说的爱娇。——沈从文《边城》

（2）学生自由读后，一生范读，再齐读，男女生接龙读（一句一句地读）。

（3）在检测单上写出人物的关键词。

（4）说说你写的关键词，然后谈谈你的理解。

（5）这段话选自沈从文的代表作《边城》。1984年改编成电影《边城》，荣获加拿大第9届蒙特利尔国际电影节评委会荣誉奖。

4. 填词：

（1）师：再来欣赏一段沈从文的文字，读完后填空。

小船去辰州还约三十里，两岸山头已较小，不再壁立拔峰，渐渐成为一堆堆黛色与浅绿相间的丘阜（fù），山势既较平和，河水也温和多了。两岸人家越来越多，随处可以见到毛竹林。山头已无雪，虽尚不出太阳，气候干冷，天空倒明明朗朗。小船顺风张帆向上流走去时，似乎异常稳定。——沈从文《辰州途中》

填空：我仿佛看到了（　　　　）的（　　　　）。

（2）小组（前后或左右的邻座）交流一下答案。

（3）集中交流，交流后说说你的答案。

四、乡土文学的成就

1. 师：沈从文的作品素材源自湘西，具有浓郁的乡土气息，鲁迅评价说，他是乡土文学之父。说到乡土文学，不得不说到另一位乡土文学作家，即北京师范大学教授莫言老师。他是中国第一位诺贝尔奖得主。（播放"走近莫言"）

2. 欣赏莫言作品片段，自由读一读。

地瓜是好东西，地瓜真是好东西。那年的地瓜不仅产量高，而且含淀粉量高，一煮就开沙，有栗子的味道，口感好，营养丰富。高密东北乡家家户户院子里都堆着地瓜，家家户户的墙壁上都拉起了铁丝，铁丝上挂满了切成片的地瓜。我们吃饱了，我们终于吃饱了，吃草根树皮的日子终于结束了，饿死人的岁月一去不复返了。我们的腿很快就不浮肿了，我们的肚皮厚了，肚子小了。我们的皮下渐渐积累起了脂肪，我们的眼神不再暗淡无光了，我们走路时腿不再酸麻了，我们的身体在快速地生长。——莫言《蛙》

3. 议乡土文学：

读了沈从文及莫言先生作品片段，你能写几个关键词说说你是怎样理解乡土文学的吗？在后测中写几个关键词。

五、缅怀乡土文学之父——沈从文

1. 理解沈从文先生墓志铭——照我思索，能理解我；照我思索，可以识人。

2. 播放视频剪辑——瞻仰从文墓。

板书

走近乡土文学之父——|沈从文|

　　农村　农民生活　　　文学家

湖湘文化大课堂（学生用稿）

> "湖湘文化大课堂"学生用稿
> 班级：_____　姓名：_____

时间：　　年　　月　　日

　　课题：_____

　　本次课堂约定：照我思索，能理解我；照我思索，可以识人。

【前测】人物初印象：

【中测】片段欣赏

1. 日头落尽云影无光时，两岸渐渐消失在温柔暮色里。两岸看船人呼喝声越来越少，河面被一片紫雾笼罩，除了从锣鼓声中尚能辨别那些龙船方向，此外已别无所见。然而岩壁缺口处却人声嘈杂，且闻有小孩子哭声，有妇女们尖锐叫唤声，综合给人一种悠然不尽的感觉。——沈从文《箱子岩》

2. 那小孩从翠翠估来年纪也将十三四岁了，神气却很娇，似乎从不曾离开过母亲。脚下穿的是一双尖头新油过的钉鞋，上面玷污（diàn wū）了些黄泥。裤子是那种泛紫的葱绿布做的。见翠翠尽是望她，她也便看着翠翠，眼睛光光的如同两粒水晶球。有点害羞，有点不自在，同时也有点不可言说的爱娇。——沈从文《边城》

3. 小船去辰州还约三十里，两岸山头已较小，不再壁立拔峰，渐渐成为一堆堆黛色与浅绿相间的丘阜（fù），山势既较平和，河水也温和多了。两岸人家越来越多，随处可以见到毛竹林。山头已无雪，虽尚不出太阳，气候干冷，天空倒明明朗朗。小船顺风张帆向上流走去时，似乎异常稳定。——沈从文《辰州途中》

　　填空：从《辰州途中》片断中，我仿佛看到了（　　　　）的（　　　　）。

　　　　从《辰州途中》片断中，我仿佛看到了（　　　　）的（　　　　）。

　　　　从《辰州途中》片断中，我仿佛看到了（　　　　）的（　　　　）。

4. 地瓜是好东西，地瓜真是好东西。那年的地瓜不仅产量高，而且含淀粉量高，一煮就开沙，有栗子的味道，口感好，营养丰富。高密东北乡家家户户院子里都堆着地瓜，家家户户的墙壁上都拉起了铁丝，铁丝上挂满了切成片的地瓜。我们吃饱了，我们终于吃饱了，吃草根树皮的日子终于结束了，饿死人的岁月一去不复返了。我们的腿很快就不浮肿了，我们的肚皮厚了，肚子小了。我们的皮下渐渐积累起了脂肪，我们的眼神不再暗淡无光了，我们走路时腿不再酸麻了，我们的身体在快速地生长。——莫言《蛙》

【后测】_____

_____

（七）开展丰富的社会实践活动，引领学生探究湖湘文化

　　每到寒暑假，麓山国际实验小学都会组织学生开展"五彩麓山枫"系列社会实践活动，课程组老师们以此为契机，联合学校少先队大队部开发了以"湖湘文化"为载体的（如"红色麓枫篇——爱国主义教育我感怀"等）系列社会实践活动。

"五彩麓山枫"系列社会实践活动课例：

"红色麓枫篇——爱国主义教育我感怀"活动

　　活动内容：参观 1—2 处爱国主义教育基地，包括先烈故居（如刘少奇故居）、纪念馆（如雷锋纪念馆）、红色名胜（如橘子洲头）、历史名人故居（如贾谊故居）、博物馆（如湖南省湘绣研究所、国货陈列馆）等，要求有照片、有心得。

　　活动指导：登录由共青团长沙市委主办的 let's go 快乐阵线网站 www.letusgo.gov.cn，搜索活动地点资源，在左侧上方的类别导航中可选取"爱国教育/历史古迹"类别进行搜索。家住长沙市区（含长沙县、浏阳市、宁乡县）的同学，可从左侧下方的区域导航中按家庭所在区域进行选择搜索。非长沙地区学生可自行选择活动地点资源。

"蓝色麓枫篇——课外阅读我陶醉"活动

　　活动内容：要求暑假期间，每位同学至少阅读一本有意义的课外书，并撰写读书心得。开学后将开展主题团日活动，举行第四届"麓山读书会"，同学们可将自己的所感所悟通过读书会与大家分享、交流。麓山少先队大队部将通过校园

宣传平台对好书进行推介，并将此项活动纳入班级考核，对优秀班级以及个人进行表彰。

活动指导：给各学部提供最新推荐书目，供同学们参考。

"粉色麓枫篇——青春麓山我描绘"活动

活动内容：

活动一："我的美丽湖湘"——探访湖湘文化研究性学习

活动要求：

选择湖湘文化中的"衣、食、住、行"的任意一个方面（也可选多个方面）进行社会调查，并撰写研究性学习报告（可辅以画册、PPT、微视频），要求内容真实、挖掘深入，开学后第一周将作品交至少先队大队部，优秀作品将被推荐参加下半年长沙市举行的"湖湘文化大家谈"比赛。

除了寒暑假，老师们还利用平常的时间组织孩子们开展了以"牵手岳麓书院，走进湖湘文化"为主题的湖湘风景名胜探访活动。

2013年"牵手岳麓书院，走进湖湘文化"活动方案

指导思想：

岳麓书院具有深刻的湖湘文化内涵，反映出一种"士文化"的精神，自然景观与人文景观融为一体，是传统文化教育的重要资源，是对学生进行素质教育的活教材。

岳麓书院就在学校附近，可学生对岳麓书院、对家乡的了解少而肤浅，更不用说对岳麓书院的隽永的文化品位，儒家士人的严谨和闲适的读书生活、审美情趣和生活理想的理解了。可喜的是学生愿意去了解，对岳麓书院有着浓厚的兴致。因此，进行"牵手岳麓书院，走近湖湘文化"课题实践活动有利于学生在了解岳麓书院的过程中求知，在挖掘岳麓书院精髓的过程中启智，在诵读诗词的过程中积德，在感悟诗词的实践中雅行，必定有益于他们健康成长和将来的发展。

由此可见，以"岳麓书院文化"为中心，探究湖湘文化，从而对学生进行礼仪、爱祖国、爱家乡、传统美德教育的"牵手岳麓书院，走近湖湘文化"的课题研究有着广阔的教育空间，有助于更系统地对学生进行教育，也更加有利于落实学校的育人目标。

活动时间：第1周—第2周。

参加对象：四、五、六年级各班的文学社成员5人（语文尖子生）。三年级每班2人。学生共计102人。（需学校派车）

活动指导教师：课题读本撰写组成员（向荣华、黄琴芳、施源、杨池珍、王春光、欧艳红、向春芳、邹玲静老师；四、五、六年级备课组长）。

"牵手岳麓书院，走进湖湘文化"系列活动一览表

时　间	地　点	活　动	责任人
第九周 周二下午	岳麓书院	参观岳麓书院	四—六年级语文备课组长及课题读本撰写组老师 四年级（三年级12名学生编入四年级）：邹玲静、刘爽、王春光、向春芳、施源老师 五年级：方育龙、杨池珍、黄琴芳老师 六年级：刘娇莲、欧艳红老师
第十一周 周三	小学部 大厅	1. 摄影作品展	备课组长收集并精选照片，交语文组做成展板
		2. 资料展	※三、四年级——"我了解的岳麓书院"：书院的建筑、字画、历史文化、名人故事的相关图片、文字资料展览（以班为单位装订成一本，共12本）
			※五、六年级——"我心中的岳麓书院"调查报告展（以班为单位装订成一本，共12本）
第十二周 周二	中学部一楼会议厅	岳麓古诗文诵读比赛	三年级1个代表； 四—六年级各2个代表

活动成果的体现：

1. 学生活动成果集（文本、光盘）、学生活动及获奖情况。

2. 调查报告、教师随笔集。

学校通过这一系列的社会实践活动，引导学生探究湖湘文化，感受湖湘文化的魅力，受到湖湘文化的熏陶，让湖湘文化的知识在实践中得到提升。

（八）邀请知名人士来校讲学，润泽湖湘名人的情怀

为了让学生从小受到湖湘文化的熏陶，升华对湖湘文化的认识，学校多次邀请知名作家、朗诵家等进校园开展讲学活动，如：邀请了著名的朗诵家吕铭老师给学生们带来了精彩的湖湘文化诗会；邀请了湘籍作家汤素兰、邓湘子、邓皓等来学校开展讲学活动。其中，湖南作家、全国综合性少儿期刊专业委员会副主任邓湘子先生来校演讲的活动影响就十分深远，他为孩子们带来了"阅读与写作的启蒙"讲座，深受孩子们喜爱。以下是邓湘子来校讲学活动方案：

活动主题："聆听专家声音，叩响文学之门"

活动策划：小学教导处、小学语文教研组

活动安排：

时　间	内　容	负责人	执教者	地　点
第二周 周日下午	阅读与写作的启蒙讲座	邹玲静	邓湘子	中学一楼多媒体教室
第三至十八周	分年级培训：阅读与写作	邹玲静	《小学生导刊》 编辑部成员	各年级教室

　　通过近距离与知名作家、朗诵家接触，孩子们的阅读热情和学习热情得到激发，文学的种子就此播下，同时，他们也从这些湖湘名人的身上感受到了浓浓的乡土情结、对湖湘文化的挚爱。

（九）开展系列阅读实践活动，感受多彩的湖湘文化

　　要想让学生全方位地感受湖湘文化的多彩，充分调动学生广而深地参与"湖湘文化"系列作品的阅读，让湖湘知识深深根植于孩子心中，必须依托一系列丰富且有意义的阅读活动。课程组老师深知这一点，开展了许多阅读实践活动，如：在每年10月份的人文阅读节，老师们会利用这个机会开展以"湖湘文化"为主题的阅读活动，每届都有不同的主题，如第五届的主题是"书香味·湖湘情"。围绕这一主题，学校开展了丰富多彩的读书活动，比如《赏读湖湘名家名篇》的读书交流会，关于湖湘文化的百科知识竞赛等。课程组老师还会利用每年长沙市"爱阅读善表达"小学生语文素养大赛的机会开展一系列阅读活动，让孩子们在一轮轮闯关中提高阅读与表达的能力。这些多彩的活动，使同学们充分感受了湖湘山水的壮丽秀美，感受了历史文化的源远流长，感受了民俗文化的丰富多彩，感受了湖湘名人的热血情怀。

三、湖湘文化课程的实施成效

　　麓山国际实验小学湖湘文化课程的构建与实施取得了良好的课程育人成效。

（一）国家课程和地方课程的有效补充

　　国家课程和地方课程强调共性和统一性，容易忽略个性和差异性，缺乏灵活性，不能多层次、多途径、全方位地满足学生的发展需求。而学校开发的"湖湘文化"校本课程不仅具有浓郁的地方特色，而且能满足学生个性发展的需要，是对国家课程和地方课程的有效补充。

　　一方面，从地方实际情况出发，"湖湘文化"是湖南的名片，是中华民族传统文化中的一种十分富有特色的区域性文化，是中华文明中独具特色的文化奇葩，具有浓郁的地方色彩，里面有许多可供挖掘的非常珍贵的教学资源，可这一文化瑰宝在今天却正慢慢地被人们所淡忘，在我们的日常生活中，几乎感

受不到湖湘文化的氛围。所以，引进湖湘文化并使其融入学校教育，是传承和弘扬优秀传统文化的迫切要求，极具地方特色和现实意义。另外一方面，对湖湘文化以校本课程的形式来探究，让基于湖湘文化传承的小学生阅读实践活动上升为学校的一门课程，通过系统开发的课程目标、课程内容、课程实施、课程评价对课程平台加以规范和保障，能有效促进学生个性发展、提高教师科研素养、弘扬家乡历史文化、促进学校文化建设。因此，学校"湖湘文化"校本课程的开发，是对国家课程和地方课程的有效补充。

（二）学校其他课程的开发的经验与参考

2012 年至 2017 年，学校成功地开发了"湖湘文化"课程，同时该课程也作为课题进行了申报，最终荣获"湖南省十二五教育学会课题"二等奖。回望整个课程的开发，从组建研发团队，到确定研究目标、研究内容、研究步骤，再到具体的实施和成果总结，从开展问卷调查，初步形成阅读体系，到邀请专家指导并研发出"湖湘文化"校本课程标准，再到紧扣标准汇编系列读本，开展以"湖湘文化"为主题的相关活动，以及进行最后的学生学习成果呈现，教师们付出了极大的心血。该课程进行了积极有效的科学探索与实践，虽然开发与实施的过程十分艰辛，但是为接下来语文学科及其他学科课程的开发提供了丰富的经验与参考。

（三）开辟拓展了学校大阅读的实施阵地

苏霍姆林斯基曾经这样说过："让学生变聪明的办法不是补课，不是增加作业，而是阅读、阅读，再阅读。"大量教学实践也证明，语文教育的本质意义在于阅读，丰富而广泛的阅读既是母语学习的核心环节，也是提高学生言语能力的重要抓手，还是促进学生精神成长的基本途径。未来的语文教学将确立"超文本"理念与"大阅读"策略，让阅读成为伴随学生终身学习的生活习惯，让阅读成为学生人生旅途中所必经的精神跋涉，让知识、学识、见识成为学生的终身名片。语文教学将使学生的阅读视野从"纸本书"向"电子书"（电脑、网络、影视、音像）"无字书"（自然万物、社会活动）延伸，使阅读的途径从"课堂阅读"向"课外阅读""校外阅读""家庭阅读""社会阅读"扩展。

学校在"湖湘文化"课程开发的过程中不仅带领学生深入湖湘风景名胜进行探访，在实地考察中边阅读边感受湖湘名人的情怀和风骨，拓宽阅读的路径，让阅读从校内走向校外，而且还集课程组老师的集体智慧，自主研发并编写了两套"湖湘阅读系列读本"，分别是：《我的湖湘我的情——文学湖湘阅读系列读本》（上、下册）、《我的湖湘我的情——名胜古迹诗词歌赋系列读本》（全一册），另外还有一套《我的湖湘我的情——史学作品阅读系列读本》正在开发中。

其中《我的湖湘我的情——文学湖湘阅读系列读本》(上、下册)，应用于小学阶段四、五、六年级学生。本册读本由四部分组成，即前言、目录、单元和课目。课程内容包括两个部分，共十个课时。第一部分：走进古代湘楚文学；第二部分：走进近代湖湘文学。各部分分为"温馨导语""走近××""顶峰著作""精品赏读园""探究与体验""自由阅读卡"六个栏目，旨在让学生从多角度初步了解湖湘本土历史上著名而具有代表性的人物及其在文学方面所取得的伟大成就，进而起到文化引领和价值导向的作用，引导学生了解湖湘文化，传承湖湘文化精髓。

《我的湖湘我的情——名胜古迹诗词歌赋系列读本》为全一册，适用于小学阶段中年级学生。本册教材由三部分组成，即前言、目录和课目。课目共有十个篇章，每个篇章分为"温馨导语""走近××""精品赏读园""探究与体验""自由阅读卡"五个栏目，旨在让学生以湖湘大地上著名的自然山水、名胜古迹为切入点，初步了解湖湘本土的地理风貌、人文环境乃至其所具有的文化内涵，激发湖湘学子对家乡的热爱之情，引导学生了解湖湘文化，传承湖湘文化精髓。

这些实地走访式的生活阅读和系列阅读读本，拓宽了孩子们的阅读视野，丰富了孩子们的阅读体验，使孩子们积累了丰厚的湖湘文化知识，帮助孩子们开辟了一条阅读的新路径。

（四）促进了教师专业能力的发展

1. 提升了教师课程开发的能力

国家课程开发模式下，教师按照规定的时间和进度，完成规定的教学内容即可。而校本课程的开发赋予了老师决策权，参与课程开发的老师都是课程的编制者、实施者、评价者，这就需要老师们不断学习更多的理论知识，从宏观上深入思考课程开发的目标、内容、实施及预期的效果。而老师们也就在这种边思考、边实践、边学习、边反思、边调整的过程中，提升了课程开发能力。

2. 增强了教师的课程研究意识和能力

在以往的教学中，许多教师往往对身边生活中的教学资源的利用、重视不够，让本土传统文化进入课堂只是个别教师的自主行为。湖湘文化进校园后，大家有了责任，有了压力，于是按照要求，人人去收集整理有关本土传统文化的资料，并从中筛选出可供教学利用的素材。例如：前期老师们开展了大量的调查，了解了适合学生阅读的湖湘文化经典作品，形成了初步的阅读体系；中期老师们制定了"湖湘文化"校本课程标准，为后续的课程开发提供依据和参考，同时还编写了系列校本教材，设计了丰富的阅读实践活动方案；后期老师们撰写了一系列论文，对研究过程、研究成果进行总结反思。在一次次的思考与实践中，教师们的课程研究意识增强了，课程研究能力也在无形中得到了提高，得到了多个教学科研奖项。

在长沙市"2012—2014 年度优秀教研组评选"活动中，学校小学部语文教研组被评为"长沙市优秀教研组"，刘爽老师被评为"教学改革先进个人"。在年度论文评选活动中，选送的 19 篇教学论文分获十三个一等奖、四个二等奖、两个三等奖。

2015 年，在由长沙市教科院、长沙市小学语文教学专业委员会举办的年度论文评选活动中，学校语文组教师再一次喜获殊荣。此次评选，小语组共有 11 篇论文获奖，其中邹玲静老师撰写的《让阅读成为语文人的根基》、杨柳老师撰写的《小学语文阅读教学中学生审美能力培养的现状与理性选择》、向春芳老师撰写的《整本书阅读——"逆风的蝶"教学实录》、殷瑛老师撰写的《浅谈如何轻松玩转作文教学——我与孩子"聊"起来》等 4 篇论文获一等奖。陈琪、王娜、张迎娟、尹蕾、邓萍丽、郑露等多位老师的论文也分获本次年度论文大赛二、三等奖。

3. 提高了教师学科教学的能力

在课程的开发过程中，课程组老师们站在课程的高度，根据自身兴趣、爱好、知识积累及专业素养，开发出了"特色"校本课程——湖湘文化系列大讲堂。讲堂中的所有课程都没有案例可供老师们参考，需要老师们自行查找资料，自行进行教学设计，思考多样的教学手段以调动学生的课堂积极性和学习兴趣。有时候教师为了保证资料的真实性，甚至还得实地走访，反复考察求证。但也正是这些困难和经历，促进了教师的教学思考，提高了教师的课堂调控艺术水平，提升了教师的教学水平，同时，新鲜的知识、有趣的课堂也在很大程度上激发了孩子们了解湖湘文化的兴趣。

例如，在其中最受学生欢迎的向荣华老师开设的《走进"乡土文学之父"——沈从文》的微课程中，向主任首先用沈从文的墓志铭"照我思索，能理解我；照我思索，可以识人"作为本次课堂的约定，从四个方面对沈从文进行了评价，他认为沈从文是现代文学史上最富传奇、最具思想、最孤独、最具美感的乡土作家之一。向主任的精彩讲述引来学生们的共鸣，同学们个个屏息凝神，用心而专注，台下的老师们也积极参与进来发表自己的观点，讲述文学作品中的湖湘文化。整堂课，翔实的资料、生动的 PPT、精彩的互动，都极大地调动了孩子们感受、了解湖湘文化的热情。学校的湖湘文化系列大讲堂一枝独秀，广受好评。

湖湘文化大讲堂系列 2014 年上学期

执教者	主题内容	时　间
施　源	中国第一位浪漫主义诗人——屈　原	第二周
施　源	楷书第一人——欧阳询	第四周
邓　远	理学的"开山鼻祖"——周敦颐	第六周
邓　远	"茶陵诗派"盟主——李东阳	第八周
向春芳	唐代湖南三诗人之一——李群玉	第十周
向春芳	走近"明末大学者"——王夫之	第十二周
杨池珍	撞击警世洪钟的写诗人——陈天华	第十四周
杨池珍	清代以文人而封武侯的第一人——曾国藩	第十六周
欧艳红	用血肉凝成革命诗篇——夏明翰	第十八周

湖湘文化大讲堂系列 2014 年下学期

执教者	主题内容	时　间
王春光	中国戏剧之魂——田　汉	第二周
王春光	向着光明振翅飞翔的女作家——丁　玲	第四周
方育龙	中国的"安徒生"——张天翼	第六周
向荣华	走近"乡土文学之父"——沈从文	第八周
黄琴芳	领袖文人——毛泽东	第十周
黄琴芳	晚清历史小说家——唐浩明	第十二周
邹玲静	走近"湖南骡子"——何　顿	第十四周
邹玲静	割舍不断的是乡情——彭见明	第十六周
向荣华	给童年一双翅膀——汤素兰	第十八周

4. 提升了教师的职业幸福感

在学校湖湘文化课程研发中编纂的两本湖湘文化系列校本读物"我的湖湘我的情——文学湖湘""我的湖湘我的情——山水湖湘"凝聚了课程组老师们的集体智慧，是老师们经过科学调查、反复研读史料、查阅海量信息、删繁就简后编写的精华。过程虽然不易，但是当书真正问世的时候，全体参与教师的幸福感和成就感油然而生。

邹玲静老师说：校庆 20 周年庆典之际，我们的书——《我的湖湘我的情》终于诞生了！像期待花开，整整一年的时光，激情与迷惘交错，辛苦与快乐并存。新书在手，如同呵护新生的宝贝，如同欣赏破土的嫩芽，欣喜与激动充盈于心！"采得百花成蜜后，为谁辛苦为谁甜"，别无他求，为了孩子们能传承湖湘文化之精髓，学会"立德于心"！

向春芳老师说：我的湖湘我的情，我的学校我的书。看到样书，就有点小激动了！

欧艳红老师说：爱满麓山，情浓湖湘！骄傲吧，湖湘儿女！

（五）促进了学生的全面发展

促进和实现学生的全面发展，是课程实施的首要目标，湖湘文化课程的开发与实践使麓山国际实验小学的课程育人目标极好地达成了。

1. 让学生对湖湘文化名人有了认识和了解

湖湘文化课程开发与实施之前，孩子们对湖湘的名人知之甚少，有些文化名人孩子们甚至连名字都没有听说过，例如李东阳、李群玉、唐浩明、何顿、彭见明等，就更谈不上知晓他们的生平和故事了。还有些名人，孩子们知道他们的名字，但对他们的生平及作品了解甚少，比如屈原，孩子们只知道端午节与屈原之间的渊源，却不知道屈原的生平，也没有读过屈原的文章，更不可能了解屈原的精神和风骨。另外还有一些名人，孩子们对他们的学术成就如数家珍，却不知道这样有影响力的人物就成长于湖湘大地。而通过本次校本课程的学习，孩子们增长了见识，认识了许多湖湘名人，其中《我的湖湘我的情——文学湖湘阅读系列读本》这本书功不可没，这本书的第一部分是"走进古代湘楚文学"，里面介绍了屈原、欧阳询等历史名人。第二部分是"走进近代湖湘文学"，里面介绍了田汉、丁玲等近代作家。

学生们通过阅读读本，了解了湖湘文化名人，知道了他们的地位、影响、生平、作品和故事。

另外，寒暑假的"五彩麓山枫"社会实践活动和平常组织的湖湘风景名胜探访活动也使孩子们增进了对身边文化名人的了解。例如在开展了以"牵手岳麓书院，走进湖湘文化"为主题的岳麓书院参观活动之后，孩子们写下了这样的感言：

岳麓书院是我国四大书院之一，记载了许多历史故事，成就了一代代卓有贡献的人才推动历史进程。通过这次参观，我不仅了解到很多中国的历史文化，还认识了很多名人，真是一举两得！

（节选自五（3）班王东禹《我心中的岳麓书院》）

2. 让学生对湖湘名胜文化内涵有了体会与认识

湖南有很多风景名胜，如岳麓山、橘子洲、韶山、炎帝陵、衡山等，它们是湖南的名片。对于这些地方，孩子们都很熟悉，就像岳麓山和橘子洲，孩子们抬头即能望见，举步即能到达，有些同学甚至每周都会和它们见面。但是，为什么岳麓山能成为名胜，橘子洲则是长沙的网红打卡地呢？它们除了风景独特，还有着怎样的历史渊源和鲜为人知的故事呢？这些都是学生们好奇的。而通过《我的湖湘我的情——名胜古迹诗词歌赋系列读本》这本校本教材，孩子不仅了解了风景名胜背后的历史和故事，还积累了与之相关的诗词歌赋。

名篇赏读园课例

原文

沁园春·长沙
毛泽东

独立寒秋，湘江北去，橘子洲头。看万山红遍，层林尽染；漫江碧透，百舸争流。鹰击长空，鱼翔浅底，万类霜天竞自由。怅寥廓，问苍茫大地，谁主沉浮？

携来百侣曾游，忆往昔峥嵘岁月稠。恰同学少年，风华正茂；书生意气，挥斥方遒。指点江山，激扬文字，粪土当年万户侯。曾记否，到中流击水，浪遏飞舟？

通过阅读这本读物，孩子们增强了对湖南11处风景名胜的了解。当然，除此之外，学校组织的湖南风景名胜探访活动也使孩子们深化了对风景名胜文化内涵的理解，例如在走访岳麓书院后，有些孩子进行了这样的记录：

走进大门，映入眼帘的是一座戏台，名叫赫曦台。叫"赫曦台"还有一个故事呢。"赫曦"的意思是：红红的太阳升起来了。当年，朱熹应著名理学大师张栻的邀请，千里迢迢地从福建省的崇安来到长沙岳麓书院讲学，在长沙停留了两个多月。清晨的时候，朱熹常常和张栻一起登上岳麓山顶看日出，每当见到旭日腾空，霞光万丈，山川市井的一切都沐浴在朝阳中的时候，便激动不已，拍手道：赫曦！赫曦！于是，他们便将观日出的这个地方定名为"赫曦"，后来，张栻便在此修一个戏台，名为"赫曦台"，以示纪念。这么漂亮的美景，加上这么有趣的故事，真是不能用"完美"来形容！

（节选自六（5）班柳懿格《我心中的岳麓书院》）

"学达性天"

"学达性天"是康熙皇帝赐给岳麓书院的匾额，主要表彰岳麓书院对于传承理学、培养人才的贡献。"学达性天"有着丰富的内涵，主要是指通过教育，通过做学问，通过"养性"，达到"性命合一"，达到"性"与"天"齐，达到"性"和"天"的统一。这既是儒家所推崇的理想人格，也是中国教育几千年不变的目标，对我们现在的教育教学工作仍有现实借鉴意义。

"惟楚有才，于斯为盛"

这副对联，上联出自《左传》，下联出自《论语》，它们概括了岳麓书院人才辈出，也道出了岳麓书院是天下最辉煌的英才荟萃之地的历史事实。

岳麓书院，这一古朴、雅致的古建筑群，让我深切感受到她蕴含的文化底蕴，品味到这千年积淀的文化，思考到读书的喜悦，领悟到知识的广阔，真是"千年学府，弦歌不绝"！

（节选自六（5）班陈俊豪《书香山林——参观岳麓书院有感》）

3. 增强了学生对湖湘文化的认同感与自豪感

湖湘文化课程开发前，教师经过调查了解发现，大多数人都觉得在日常生活中几乎感受不到湖湘文化的氛围，由此可见，湖湘文化正在慢慢被人们所淡忘。而学校开设湖湘文化课程，在很大程度上普及了湖湘文化。丰富多彩的湖湘文化教学综合性实践活动，帮助孩子们充分认识并理解了湖湘文化的多样性及其价值，孩子们在一次次活动中感受着湖湘文化的博大精深，逐渐理解、认同并热爱湖湘文化，甚至以湖湘文化为自豪。以下是部分孩子参观完岳麓书院后写下的感受：

我们看到了一副对联，上面写着"惟楚有才，于斯为盛"八个字。意思是说：只有楚国才能出人才（当时的楚国就是今天的湖南），这儿是培养人才的摇篮。我们熟知的曾国藩，就是从岳麓书院走出来的人才。作为湖南人，我还真是骄傲呢！

（节选自六（5）班赵榛《我心中的岳麓书院》）

通过这次参观，我了解到长沙有一颗这么闪亮的明珠；我了解到岳麓书院是四大书院之一；也了解到岳麓书院出了许多国家栋梁。岳麓书院有着那么辉煌的文化，是国家的一大瑰宝！

（节选自五（6）班伍玥《我心中的岳麓书院》）

4. 帮助学生树立了正确的人生观和价值观

优秀传统文化体现了流淌在民族历史中的华夏精神，是奠定中华民族发展的基石，是国家富强的宝贵财富。新时代，传统文化不能丢，更不能被青年一代遗忘。学校开发湖湘文化校本课程，通过教育宣传和实践活动拉近了青少年与优秀传统文化之间的距离。孩子们在学习中感受，在实践中体悟，价值观念受到良性的影响，许多孩子还树立了努力学习弘扬中华文化的远大志向。以下是学生在习作中的感言：

古朴的座椅摆在台子上，教导了我们四个人生哲理：对国家、对朋友的绝对忠诚；对家人、长辈的永久孝顺；对生活的知足之心；节俭、节约之心。它们，为我们的人生指明了方向。

（节选自六（1）班胡航舰《我心中的岳麓书院》）

孔子的铜像，安静地站着，能清晰地看到他的神情。孔子当年在全国游学，现在世界上有很多孔子学院，都在学习中国文化，我也要认真学习，使中国更加富强。

（节选自六（1）班郭雨昕《我心中的岳麓书院》）

5. 切实提升了学生的语文素养

叶圣陶先生诗云："天地阅览室，万物皆读书。"在"湖湘文化"课程的开发过程中，教师们不仅积极组织孩子们阅读"湖湘文化系列读本"，开展丰富的以"湖湘文化"为主题的阅读活动，而且还利用课余零碎时间和寒暑假带领学生走出课堂，走进湖南文化圣地，用自己的眼睛去阅读湖湘文化这样一部鲜活的书。孩子们边畅游书海，边游览名胜，丰富了阅读积累，拓宽了文化视野，提升了自身的语文素养。不少孩子在学习湖湘文化的过程中创作了童谣，撰写了读后感。

6. 有效增强了学生的合作精神和实践能力

湖湘文化课程开发与实施的过程中，孩子们并不是被动接受者，而是主动参与者，他们参与了学校课程开发的全过程。从问卷调查时的思考，到与湖湘读本的初次相遇，到湖湘文化大讲堂上全新的认知，再到实践活动中的深刻体验，孩子们的创新能力、实践能力、合作能力得到不断的提高。课程开发激发起了孩子们的兴趣，有时，尽管活动已结束，孩子们还是没有停止探索。例如，有些孩子在参观完岳麓书院后，根据自己的疑问回家继续搜索资料。

参观完岳麓书院，我回家查了查资料，发现许多著名的人都是岳麓书院的学生。不愧是岳麓书院，正如那句话所说："千年学府，弦歌不绝。"

（节选自三（4）班高雅楠《岳麓书院》）

也有部分学生会根据读本后面的实践表格，自主组建团队，共同合作，深入挖掘和了解更多的湖湘知识，并设计湖湘文化读本课后实践活动方案。

《我的湖湘我的情》读本后的实践活动设计

同学们，柳绿花红的仲春时节，丹桂飘香的金秋岁月，你们是不是跃跃欲试，想攀上青翠的岳麓山顶，一览星城盛景，或漫步于视野开阔的橘子洲头，眺望"湘江北去"，两岸"层林尽染"？

建议你们开展以下活动：

一、活动个人准备

1. 查阅相关资料，绘制一张岳麓山风景区地图，标注好著名的景点或自己最想去的地方，查阅最合适的公交车或地铁路线。

2. 清点自己的零花钱，不够的想一想筹集方式、方法。清点出行必备的物品（包括水、零食、玩具），打包。

3. 了解岳麓山各著名景点的故事、诗词，准备"毛泽东诗词朗诵会"。

二、小组共同准备

1. 小组集体探讨，最后请父母或老师协助请教当地的居民订好最合适的出行路线。小组各成员商讨：游览大约需要多少资金；小组成员以何种形式筹集、分摊；活动后的分享汇报形式等。

2. 商讨小组活动流程，包括：

组　　名			
出发时间		集合地点	
活动流程			
预计返回时间			
小组成员分工	需要负责联络、拍照、记录活动人员		
注意事项			
小组成员及联系方式			

三、收集整理活动图片、资料，准备返校后交流分享

7. 真实转变了学生的学习行为与学习方式

在对湖湘文化资源进行开发时，一方面可以利用课堂教学让学生在学习的过程中认同、感受、了解湖湘文化，一方面可以组织学生开展形式多样的教育实践活动，如观赏、参与社区地方民俗演出，开展班级或学校表演、诵读。学生通过对湖湘文化的学习，开拓了视野，走出了教室，走进了生活，自己主动去收集、探索、感受和理解身边的传统文化，亲力亲为，凸显出学习者的主体地位。学习的过程成了学习者主动探究、积极参与、愉快享受的过程。学生学习兴趣与学习积极性得到不断的强化和提高。教师要引领学生自觉走进民族文化圣殿，用几千年沉淀下来的优秀民族文化修身养性，立德做人，为终身幸福奠基。

四、湖湘文化课程的未来思考

通过几年的探索与实践，麓山国际实验小学以"开发湖湘文化校本课程，引领儿童阅读"作为学校的教研重点，引导小学生通过阅读实践活动，用自己的视野从多方面了解、感受、体悟"湖湘文化"深厚的底蕴，传承了湖湘文化的精髓，培养了学生热爱湖湘文化的情感，提升了学生的语文素养，促进了学生全面发展。学校也推进了教科研工作、德育工作，推进了学校的特色发展，但在课程的不断实践与发展过程中，还存在诸多的思考与展望。

如，校本课程的开发研究对教师的参与、探究、反思、推进的能力要求相当高，而且课程研究所需要投入的时间与精力与教师的现实状况存在很大矛盾。对于承担这一校本课程开发的很大一部分老师来说，他们有较重的精神压力和工作负担。怎样才能减轻他们的压力和负担，促使老师们更大程度地投入兴趣和激情？

同时，学校开发出来的湖湘文化校本课程评价体系不够完善，还需要进一步研究，建立一套开放多元的评价体系，以促进并激励学生更深入、更持久地了解湖湘文化，传承甚至发展湖湘文化。

此外，就湖湘文化课程读本选定的阅读篇目是否能代表湖湘文化的精华，仍需做进一步考证。该套湖湘文化读本的内容是否适合小学中高年级孩子的阅读水平，还需在实践中检验。读本的编写体系是否合理、严谨、规范，也还需进一步思考与研究。除了让老师自身不断阅读、思考、学习，增强底蕴之外，学校是否可以组织老师们进行实地参观学习，行走在三湘大地上，对湖湘文化有更深度的了解尚需进一步论证与实践。

不管怎样，我们相信，以我们执着不懈的努力，湖湘文化一定会深深植根于麓山国际实验小学这块肥沃的土壤，一定会扎根于学生的心灵，麓小的学子们也必将成为湖湘文化最优秀的传承者！

第三节　说书课程的实践与思考

传统的学科教育长期秉持事实本位知识论，认为学科的本质是学科事实或真理，学生掌握的事实越多，则发展越好。每一门学科都应致力于让学生尽可能早、尽可能多地掌握学科事实。为达此目的，就需要以学科事实为基础编制学科知识体系。自然科学、社会科学等结构性强的领域率先形成了自己的"逻辑体系"。而语文、艺术、体育等结构性弱的人文学科则仿照自然科学等编制自己的知识体系。这就形成以学科事实为基础的"学科逻辑"，并建立起每一门学科自己的历史传统，代代相传。

麓山国际实验小学依据语文与艺术课程的"学科逻辑"体系，重视让语文学科的核心观念均与真实问题情境相联系，形成各种探究主题，帮助学生在主题探究过程中运用学科核心观念，通过对主题的深度探究而发展学生的学科思维与理解，让每一个学生的学科思维与理解能够前后相继、螺旋式发展。而基于该"学科逻辑"认识而尝试探索的"说书课程"，正是通过让学生学习阅读古典名著的方法，激发学生阅读古典名著的兴趣，让学生感受古典名著的魅力。我们让学生在理解语文课文内容的基础上进一步进行综合创造，同时，尊重他们的主观阅读感受，让其在感受"说书"魅力的同时，激发对阅读名著的兴趣和对语文学习的热爱。

一、基于语文要素实施的"说书课程"探索

陈先云教授认为，"处理、把握一篇课文、一次习作或口语交际，要先考虑'教什么'，其次才考虑'怎么教'，并在此基础上思考'为什么教''教到什么程度'"。[①]

部编教材的单元教学呈双线组织，人文主题和语文要素贯穿其中。在五年级上册第五单元，学生已经落实了"提高阅读速度"。在五年级下册第二单元，

---

① 陈先云：《语文教学应当轻装前行——统编教科书使用中应注意的几个问题》，https://xiaoyu.pep.com.cn/xxsx_176803/xxsxwd/202005/t20200508_1951160.html，2019。

安排了我国四大名著的选段，让学生继续学习阅读古典名著的方法。显然，这并不是本单元教材内容的唯一教学目标。根据本单元设定的"快乐读书吧"——"读古典名著，品百味人生"，以及五年级学生的认知水平，激发学生阅读古典名著的兴趣应当成为本单元的另一个潜在的语文要素。要真正落实本单元语文要素，而不是流于表面，应当选择合适的教学内容和教学方式。依托教材内容，紧扣《景阳冈》一课中的课后习题第三题"用自己的话详细讲述武松打虎的部分，可以加上适当的语气、表情和动作"，笔者把教学重点内容确定了下来，那就是让学生在真正理解武松打虎的文本的基础上，让学生"再现武松"，在综合创造和对武松的再认识中感受古典名著的魅力，激发阅读兴趣。怎么去再现呢？语文要素共有三个维度：阅读、表达（口语与书面语）和习惯，阅读和表达分别对应的是阅读能力和表达能力，这两种能力相互影响、作用。要让学生在阅读之上深入理解文本，促成复述和创造的表达能力，同时对文本的表达又对阅读鉴赏力有提升作用。说书，需要一个人的长期阅读积累和表达。因此，笔者将"说书"引入了课堂教学，这既是源于教学内容的选择，亦是语文要素内部关联的逻辑体系的选择。

语文课堂教学要找准符合学生认知规律的语言训练点。根据布鲁姆认知领域的目标分类，从识记、理解、应用到分析、综合、评价，前三个阶段属于初级认知，后三个阶段属于高级认知。与之相对应的情感领域目标分类是接受、反应、形成价值观念、组成价值体系、形成价值情结，技能领域目标分类则是观察、模仿、练习、适应。学生在重点学习完武松打虎片段后，在认知领域内已经能够达到理解的层面，但在情感领域只达到接受层面。要真正激发学生阅读古典名著的兴趣，就要让学生在情感领域形成价值情结，也就是得调动学生的学习积极性，让学生在阅读中分析文本内容，并将文本各内容组合和重建，尊重学生阅读感受和已有经验，让学生对事物给予价值判断。那么，学生在技能领域就应当更加深入，通过不断的模仿和练习，以达到与文本进行最全面、有价值的对话。学生达到情感领域的最高层面后，也就能在古典名著中找到意义和乐趣。

二、以《景阳冈》教学为例的"说书课程"实践

要在《景阳冈》一课中引入"说书"，首先就要就"说书"如何与教学内容相结合进行备课。其次要尊重"说书人"，也就是学生的阅读体验和感受，让他们作为学生代表进行说书。最后要让学生在与同伴观众的互动下，探索阅

读古典名著的意义。

（一）预热展示，激发学生学习兴趣

　　说书是一种传统民间艺术，以说为主。说书中，一人分饰各角色，通过极强的语言表现力、感染力和跌宕的故事情节吸引观众，不仅有人物对话，还有对事件发生背景、环境等的描述，甚至有说书人的评价。《景阳冈》一课中，武松打虎片段一波三折。强有力的猛虎伤人无数，而机智勇猛的武松找到了打虎的诀窍，待猛虎"一扑，一掀，一剪"，体力全无后，武松身手敏捷地打死了猛虎。正式学习之前，可以安排相关的预习作业，让学生观看说书视频《武松打虎》，提前预热。在学习完本段内容后，教师简介说书以及说书所需要的醒木、折扇等工具，让学生明晰各说书工具的作用。学生整体了解说书以后，教师可选择学生代表进行说书表演，并给予他们充分的肯定。课程结束以后，学生跃跃欲试。为此，教师可布置一项课后作业，让学生选择古典名著中任一片段进行说书，并特意安排一节展示课。学生在家反复模仿、练习，阅读和说书的积极性大大提高。

《武松打虎》说书稿

（徐映青）

话说武松

包袱放在石条上，

哨棒立在小树旁。

躺下歇息刚片刻，

可了不得！

山背后，

"嗷"的一声，

蹿出了猛虎兽中王。

好家伙！

这猛虎

个高直过六尺半；

身长八尺还要强。

血盆大口似簸箕，

两眼一瞪像茶缸；

武松冷汗湿衣裳。
老虎心里喜得慌：
这个家伙个儿不小，
两顿我还吃不光。
今儿个咱要打个包，
带给兄弟们尝尝。

美梦做完扑过来，
武松急忙躲一旁。

这猛虎
尾巴拧成一杆枪，
呼的一声扫向武二郎！
武松往上猛一蹿，
跳出八尺站稳当。

武松虽说不害怕，
心里也是有点慌！
抄起了哨棒他就打，
忘记了个子高来胳膊长。

哨棒"咔嚓"一声打断在树杈上，
手里只剩尺把长，
武松气得猛一扔，
今天徒手跟你刚。

老虎往前猛一蹦，
转身又奔武二郎。

武松急忙往后退，
五步开外立稳当。

老虎扑了个狗啃屎，
武松一见喜得慌。
纵身跃到虎背上，
双手掐住虎脖腔，
两膀用上千斤力，
大喝一声："嗨！"
把老虎摁在地中央。

老虎一扑不见人，
只觉上边压得慌：
"好汉，让我起来行不？"
武松想："咱这样耗着也不行啊，
时间长了我还得给它作便当。"

想到这儿，
左膀猛地一使劲，
力气运在右膀上。
"咣咣咣"三大拳，
砸向老虎背脊梁。

打完了三下又摁住，
抬起脚，"梆梆梆"
直踢老虎的面门上。
拳打脚踢这一阵，
打得这猛虎
鼻子眼睛淌血浆。
害人不成，反把自个儿的命搭上。

好汉武松
十八碗过景阳冈，
为民除害美名扬！

武松下冈，又有何事发生？

请听下回分解。

（指导老师：杨柳）

（二）设计方案，指导执行

为了让学生有更充足的准备，让古典名著说书展示课更精彩，教师可以拟定相关说书展示课的方案，并事先统计好每位说书人的说书章节，把它们张贴于室外走廊，进行公示。

说书展示活动方案设计

1. **活动主题**：古典名著说书展示

2. **活动背景**：观三国烽烟，识梁山好汉，叹取经艰难，惜红楼梦断。古典名著中，有多少英雄好汉，多少脍炙人口的故事，多少金玉良言。让我们走进它，阅读它，讲述它。让我们与书中的人物对话，与作者对话，与自己对话！

3. **活动目的**：

（1）让同学们在阅读古典名著中石展知识面，同时在活动中提高搜集资料、处理资料的能力，以及综合、分析、创造、评价的能力，通过说书展示，增强口语表达的能力。

（2）在说书展示课中，让同学们畅所欲言，相互沟通交流，学会通过说书展示自己的阅读效果，学会倾听，学会互助、分享，感受古典名著的魅力，爱上古典名著。

4. **活动时间**：5 月 28 日下午 2 点 30 分

5. **活动过程**

（1）第一阶段：准备阶段（5 月 1 日—24 日）

学生根据自己所读的古典名著内容，自愿选择某一片段进行说书准备，说书时间控制在 3 分钟以内。学生对说书内容拟好名称，上报至团队长处。

（2）第二阶段：实施阶段（5 月 25 日—27 日）

① 5 月 25 日早自习时间，分团队比赛，选出三名组员代表参加班级总决赛。

② 5 月 26 日下午 5 点，教师对参赛说书人进行动作、语言等指导。

③ 5 月 27 日参赛团队制作宣传画，附上组员说书节目参赛名称，并张贴于室外走廊。

（3）第三阶段：展示阶段（5月28日）

① 下午2点30分，活动仪式启动。

② 学生主持人讲话并主持。

③ 古典名著说书正式展示。

④ 学生交流意见和想法，并进行评价，投票选出最佳说书展示人。

⑤ 给每位说书展示人颁发纪念奖。

6. 活动延伸

教师可要求每位学生给家人进行说书展示，有兴趣的学生则可将其准备说书、练习说书的过程记录下来，与大家继续分享阅读古典名著的意义和乐趣。

有了说书活动展示方案，学生可在规定的时间内将自己所选取的片段进行反复阅读。为了让学生更全面地了解故事情节和人物形象，笔者鼓励学生快速重读重要篇章，广泛搜集相关资料，再一次激发了学生的阅读兴趣。

（三）注重互动，营造氛围

在整个说书活动中，学生说书人和同伴观众的互动共有三次。第一次，在团队内进行说书展示，由团队成员互相投票选出三名说书代表。这一次的说书展示，重在让每位学生成为说书人，人人说书。第二次，进行全班的说书展示，每位观众可以成为小记者，对说书人进行采访，在你问我答中，实现阅读感受的交流。第三次则是通过文字的方式，总结性地将自己在准备说书这段时间内的有意思的事情分享出来，让阅读古典名著的余热继续升温。

除了与同伴观众的互动以外，学生可以在家中展示说书，和家人观众进行交流，以营造家庭阅读古典名著的氛围。

三、"说书课程"的实践成效

将"说书课程"融入语文课堂教学，可以让学生不断地对课文内容进行解读、分析、整合、创造，再一次对话课文人物、作者等。这不仅帮助学生更深刻地理解了课文内涵，还激发了学生阅读古典名著的兴趣，使得学生对语文学习更有兴趣，同时感受到说书这种传统文化艺术的魅力。学生对说书课程的感悟极好地证明了这一点。

我有一个特别与众不同的爱好——听评书、说评书。评书是中华传统文化宝库中的一颗璀璨明珠。我的爷爷和爸爸都非常喜欢听评书，从小我就跟着他们一起在电视上欣赏田连元、单田芳和袁阔成等大师的表演。有一次，我在中央电视台的一档曲艺节目中看到了田连元大师的《三国演义》。我被他幽默风趣的语言、生动形象的动作以及评书中跌宕起伏的剧情深深地吸引了。从此以后，我也爱上了评书这门艺术。

2020年，新冠肺炎疫情突如其来，我们学校在此特殊时期发起了"抗疫情·停课不停学"名校名师公益行"空中直播课堂"。我的班主任杨老师发现我稍有表演天赋，充满信任和期待地交给我一个"任务"：在她的直播公开课——《景阳冈》上表演一段《武松打虎》的评书。

这次在语文课上说书的经历让我觉得弥足珍贵。我最大的收获是发现了听说评书对我的语文素养有潜移默化的影响。接到"任务"后，我并不畏难，反而觉得有极大的创作欲望，因为我觉得这比平常写作文有趣多了。评书中的大量成语、歇后语和俏皮话让我觉得汉语语言太有意思了，不知不觉我就记住了它们。平时的积累让我文思泉涌，下笔如有神，评书稿写得飞快。杨老师表扬我的遣词造句、连句成篇能力大有提高，但也提醒我：评书的语言结构非常灵活，叙述部分像作文中的记叙文，评论部分就像议论文，而对话部分要贴近角色，正确运用语气词。我恍然大悟，根据评书的特点一遍又一遍地修改、润色稿子。在这次认真准备评书文稿的过程中，我主动探究，想要深入了解武松这个人物，我翻阅了大量的资料，对《水浒传》也产生了浓厚的兴趣，对每一个水浒英雄的外号和排位都铭记于心。我还查阅了很多北宋末期和南宋初期的历史资料，我被那个黑暗屈辱而又英雄辈出的年代深深吸引了。

稿子写好后，我反复观看大师们的表演，仔细琢磨着哪一句话应该配上什么动作和表情，再一遍又一遍地排练。我不厌其烦、精益求精。终于，我成功地用流利的语言、丰富的动作、夸张的神态录制了一段精彩的视频。这段视频在杨老师的课堂上播出后，受到了同学们与老师们的认可与赞赏。我自己也觉得，这次说评书锻炼了我的口才，让我积累了历史知识，对人物了解得更加透彻，对我的语文学习帮助很大，我的听说读写能力都得到了很大的提高。

我想，杨老师让我在语文课上说评书，其实是大有用心的吧！这种形式非常新颖、独特。之前，我们要了解一个文学形象，只能通过书本上的文字，而引入评书这种形式之后，通过说书人对人物语言、动作、神态的表演，这个文学形象瞬间丰满鲜活了起来。评书幽默生动、引人入胜，不仅可以活跃课堂气氛，也可以让我们在欢笑后细细品味，启发我们的思维，培养我们的学习兴趣。杨老师启发我们，评书和史实是有一定差别的。于是我们纷纷阅读相关资料，判断哪些内容是真实的历史知识，而哪些内容只是戏说。我们在课上课后热烈讨论、形成了积极的学习氛围。评书让我们感受到了语文的无限魅力，从此更加热爱语文课，着迷语文课了。我想，这就是杨老师的最终目的吧。

（节选自 1503 班徐映青的说书小结《说书那些事儿》）

学生们或长篇大论，或简短小结，但都可见学生对于说书被引入课堂充满着热情和期待，它唤醒了学生的潜能，激发了学生的积极性。除了能看到学生个体呈现的说书的影响，从整班角度来说，其影响力也是显而易见的。

（一）说书课程帮助学生更好地理解课文的内涵

《景阳冈》这篇课文选自《水浒传》第二十三回"横海郡柴进留宾，景阳冈武松打虎"。课文的脉络十分清晰，即从喝酒、上冈、打虎到下冈。单就故事情节来讲，学生可自学掌握，但其中深厚的文化知识和文化内涵，学生易忽略。只有让学生对文段不断地进行分析解读、综合创造，才能让学生真正地吃透课文。

例如，如何评价武松在打虎时一开始的退让？学生较容易直接认为是武松的害怕导致的，但学生通过说书，多次深入文本，嚼读文字，就会发现原文中这么一句话："原来那大虫拿人，只是一扑，一掀，一剪，三般提不着时，气性先自没了一半。"原来，武松接下来的退实则为进，只不过是在消耗猛虎的体力。而从这一点，可看出武松机智勇猛的人物形象。说书可让学生更关注细节中的课文内涵，以小见大。

在细细品味课文语言时，我发现《景阳冈》这篇课文主要运用了动作描写。"闪""揪""按""踢""提""打"等一连串动词有顺序地出现，对课文内容理解有很大的帮助，可以看出武松不仅头脑灵活，四肢也很灵活，它们刻画出了武松机智勇敢的形象。

（节选自 1503 班邹奕涵《说书小结》）

又如，在教授课文的时候，如果只是让学生用读去理解文章内容，去想象画面，学生易感到疲倦。要学生说书呈现时，学生变成了主角，有了听众和观众，他们便会自觉地去搜集资料，去模仿，去实践了。要让自己的说书大放异彩，除了吃透课文，还要充分利用醒木来引起观众的注意力，还可作壮势用。同时，说书人言语要具有感染力，势必需要声音洪亮、语气抑扬顿挫，需要借用手、足、眼等各肢体、器官，配合着故事的发展进行呈现。说书这种文化活动，正符合五年级儿童的形象思维向形式运算阶段发展的规律。创设氛围，直接演绎，更能帮助学生理解。

总而言之，学生既当作者又是演员，不断地进行精心构思和再创作，在这过程中学生更加生动形象地理解了课文的内涵。

（二）说书课程激发了学生对古典名著的兴趣

教材中的课文绝不是语文学习的唯一资源，要构建大语文观念，就要引导学生广泛阅读。单靠课堂上教师对课文知识的讲解和学生对课文内容的理解记忆，远远无法让学生领悟阅读的魅力。要将"说书"引入语文课堂教学，尊重学生的阅读感受，让学生成为说书人，去生动地讲述自己感兴趣的片段。从这一点来讲，学生已经成为了一个自由阅读人。从有意识地对《景阳冈》进行说书，到自觉地搜集各方资料去求证，再到回到原著《水浒传》中去综合分析，学生形成了自己的价值评价。在这个过程中，学生一直是学习的主体，学生的阅读兴趣得到激发。

这次说书，我查阅了许多资料，也在原著上发现了很多有意思的事情。关于武松的章节还有很多，这些章节中所呈现的武松又有所不同，但又会让你觉得更真实。同样地，在同学们的阵阵说书声中，许许多多生动的故事都被演绎出来了，一个个有意思的人物也都闪现在我的脑海中。原来，和武松打虎一样有趣的故事还有很多！我要好好读读这些书，下次和同学们一起再交流交流。

（节选自 1503 班李默成《说书小结》）

当然，教师在语文课堂教学中引入"说书"时要注意，除了尊重学生的阅读感受，还应该进行长远的规划。阅读完《水浒传》后，可以让学生继续阅读《三国演义》《西游记》《红楼梦》《儒林外史》等古典名著，并每月定期举办一次说书展示。这样不断地强化，学生就有平台展示和交流了，学生对阅读古典名著的兴趣也会得以保持。

（三）说书课程培养了学生对语文学习的热爱

语文学习集工具性和人文性于一体，其中人文性实则也包含了语文的艺术性。说书作为一种曲艺活动，也蕴含了极强的艺术性。两者有许多的共通性。在语文课堂教学引入说书艺术，"可以让学生感觉到语言的魅力，发现原来语言也可以像其他艺术品一样拿来不断地鉴赏"。[1] 把语文课堂教学和说书这两种艺术活动相结合，既可以让学生在说书中积累知识，提升个人语言艺术涵养，又能让学生放松身心，寓教于乐。语文学习不再是单一的课堂知识的解读，而是成为流入学生血液里的一种语文学习意识。

惊堂木一响，故事开讲！

"武松把哨棒立在一边，放宽身体，正要睡下，只见刮起一阵狂风来，风过处乱树背后，噗的一声响，跳出一只吊睛白额大虫……"汤菘岳同学双目时而瞪得溜圆，时而眯成一条缝，时而顾盼左右，双手上下挥动，惊堂木也差点成了他的哨棒。说实在的，平日里看书可没这么震撼，"狂风、大虫"仿佛就在眼前，就在身边，让人不禁攥紧了拳头。

"武松冷汗湿衣裳。老虎心里喜得慌：这个家伙个儿不小，两顿我还吃不光。今儿个咱要打个包，带给兄弟们尝尝！"好家伙，合着，徐映青的老虎穿越了，这腔这调，让人在慌乱中又生出几分坐定观后事的童趣来。同样的故事，都是说书的表现手法，两位同学或慷慨激昂，或灵动有趣地将《水浒传》中一个艺高胆大、机智敏捷的打虎英雄武松给演活了！真想不到，他们竟也有如此好身手！

杨老师这回把说书的表现形式引到语文课堂上，既让我们感受到了两千多年的评书文化，又让同学们发挥创作潜能，更加积极地去理解故事内涵。杨老师用更易让人接受的方式传播了经典。

从此名著不再晦涩难懂，这样有趣的语文课，杨老师，能不能再多来几节呢？

（节选自 1503 班邢雨宸的听书感受《说书之妙》）

由此证明了引入说书课程，极大地激发了学生对语文学习的热爱。

（四）说书课程让学生充分体验传统曲艺的魅力

《义务教育语文课程标准》（2011 版）中明确指出：认识中华文化的丰厚博大，汲取民族文化智慧；关心当代文化生活，尊重文化多样性，吸取人类优

---

[1]　王镇宝：《语文课是可以"表演"的——将说书艺术引入语文课堂教学的体会》，《语文教学与研究》2011 年第 51 期。

秀文化的营养，提高文化品位。说书艺术流行于宋代，作为中国传统口头讲说表演艺术形式，通过叙述故事情节、描述环境、模拟人物、评议事理等艺术手段，演绎精彩故事。一段精彩的说书呈现出来，观众感受到的是令人回味无穷的艺术魅力。学生在课堂展示自己的说书时，其他同伴观众时而欢欣雀跃，时而双眉紧蹙，时而哄堂大笑，时而齐声喝彩。一位学生说书人在描述猛虎从乱树背后扑下来之前的景象时，添加了一系列拟声词："呼呼呼，这寂静的树林中忽然刮过一阵狂风。突然，狂风止住，归于寂静。沙沙沙，沙沙沙，树叶簌簌地落下。什么也没有。'呵呀！'身背后一只吊睛白额大虫正张着血盆大口！"学生说书人饶有兴趣地制造气氛，同伴观众听得是心惊胆战，在这样的环境浸润中，学生充分体验到了传统曲艺说书课程的魅力。

四、说书课程的展望思考

在语文课堂教学中引入说书课程，给当前的语文课堂教学注入了新的活力，提供了语文课程教学的另一种可能性。语文教师与其在课堂上带领学生咬文嚼字，把课上得生硬琐碎，不如把文本交给学生去玩味、体悟。说书的方式，既有挑战性，又能吊起学生学习的胃口。"文似看山不喜平"，说书人的语言表现力、感染力又何尝不是每位语文教师所需要的？在语文课堂教学中，教师也可以从中借鉴一二。此外，语文教学绝不是孤立的板块，引入说书，让教学内容更为丰富，也给语文课抹上了传统艺术的底色，这不正是语文课堂所需要的吗？

语文作为基础性学科，具有综合性、实践性的特点，而语文学习的外延和课程内容非常宽泛，教师还可以借助课本剧表演等形式开展古典名著的学习。所以，说书和其他形式一样，只是一座沟通学生与语文学习的桥梁。如果教师在语文课堂上花费大量时间进行说书指导，可以说完全偏离了方向。此外，说书内容一般篇幅较长，且环环相扣，若说书人与观众未能保持同样的阅读进度，一旦中途断层，则观众易丧失兴趣，纵有认真倾听者，也难以理解其中深刻含义，只不过听了个热闹。所以，就如何更加细致、有效地将说书引入课堂教学，更加周全地照顾到每一位学生，笔者一直有所困惑。但不可否认的是，将曲艺"说书"融入语文课堂教学这样的尝试是可行的，有意义的。只要紧紧围绕教学目标，选择具有价值和适合学生的教学内容，语文课堂就会呈现一派春和景明、其乐融融的景象。

第四节　双师云课堂的实践与思考

随着经济全球化的发展，国际合作的日渐紧密，未来需要有更多具备国际视野的高素质人才。而英语作为国际交往的语言交际工具，为培养具有国际视野的人才提供了基础，有着其他学科不能替代的重要作用。

麓山国际实验小学秉持"面向世界，博采众长，发展个性，奠基人生"的办学理念，其中的"面向世界"，便是"国际实验"定位的强调。学校把自身放在国际教育的平台上，以开放的办学理念，积极探索信息时代背景下的英语学科教育，通过开展互联网＋背景下的小学英语中外双师云课堂教学，训练学生良好的英语语感、语音、语调基础，培养他们初步使用英语进行简单日常交流的能力，激发他们对英语学习的兴趣，使他们建立起良好的英语学习的信心。学校为培养学生的国际交往能力，打开学生的国际视野奠定了基础。

一、双师云课堂开设的背景

《义务教育英语课程标准》中规定小学英语课程的目的是激发学生学习英语的兴趣，形成初步用英语进行简单日常交流的能力。它提倡情景化教学理念和语言的大量输入。因此，尽可能多地在真实语境中学习语言变得尤为重要。此外，美国语言学家 Krashen 强调大量的可理解的且有关联、有趣的语言输入，会让学生自然地习得语言。因此，教师要创造语言习得环境，遵循习得顺序，增加语言输入量，营造轻松的氛围。语言学习者只有进行大量的输入，才能内化语言，提高外语的学习能力和语言的输出能力。

随着大数据、云计算、人工智能等互联网技术的普及，在《国家教育事业发展第十二个五年规划》，以及《教育信息化十年发展规划（2011—2020）》等规划的积极推动下，在线教育迅速发展，2017 年全国两会首次将在线教育写入政府工作报告，提倡大力发展"互联网＋教育"，中外双师云课堂迎来了飞速发展。于是，麓山国际实验小学抓住机遇，引进中外双师云课堂，建设小学英语中外双师云课堂，开展口语课程建设，推动学校英语口语特色教学的发展，使学生更加注重英语口语的学习，获得更强的口语交际能力和更全面的英语核心素养。

麓山国际实验小学为了规范小学英语中外双师云课堂的口语教学，充分发挥双师作用，形成可复制可推广的双师云课堂模式。为了达到最佳的教学效果，学校对双师云课堂项目进行了详细的论证。

（一）有利于提升全民英语能力与素养

北京外国语大学教授张连仲表示："全球化进程中，外语是人类交往需要的重要工具，外语能力也是国家竞争力和发言权的重要标志。基础外语教育承担着提升外语能力、培养高端外语人才的重要任务。"然而，我们目前在世界各种场合的英语口语交流表达能力还远不够。因此，在小学阶段培养学生的英语口语表达能力与交际能力，有利于提高在文化语境中与世界各国人民平等、理性交流的能力；有利于提升全民族英语素养；也有利于每一个公民的自我全面发展和心智健康成长。

（二）有利于促进英语课堂的改革

中外双方老师的不断沟通与磨合，将有助于中方老师不断提升自己的英语交际与表达能力，同时更新教育理念和教学方法，从而改善中外双师云课堂的教学效率与教学效果，构建英语高效课堂，以此推动双师云课堂合作教学模式的完善，为小学英语教育的双师合作教学提供新角度的理论依据与实践借鉴，从而推动小学英语课堂的创新与改革。

（三）有利于凸显麓山国际实验小学的办学特色

一个课堂包含中外两位老师。中方老师作为助教，可以有针对性地为学生提供讲解，帮助学生快速理解，减弱学生使用英语与人沟通时的紧张感，培养使用英语的自信心。外方老师持续提供全英文沉浸式学习环境，能提高学生对中外文化异同的敏感性和鉴别能力，提升学生跨文化交际能力和水平，真正锻炼他们和不同文化对话的能力，让学生在熟悉的英语课堂中养成全球思维，从而有助于更好地实现我校"面向世界"这一特色办学理念，为培养具有全球胸怀和国际视野的世界公民，以及适应未来社会要求的国际化人才奠定基础。在云课堂，学生既能学习地道的英语，也能向世界展现中国学子的面貌，讲述中国故事，这是对我校"根深中国，花开世界"立德树人顶层设计的实践和应用。

（四）有利于培养学生的英语核心素养

中外双师云课堂教学是一种依托互联网的外教口语课堂组织形式，采用"外教主教，中教辅助"的模式。它将有助于实现我校教学形式的多样化，激发学生语言学习的兴趣，也有助于学生形成原汁原味的口语表达，提高英语口语表达能力，增强语言使用的情境性，从而更好地帮助学生应对新高考"人机对话"的考试形式。我们依据麓山国际实验小学现行的授课教材及大纲，与英语母语教学特点相结合，经过中外双方老师不断的研讨与磨合，设计出具有大量真实语言材料的课件和模块，能提升学生英语学科核心素养视域下的语言交际能力、思维品质、文化意识和学习能力，培养英语学习者的语言综合应用能力。

（五）有利于突破地域空间的限制

较多国际实验小学普遍存在优质的外教资源缺乏，外教流动性较大的问题。中外双师云课堂采用网络直播技术，让身在国外的外籍教师不再受时间和地点的限制就能进行教学，并能保障充足且高素质的教师资源。这样既保证了外教教师的稳定性与专业性，又为国内学生提供了优质的教育资源与全英文沉浸式学习环境；既为优质外教资源的共享提供可借鉴的新途径，又为促进教育公平提供新角度的实践经验。

二、双师云课堂的实践探索

英语学科中外双师云课堂是一种"教育＋互联网"英语教学模式，它包括一位外教老师在线直播授课，一位中教老师线下授课并负责辅助外教教学。它是运用于英语教学中的新型合作教学模式，也是在中国教育背景下产生的一种独特的合作教学模式，它越来越受到学校、教师、家长们的关注。

麓山国际实验小学在开展中外双师云课堂的过程中，致力于改善中外双师云课堂的教学效率与教学效果，构建英语高效课堂，推动双师云课堂合作教学方式的完善；为小学英语教育的双师合作教学提供新角度的理论依据与实践借鉴，从而推动小学英语课堂的创新与改革。

在课程项目主持人袁超智老师的带领下，教研团队通过多次研讨，形成了一种浓厚的科研氛围，整个课程项目组的教科研能力有了明显提高，教师们也掌握了课程项目研究的方法，形成了双师云课堂的有效教学策略。

（一）建立健全管理制度，保障双师云课堂的有序进行

为了保证外教云课堂教学质量，充分发挥云课堂教学效益，麓山国际实验小学制定外教云课堂学生管理制度和外教云课堂教室管理制度，并录制云课堂上课示范视频，让学生能够直观地了解和明白云课堂上课的约定以及课堂要求。其中，外教云课堂教室管理制度包括云课堂教室卫生安排、云课堂内容审核表、使用情况登记表以及课表等。

（二）依托现行教材，借助双师云课堂设计，丰富课程内容

中外双师云课堂依托学校现行教材、教学大纲以及《义务教育英语课程标

准》，与英语母语教学特点相结合，经过中外双方教师的不断研讨、修改与磨合，设计出包含大量真实语言材料的课件与模块知识，是对当下英语课程（尤其是听力、口语教学）的补充，丰富了学校英语课程的内容，进而拓宽了学生的知识面。

（三）完善教学评价，提高双师云课堂教学水平

教学评价是研究教师的教和学生的学的价值的过程。教学评价的两个核心环节包括对教师教学工作（教学设计、组织、实施等）的评价与对学生学习效果的评价。

1. 制作教师课堂评价表，发挥双师云课堂的有效性

为最大限度地发挥双师云课堂的有效性，我们一是设计制作了针对中方教师的课堂评价表，由外方教师从课堂管理和工作态度两个维度对中方教师进行评价；二是同步设计制作了针对外方教师的课堂评价表，由中方教师从工作状态、课堂组织、师生互动、学习效果这四个维度对外方教师进行评价。

2. 制作学生评价表，促进学生综合语言运用能力的全面发展

新课程标准要求每一位老师更新评价理念，采用形成性评价与终结性评价相结合的形式，既要关注学生学习的结果，更要关注学生学习的过程。我们通过设计制作学生云课堂平时表现登记表、学生云课堂期末口语检测成绩登记表、云课堂口语测试方案等评价形式，对双师云课堂的教学全过程和结果进行有效监控。通过评价，学生在英语课程的学习过程中不断体验进步与成功，认识自我，建立自信，促进了综合语言运用能力的全面发展。

（四）持续进行项目拓展，联合外区外校开展共建探索

中外双师云课堂项目在麓山国际实验小学开展之后，取得了良好的实践成果与经验。在此基础上，学校开始尝试与外区外校共建探索中外双师云课堂项目，同样取得了较好的实践成效。

2020年，学校在怀化郡永学校小学部开展以"融合信息技术，共筑双师课堂"为主题的项目成果经验分享活动，将已取得的经验成果在怀化郡永学校的双师云课堂上进行推广，其中的文件包括：双师课堂教师评价表、学生云课堂平时表现登记表、学生云课堂期末口语检测成绩登记表、云课堂口语测试方案等评价表；云课堂教室卫生安排、云课堂内容审核表、使用情况登记表等教室管理表格。还开展了云课堂学生"上课礼"视频学习等，开启与怀化郡永学校小学部共建双师云课堂的项目合作。

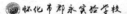

怀化市郡永实验学校 模实汇报

"融合信息技术 共筑双师课堂"
——郡永实验学校小学部英语教研活动

各市直小学:

随着教学资源多样化的发展,为了更好地利用信息化技术,整合各类资源,提高英语教育教学质量,促进小学英语学科教师的专业发展,进一步加强校际教研合作,资源共享,共同促进,我校于2020年6月23日举行"融合信息技术 共筑双师课堂"的主题教研活动,现将有关事宜通知如下:

一、 活动时间及地点

时间:2020年6月23日星期二上午8:30—11:30

地点:怀化市郡永实验学校行政楼四楼会议室

二、 活动形式及主题

活动形式:教研系列活动及双师课堂展示

活动主题:"融合信息技术 共筑双师课堂"

三、 活动内容

	时间	活动内容	负责人
	8:40—8:55	参研老师签到	熊杰、杨应田
	9:00—9:10	开场、领导致词	熊安
6	9:10—9:40	英语暖场节目	刘晓倩
月	9:40—9:50	教研开放活动解读	陈永倩
23	9:50—10:30	双师课堂展示	谢杜芳、Amy
日	10:30—10:50	茶歇、问卷调查	刘晓倩
	10:50—11:10	循课	袁超智、陈永倩、刘晓倩
	11:10—11:30	教科院领导点评总结	教科院领导

四、 参加活动人员、

教科院领导、各市直学校英语老师以及部分家长。

怀化市郡永实验学校小学部

二○二○年六月十九日

2020年6月23日,在怀化郡永学校小学部开展了以"融合信息技术,共筑双师课堂"为主题的教研开放活动,展示了中外方老师的教学课题。活动获得了同行和家长的一致好评,60%以上的同行和家长认为双师云课堂的教学形式新颖、有趣、具有吸引力,50%以上的同行和家长认为双师云课堂的教学形式能够提高学生学习英语的兴趣。

谢杜芳与 Amy J. Johnson《Food from milk》

GLA Online Curriculum/Syllabus/Teaching-Plan

Lesson Plan for Grade 5: "Food from milk"

June 2020

Grade/Course:	Grade 5
Length of Lesson:	10 minutes
Desired Results	
1. General and Specific Outcomes (Knowledge, Skills & Attitudes/Values):	
Students will learn: A) the meaning, pronunciation, and spelling of the words: **cheese, butter, cream, yogurt**; B) how to use the sentences: "**I like …/He/She likes …**"	

续表

2. Essential Questions:
How do students in different countries like food from milk?
3. Students will know …
What kind of food is made from milk?
4. Students will be able to …
Talk about food from milk and help them to get good sleep/strong teeth and bones …
Teaching technical/tools
The teacher will use photos, words and possible props to help the students to understand the concepts of those foods and why they are good to them.

三、双师云课堂的实施成效

双师外教直播课堂需要中教和外教共同备课、授课，有利于双方相互学习国内外先进教育理念和教学方法，设计出教学活动最佳方案，对学生的跨文化学习能力培养、教师的英语学科专业素养提升和学校办学品牌的形成产生了积极的促进作用。

（一）学生跨文化交际能力和水平得到明显提升

在双师云课堂中，教师通过纯正的发音和地道的口语表达，提高学生的口语表达能力，提升学生英语学科核心素养视域下的语言交际能力、思维品质、文化意识和学习能力，培养学生的语言综合应用能力，提升学生跨文化交际能力和水平，让学生在熟悉的英语课堂中养成全球思维，为培养具有全球胸怀和国际视野的世界公民，以及适应未来社会要求的国际化人才奠定基础。

在双师云课堂中，外方教师通过互联网给学生讲课，中方教师则可以在教室后面注意学生的状况，随时表扬表现好的学生，对于开小差或者有小动作的学生予以提醒。这样我们的学生在课堂上就很难有机会逃脱老师的视线，课堂纪律得到保证，学生的学习效率也会大大提高。中方教师也可以在课中关注到不同学生的学习状况。双师云课堂对学生的培养更注重个性化和差异化，学生在原来的基础上增加了学习和训练的机会，这样能帮助学生快速进步，提高班级整体学习水平，使班级整体学习氛围更浓厚。同时外方教师上课提高了孩子口语能力，解决了以往孩子不敢大胆说英语的弊端，大大提高了孩子学习英语的积极性，提高了孩子的英语成绩。中方教师可以有针对性地为学生提供讲解，使学生克服使用英语与外教交流的焦虑，帮助学生建立与外教交流时的自信心。

（二）教师相互学习，传、帮作用明显

在双师云课堂中，教师相互学习，传、帮作用明显。学校英语教师全程参与辅助教学过程，这会促进教师的专业发展，提高教师的专业素养。每一堂教学课都有一位远端外教在第二现场给学生上课，课堂教师还能借鉴和移植外教的教学内容进行课堂教学。经过外教讲解的内容与本土的课程的整合，课堂教学效果更加理想。同时，在外教与课堂教师共同完成的"双师教学"过程中，外教课课示范、天天培训，对课堂教师的传、帮、带作用非常明显。在外教长期的潜移默化的影响下，课堂教师不但能够学习优秀教师的教学方法，而且还能学到多种教学风格，其专业发展水平也得到相应提高。特别是那些新入职的教师，一进学校就能直接跟着优秀教师长期学习，这对形成自己的教学方式和教学风格都有很大好处，对其一生的发展都有巨大的影响。

（三）学校办学品牌形成，得到广泛赞誉

双师云课堂开设之后，麓山国际实验小学的办学品牌日渐形成，得到了社会各界领导、专家的关注与赞誉。2018 年 9 月 20 日，时任教育部党组书记、部长的陈宝生来校考察时，驻足在外教教室后方，认真观察课堂。课堂上，外教的积极引导，孩子们的热情参与，中方老师的有力配合，都赢得了陈部长的连连称赞。同时，陈部长对学校的创新举措、大胆实践、严格把控给予肯定。陈部长一行人一致认为，这种教学模式既实现了资源共享又减轻了教师负担，尤其对开发学生智力、激发学生兴趣十分有益，给出了积极的肯定与鼓励。

四、双师云课堂的思考与展望

义务教育阶段英语教学承担着培养学生基本英语素养和发展学生思维能力的任务，即学生应通过英语课程掌握基本的英语语言知识，发展基本的英语听、说、读、写技能，初步形成用英语与他人交流的能力，进一步促进思维能力的发展。中外双师云课堂的有效开展，既能促进学生英语口语的进步，也能让学生个体得到全面发展。中外双师云课堂是英语课程的重要补充形式，能真实有效地促进学生的发展，更好地体现学校的办学思想，凸显学校办学特色。如何使中外双师云课堂与英语课程有效融合，最大限度发挥双师云课堂的教学效果，使得课堂获得更大的价值，仍是值得我们思考的问题。下一阶段，学校将从多个方面积极实践，继续探索双师云课堂的建设与完善。

（一）营造沉浸式语言学习环境，让学生在真实语境中自然习得语言

体验式学习理论的代表大卫·库伯（David Kolb）认为，学习不是内容的获得与传递，而是通过经验的转换创造知识的过程。双师云课堂在校内有效开展，提供全英文沉浸式学习环境。学生在课堂上与外教进行互动交流，在真实的语境中实现知识的内化、输出。课堂激发了学生的英语学习兴趣，使英语学习氛围也更浓厚，有利于提高学生对中外文化异同的敏感度和鉴别能力，提升跨文化交际能力和水平，从而实现学生英语技能的有效提升。

（二）利用双师云课堂的个性化教学方式，让学生个体得到全面发展

中外双师云课堂坚持学生主体和因材施教原则，针对教学目标和学生的心理特征、初始水平、学习风格等实际情况制订合适的教学方式和课堂活动，有针对性地提升学生的听、说、读、写技能。学生自主、合作、探究学习真正实现了，这有利于提高课堂教学效率。

（三）整合国外教学资源，为学生提供真实语料

小学英语课程的目标是培养学生综合语言运用能力，强调英语学习的实践性。学校要求学生能够使用英语，将英语学习与生活相结合。外教可以利用母语国家的丰富且真实的语言资源，扩大学生阅读的信息量，扩展学生的感性和思维空间，这样就极大地打破了教育的时空界限。学生在学习完课本知识后，再去上云课堂的外教课，有助于加深对于语言知识、文化背景等的理解，降低学习难度，从而提高了课堂教学实效性。

学校在现有双师云课堂已经取得实践成果的基础上，还要不断地优化教学方式、教学活动、课堂策略、管理制度，并不断思索如何使双师云课堂与英语课程形成体系，这样才能持续输出并加以推广，让更多的学生从云课堂中获益。

第五节 农耕课程的实践与思考

劳动是中华民族的传统美德，劳动教育更是学校教育的重要内容。2018年，在全国教育大会上，习近平总书记指出，要努力构建德智体美劳全面培养的教育体系，形成更高水平的人才培养体系。要将劳动教育列入德智体美劳全面发展教育体系，把劳动教育从一般原则要求层面提升到全面育人的重要内容层面，真正确立"五育并举"的育人格局。劳动教育作为新时代中国特色社会主义教育制度重要内容的地位得以确立。

在这样的时代背景下，麓山国际实验小学从培养德智体美劳全面发展的时

代新人的目标出发，把劳动教育纳入人的全面发展的教育体系，以学科育人为路径，通过学校屋顶农场智慧劳动课程的实践开展，尝试构建学校农耕课程，逐步探索形成学校"五育并举"的新时代育人格局。

一、农耕课程开设的背景

中国自古就是农耕社会，农业文明繁荣发达，凝结着中华先祖无数的智慧。让当代学生以劳动教育的形式，了解农耕文明，学习农耕知识，进行农耕体验，是对中华传统文化的继承，更是基于劳动体验的生命教育载体。

（一）基于国家政策导向的劳动教育需求

2020年3月中共中央国务院颁发《关于全面加强新时代大中小学劳动教育的意见》（以下简称《意见》），指出"劳动教育是中国特色社会主义教育制度的重要内容，直接决定社会主义建设者和接班人的劳动精神面貌、劳动价值取向和劳动技能水平"。因此，在中小学落实劳动教育，对培养孩子健全人格、强健体魄，对落实"立德树人"根本任务都有着重要意义。劳动教育也是学生全面发展不可或缺的重要部分。《意见》提出广泛开展综合性、实践性、开放性、针对性的劳动教育实践活动。而城市劳动教育目前仍然存在劳动意识不足、课程资源缺乏、活动评价单一等问题。

2021年8月24日，教育部印发了《大中小学劳动教育指导纲要（试行）》（以下简称《纲要》），《纲要》指出要通过独立开设劳动教育必修课、在学科专业中有机渗透劳动教育等途径，使劳动教育贯穿学校教育各个方面，解决有教育无劳动的问题，努力克服有劳动无教育的问题。要注重全面提升学生劳动素养，防止把新时代劳动教育与过去的劳技训练混为一谈。要把劳动精神培育放在第一位。

《纲要》要求各地在课外校外活动中安排劳动实践，中小学每周课外活动和家庭生活中的劳动时间，小学1至2年级不少于2小时，其他年级不少于3小时。大中小学每学年设立劳动周，采用专题讲座、主题演讲、劳动技能竞赛、劳动成果展示、劳动项目实践等形式进行活动。小学以校内劳动为主，小学高年级可适当安排部分校外劳动。

《纲要》强调劳动教育要强化劳动观念，弘扬劳动精神，这些观念、精神必须在具体的劳动实践过程中才能形成。简单的知识讲解、概念灌输，不可能使学生真正形成对劳动的真情实感和正确认识。另外，从德智体美劳"五育"并举的培养体系看，每一育都有独特的育人功能、育人价值和独特的教育内涵。我们一方面强调体力劳动和脑力劳动相结合，另一方面强调要防止以"智育"取代劳动教育，避免单纯通过在课堂上教知识、讲劳动来实施劳动教育。既要防止泛化，也要防止窄化。

（二）基于学校活动课程构建的实践探索

麓山国际实验小学一直坚持五育并举，全方位育人。学校在常规教学中与家庭、社区携手共同推进劳动教育，落实校训"学会生存，学会关心"的内涵。学校坚持活动课程化，构建3+N课程体系，屋顶农场成了重要的课程实践基地之一。结合学校资源优势，在学校的统筹安排和科学组的专业规划下，"屋顶农场智慧劳动课程"应运而生。目前屋顶农场内有"植物种植区""学习探究区"和"项目实践区"，不同学习区域将结合学生实际情况，按年龄特点制定各学段劳动教育活动项目。

新时代学生不仅需要体力劳动，还需要使其与脑力劳动巧妙结合。屋顶农场智慧劳动课程在传统的种植体验劳动教育中渗透科学探究、STEM 理念、发明创造等内容，让智慧劳动更好地为孩子成长成才服务。

（三）基于学生核心素养的成长发展

在当今城市中，生产劳动及其实践活动离小学生们的生活和学习非常遥远，小学生能亲身经历的劳动活动非常少，劳动意识不足。近年来一些青少年对日常班级卫生劳动表现懈怠，在家中不做任何家务劳动。青少年中存在不珍惜劳动成果、不想劳动、不会劳动的现象。

2014 年教育部研制印发《关于全面深化课程改革落实立德树人根本任务的意见》，提出"教育部将组织研究提出各学段学生发展核心素养体系，明确学生应具备的适应终身发展和社会发展需要的必备品格和关键能力"。中国学生发展核心素养综合表现为人文底蕴、科学精神、学会学习、健康生活、责任担当、实践创新等六大素养。

因此，劳动教育不能停留在传统的体力劳动层面上，还需要创新形式和内容，以适应学生发展。有部分学校开展了新的劳动教育活动，例如春种活动，通过精心设计，将种植、管理全让给学生亲自操作，但实际上的实践成果并不理想。究其原因，一是学校组织不到位，对于学生劳动，仅由老师分配，没有让学生团队拥有自主权；在活动中，分配的工作不同，并没有使得学生体验到整个劳动课程，劳动教育效果大打折扣。二是仍局限于传统教学，仅仅满足于告诉学生如何做，而没有告知学生为什么这么做，学生只知其然，不知其所以然，致使教育意义不足。同时劳动课程也未调动学生的积极性及兴趣，许多学生在种植的时候比较随意，照顾时也不上心，以至于种的菜苗早早夭折，这类情况于劳动和教育皆是事倍功半。

劳动课程，在小学教育中有着不可或缺的地位。而目前很多学校劳动教育课程缺乏，对于劳动教育的重视度以及教育方式还停留在传统教学模式上，同时很多学校没有建设专门的劳动教育场地和设施，劳动形式单一。如传统的家务劳动、班级劳动常规等活动，只是要求学生做一些扫地、擦窗等卫生清洁劳动，缺乏趣味的同时，可教育的内容也较少。且过多的重复性劳作容易引起学生的厌烦，无法做到寓教于乐。

学校因地制宜开展的"屋顶农场智慧劳动"农耕课程，不仅创新了劳动形式和内容，还分学段精心展开适合学生年龄特点的活动，组织实施效果较好，学生能在劳动中进行创新创造，提升劳动素养，发展自身潜能。通过前期实践发现，学生对农场活动表现出了强烈的兴趣和求知欲望，孩子们非常愿意在农场开展学习活动。至今农场上还保留着孩子们制作的棉花贴画、黏土手工、花卉图鉴等作品，去年孩子们种下的香菜结出的种子也都留有一颗给学生们作为留念。在农场上也有孩子们写下的关于节气的便签。

因此，学校"屋顶农场智慧劳动"农耕课程的开展，无论对学生核心素养的培养，还是对落实学校课程理念，都有着重要意义。

二、农耕课程的实施途径

结合学校实际情况，"屋顶农场智慧劳动"农耕课程根据不同学段学生的身心特点，创造性地设计适合学生学习的主题活动，带着学生走进农场，让他们与自然充分接触，在农场进行探索性的课程体验与实践。课程让学生在实践与合作中激发劳动兴趣，掌握基本劳动技能，养成良好的劳动习惯和观念，在劳动中发展其创新和实践能力。

（一）基于节气文化，开设体验课程

节气是指二十四个时节和气候，它是根据太阳周年运动制定的一种用来指导农事的补充历法，同时也是我国古代劳动人民长期积累的经验成果和智慧结晶。2016年11月30日，中国"二十四节气"被正式列入联合国教科文组织人类非物质文化遗产代表作名录。2017年学校被教育部认定为第二批全国中小学中华优秀文化艺术传承学校。如何将传统文化与学校教育巧妙结合是麓小教师一直探索的事情。当屋顶农场的劳动教育如火如荼地开展时，"二十四节气"给劳动注入了文化内涵，农场的"节气劳动体验课程"也成为了孩子们最期待

的课程之一。节气劳动体验课程实施步骤如下：

1. 了解节气文化

大部分学生对二十四节气的了解是片面的、浅显的，在课程实施之初教师会通过交流、讨论、演绎等多种方式向学生介绍节气知识，让学生了解传统文化，形成喜爱传统文化、敬畏传统文化、激发民族自豪感的情感氛围，同时为农场的农耕种植活动提供理论支持。

2. 体验种植活动

城市学校的孩子面对的都是钢筋水泥，亲身接触大自然的机会有限，农场的实践基地给了孩子们体验的平台。学生在了解节气文化后，以节气文化为指导，参与农场劳动，比如：春分育苗、立夏锄草、小满除虫授粉、芒种赏花、处暑灌水，等等。活动让劳动课程与传统文化巧妙结合，让学生在文化的熏陶下快乐劳动，健康成长。我们根据二十四节气的时间节点及学校农场的实际情况设计了以下实践内容：

"24节气"主题种植活动计划清单

序　号	时　间	内　　容
1	2.4（立春）	立春筹耕
2	2.19（雨水）	雨水备种
3	3.5（惊蛰）	惊蛰播种（系列活动） 蛇目菊、百日菊、波斯菊、五色菊、蓝花鼠尾草、柳叶马鞭草、孔雀草、凤仙花、太阳花、百合、辣椒、番茄
		油菜花专题
4	3.21（春分）	春分育苗（系列活动） 向日葵、鸡冠花、百合、蕹菜、马齿苋、红薯、玉米
5	4.5（清明）	清明瓜豆（系列活动） 茑萝松、牵牛花、千日红、木耳菜
6	4.20（谷雨）	谷雨移苗（系列活动） 辣椒、番茄
		紫藤专题
7	5.5（立夏）	立夏除草
8	5.21（小满）	小满除虫
		人工授粉
9	6.6（芒种）	芒种赏花
10	6.21（夏至）	售卖
		夏至追肥
11	7.7（小暑）	小暑防热
12	7.23（大暑）	大暑放假
13	8.7（立秋）	立秋放假

续表

序　号	时　间	内　　容
14	8.23（处暑）	处暑灌水
15	9.8（白露）	白露秋种
16	9.23（秋分）	秋分秋收（红薯叶、辣椒等）
17	10.8（寒露）	寒露秋肥
		多肉移盆
18	10.8（霜降）	霜降秋管
19	11.7（立冬）	立冬修剪
		立冬补冬
20	11.22（小雪）	小雪冬收
21	12.7（大雪）	大雪积肥
22	12.22（冬至）	冬至防寒
23	1.5（小寒）	小寒防冻
24	1.20（大寒）	大寒冬藏

3. 进行实践展示

在学习、体验的基础上，课程还特地根据节气与农场的实施效果设置了实践内容。我们为学生搭建展示自我、充分表达的机会，比如在芒种举办农场花卉展示活动，开放农场让全校师生驻足赏花；在秋分举办农场丰收节，将丰收的农产品和学生自主加工的农副产品进行爱心义卖；等等。实践活动的设立让参与劳作的学生更有成就感，培养了他们尊重劳动、热爱劳动的优良品质。

秋分——农场丰收节

一、活动背景

现在的孩子，虽然食用过各种瓜果蔬菜，但是缺乏自己栽种、丰收的经历和情感。学校屋顶农场则为孩子们提供了这样的机会。通过丰收节，跟随二十四节气之秋分的步伐，教师组织引导学生接触大自然。参观农场话丰收、田间地头享丰收、创意制作晒丰收等以丰收为主的各项特色活动，让孩子们知五谷尝辛劳，感受人与土地的链接，体验农耕文明及乡土文化，感受丰收带来的喜悦。

二、活动目标

知识目标

1. 知道农场瓜果蔬菜的形态特征、生长周期等。

2. 知道采摘瓜果蔬菜的方法和注意事项。

3. 了解各种农耕工具的用途。

4. 了解二十四节气与秋收的传统习俗。

能力目标

1. 能辨别各种各样的果蔬种类，以及果蔬成熟情况。

2. 学会正确使用农耕工具，合理采摘。

3. 通过亲身体验性学习，提高动手实践能力，培养创新精神。

4. 通过团队协作完成采摘等丰收活动，体会与他人合作的乐趣。

三、参与人员：中高年级学生

四、活动时间：秋分前后两个月

五、活动过程

第一部分：参观农场话丰收

谈话："春雨惊春清谷天，夏满芒夏暑相连。秋处露秋寒霜降，冬雪雪冬小大寒。"同学们，你们知道这个朗朗上口的歌谣说的是什么吗？

提问：关于二十四节气你了解多少呢？

学生交流。

小结：二十四节气是中国人民长期积累下的一套时间知识体系，反映季节、气温、物候的变化，讲求人与自然在时序中的和谐统一。长期以来，中国人借由二十四节气在农业生产中实现与大自然的协调，也在日常饮食起居中达成平衡。

过渡：2018 年起，每年秋分日被设立为"中国农民丰收节"。现在，农场也有很多果蔬成熟了，咱们农场的丰收节也到了！我们一起去看看吧！

带领学生去屋顶农场认识各种各样的瓜果蔬菜。观察并记录各种果蔬的形态特点，辨别果蔬是否成熟。

学生交流分享。

第二部分：田间地头享丰收

谈话：金色的秋天，硕果累累。让我们一起感受秋的脉搏，采集收获的喜悦！接下来，我们要一起来采摘成熟的果蔬啦。

1. 挖红薯、萝卜

交流：红薯、萝卜是什么样子的？怎么收取呢？

提问：要用到什么农耕工具呢？我们的农场工具房有一些不同种类的农耕工具，请几位同学拿出来展示一下，看看什么工具最适合挖红薯。

展示：出示锄头、铲子、镰刀、铁耙、高枝剪等农耕工具。

介绍：请学生介绍各种农耕工具的用途。

提问：了解了这些农耕工具的用途后，现在你知道挖红薯、萝卜用什么工具最好吗？

展示：请一位学生现场示范挖红薯，教师适时提醒挖红薯的注意事项。

2. 割韭菜、摘葱蒜

引导：刚刚我们还认识了镰刀，镰刀可以来收割什么蔬菜呢？对，可以用来割稻谷、割韭菜。但如果收割韭菜的方法不当，不仅会把韭根割死，还会造成损失。应该怎么做呢？

学生交流。

小结：

（1）尽量不刨韭菜根，保证韭菜可以不断生长。

（2）收割次数不宜过多，要把韭菜养粗养肥，才利于下次收割。

（3）收割高度以离根4厘米处为宜，不能离根太近，否则将影响下一茬韭菜的生长。"扬刀一寸，等于上茬粪"就是这个道理。

3. 摘白菜、包菜和莴苣

展示：带领学生一同分辨成熟的白菜、包菜和莴苣。请几位学生现场操作示范，教师在旁适时指导。

4. 摘柚子、橘子

提问：除了地上的蔬菜外，农场的果树上还结了很多柚子、橘子。要想选一个甜柚子，该怎么挑？

学生交流。

小结：相同条件下的柚子，越重的越好。柚子不要买太长的，太长说明果肉不是很多。选择上窄下宽，扁圆形，颈短的柚子为好。可以摸摸柚子皮的光滑度。用力按压时，不易按下的说明囊内紧实，质量好。

追问：柚子长得太高了，爬上去有点危险，你知道用什么农耕工具比较好吗？

引导：我们可以用高枝剪把它的茎部剪断。但如果柚子直接落下来，可能会摔坏。怎么办呢？

学生可能回答：

1. 在下面用手接。（提醒学生直接用手接不安全，容易受伤。）

2. 用衣服或者是一张网来接住它。

小结：你们真会动脑筋，这些办法非常好，是比较安全的。接下来，让我们一起来采摘成熟的果蔬吧！

第三部分：创意制作晒丰收

1. 制作"秋牛图"

谈话：秋分时节还有送秋牛的习俗。所谓秋牛，就是一张印着农历节气和耕牛图案的红纸，称为"秋牛图"。在秋分这天，能说会道的人挨家挨户送秋牛图，说一些应景的吉祥话，这种活动也称为"说秋"，是人们庆祝丰收的习俗。

交流：我们在美术课上学过了中国传统的剪纸艺术，让我们比比看，看谁能做出好看的"秋牛图"！

学生动手制作"秋牛图"并展示分享。

带领学生体验"说秋"活动。

2. 小农夫市集

谈话：本次丰收节，我们开设了"小农夫市集"，可以将我们的收获进行爱心义卖，宣传屋顶农场的特色绿色有机农副产品。同学们，赶快行动起来吧！

组织学生将所收获的农场水果、各类干鲜菜以及制作的农耕文化产品（如秋牛图、棉花加工作品、蚕茧蚕丝作品等）进行分享。

小结：分享收获，体会成长。组织学生在班上分享自己的劳动感受、学习收获，以及丰收节过程中发生的趣事等。

案例评析

本案例基于二十四节气中的"秋分"进行设计，让孩子们切身感受参与劳动后丰收的喜悦。我们依托屋顶农场果蔬丰收的真实情景，开设了以丰收为主的各项特色活动。在活动中带领学生认识了农耕文化，并让学生动手采摘果蔬、学习加工技能、制作成品，体会劳动人民的智慧，感受合作劳动的快乐，真正使屋顶农场的户外课堂成为现代学校教育的延伸。

大自然是学生最广阔的教室，本课程的特色是让屋顶农场上的劳动教育与语文、美术、科学等学科知识有机融合，让孩子们与自然充分接触，用全部感官去认知和学习。

补充内容：

1. 学生作品：秋牛图、棉花加工作品、蚕茧蚕丝作品展示。

2. 过程性图片：制作秋牛图、"说秋"活动、小农夫市集图。

3. 实施成效及反思。

（二）基于学科知识，拓展教学资源

"屋顶农场智慧劳动"农耕课程不能完全脱离学生的日常学习，劳动课程同样需要知识概念的补充，所以针对中年级学段学生，我们主要结合不同学科教材的内容，设计主题课程。具体实施如下：

1. 详读教材，挖掘核心概念

在课程研发阶段，教师须认真研读该学段的教材内容，找出适合于农场学习的核心概念。要通过农场的实践活动，让学生对课本知识有亲身的体验感知，最终实现概念的建构和迁移。比如四年级科学课需要学习"植物的生长变化"单元，教师可提炼单元的核心概念：植物的生命周期、结构与功能。

2. 整合学科资源，设计主题课程

确定核心概念之后，教师要围绕核心概念设计主题课程，做到课程来源于教材，但内容的趣味性和认知广度又区别于教材。

通过实践发现，好的课程最好能为课本学习提供资源。比如农场种植的凤仙花，可以为孩子们学习"植物的生长变化"提供观察、解剖的材料；为孩子们在进行植物绘画时提供真实丰富的写生素材。教师可以让孩子们在学习语文的时候感受二十四节气等传统文化的魅力。课堂是学生学习知识的小天地，大自然是学生探索知识的大课堂。课程要为孩子提供更多实践机会，比如制作植物标本、进行人工授粉、探索嫁接奥秘等。基于服务课堂学习、拓展实践平台的理念设计的课程，在服务学生成长的基础上还会受到各科老师喜欢，更具推广价值。

三年级——农场的蚕桑文化

一、活动背景

中国是蚕桑文化的起源地，我国的栽桑、养蚕、制丝织绸对世界文明发展有着重要意义，我国的蚕桑文化渗透到历代社会的各个方面，是中华浩瀚民族文化的重要内容之一。为了让学生了解蚕桑文化，增强民族自豪感，学校结合三年级科学课"养蚕"教学内容，设计"蚕桑文化"课程。让学生在种植桑树、饲养桑蚕、缫制蚕丝的过程中感受传统文化，学习传统技术，了解动物生命周期。

二、活动目的

知识目标：

1. 了解蚕的生命周期、生活习性、食性等。

2. 知道碱水浸泡的缫丝原理。

能力目标：

1. 通过观察蚕培养学生长期观察记录的能力，通过对比室内养蚕和桑树自然养蚕培养学生独立探究的能力。

2. 通过对无茧羽化实验的探究培养学生的创新思维。

3. 通过给蚕建一个家，培养学生的设计制作能力。

三、参与人员：三年级学生

四、活动时间：科学课、课后

五、活动过程

第一部分：了解蚕桑文化（1课时）

科学阅读：丝绸之路

介绍："丝绸之路"是古代中国和其他国家政治、经济、文化交流非常重要的一个途径。为什么取名为丝绸之路呢？原来在这些交换的商品中，丝绸是当时东亚强盛文明的象征。其他国家的帝王、贵族曾一度以穿着中国丝绸作为无比荣耀的象征。

2014年6月22日，中、哈、吉三国联合申报的陆上丝绸之路的东段"丝绸之路：长安—天山廊道的路网"成功成为世界文化遗产，成为首例跨国合作而成功申遗的项目。

交流：通过刚刚的介绍，同学们应该知道中国的丝绸在当时是举世闻名的，而且丝绸的制作工艺由中国独创。你们知道中国丝绸是怎么产生的吗？

学生可能回答：蚕丝。

交流：没错，蚕丝确实是丝绸的基本原料，相传嫘祖是世界上第一个养蚕的人。

故事阅读：有一天，这几个女人悄悄商量，决定上山摘些野果回来给嫘祖吃。她们摘了许多果子，可是用嘴一尝，不是涩的，便是酸的。天快黑了，她们突然在一片桑树林里发现满树结着白色的小果。她们以为找到了好鲜果，就忙着去摘，谁也没顾得上尝一小口。回来后，这些女子尝了尝白色小果，没有什么味道；又用牙咬了咬，怎么也咬不烂。大家你看我，我看你，谁也不知道这是什么果子。把它丢在了水盆中，结果白色小果变成了一摊细线。正在这时，嫘祖走了过来，发现几个女子站在那里发愣，连忙问发生了什么事。女子们把白色小果的事说了一遍。嫘祖是个非常聪明的女人，看了这些细丝线，又询问了白色小果是从什么山上、什么树上摘的。然后她高兴地对周围女子说："这不是果子，不能吃，但却有大用处，你们为黄帝立下一大功。"她亲自带领妇女上山看个究竟。嫘祖在桑树林里观察了好几天，才弄清这种白色小果，是一种虫子口吐细丝绕织而成的，并非树上的果子。她回来就把此事报告给黄帝，并要求黄帝下令保护桥国山上所有的桑树林。黄帝同意了。从此，在嫘祖的倡导下，开始了栽桑养蚕的历史。后世人为了纪念嫘祖这一功绩，就将她尊称为"先蚕娘娘"。

交流：虽然这是一个神话传说，但是这说明了蚕桑文化在我们中华文明中的历史地位。就在我们长沙出土的马王堆汉墓，也有很多用蚕丝做成的物品。其中最著名的就是素纱禅衣（重量仅有 49 克），是国家一级文物，代表着西汉时期纺织技术的巅峰。出土后，现代技术想要模仿制造像它一样轻薄的禅衣，却没办法完成。同学们有兴趣可以去博物馆参观学习。

提问：如果我们想深入了解蚕桑文化，可以怎么做？

学生交流：自己养蚕、种桑树，如果有条件还可以试着织布。

小结：没错，只有自己亲自体验之后才能深入了解。接下来我们就通过饲养蚕来感受我国著名的蚕桑文化。

第二部分：新时代桑蚕养殖

提问：你们知道蚕的生命是从什么时候开始的吗？

学生交流——聚焦蚕卵。

引导：蚕卵一般在春天会孵出蚁蚕，因为蚁蚕孵出需要一定的温度。同学们可以尝试从蚕卵开始饲养蚕。

提问：我们在饲养过程中需要注意哪些问题？

1. 蚕吃什么？

2. 除了给蚕喂食物，还有其他需要注意的细节吗？

3. 在哪里饲养会比较合适？

通过师生共同交流，确定以下几个事项：

1. 需要给蚕喂桑叶，最好每天进行更换。蚕比较小的时候提供嫩桑叶。喂桑叶时注意将桑叶上的水擦干。

2. 需要按时给蚕清理粪便。（蚕的粪便也有特殊功能，可以查阅资料。）

3. 可以用一个纸盒养蚕，但是要注意通风。

提问：刚刚我们在嫘祖的故事中发现蚕生活在哪里？

学生可能回答：桑树上。

追问：那生活在纸盒子里的蚕和桑树上的蚕会不一样吗？

聚焦：可以尝试做一个对比实验，分别在农场的桑树和室内的纸盒喂养蚕，观察蚕的生活习性会不会不同。

提问：蚕不喜欢雨水，如果在室外的桑树养蚕，温度和湿度不一定会适合蚕，怎么解决这个问题？

交流：可以将农场的桑树移植于农场的工具房，这样就给蚕提供了一个可控的自然环境。

提问：在饲养蚕的过程中我们应该如何观察？

学生可能回答：可以采用实验记录表的方法，也可以用拍照的方式记录。

养蚕观察记录表

日　　期								
颜　　色								
长　　度								
其他变化								
我的发现								

学生饲养观察蚕。

交流汇报：

1. 饲养一周左右进行一次交流。

（1）围绕蜕皮、睡眠等现象进行交流。

（2）纸盒饲养和桑树自然饲养有什么不一样？

2. 吐丝结茧前进行一次交流。

（1）提醒学生观察蚕的身体结构及功能。

（2）接下来需要为蚕吐丝结茧做什么准备？

（3）如何给蚕搭建一个适合吐丝结茧的场所？

3. 结茧后进行一次交流：观察茧的结构。

4. 交尾、产卵时进行一次交流。

小结：通过两种饲养蚕的方法，请你们总结：蚕的一生需要经历哪些阶段？其中有什么特殊的现象？

提问：可以用什么方式进行总结？

学生交流：手抄报、PPT、视频等。

全班交流汇报。

第三部分：我是缫丝小能手（2课时）

提问：茧除了能够给蚕蛹提供保护作用，还能做什么？

交流：抽丝。

介绍：我们通常使用碱水浸泡，然后进行抽丝。

追问：我们用自己剩下的这些茧进行缫丝，可能存在哪些问题？

交流：蚕丝可能是断的。

提问：如果想要得到一根完整的蚕丝，你有什么办法？

交流：在蚕蛹阶段直接缫丝。（学生可能反对，这种做法会伤害蚕茧里面的蛹。）

提问：你们有什么办法既可以不伤害蚕蛹又能得到完整的蚕丝？

引导：统一购买工业生产的用于缫丝的蚕茧。

学生活动：尝试缫丝。

交流：你们在缫丝过程中遇到了哪些问题？

学生可能回答：

1. 蚕丝比较长，缫丝比较久，能否想办法让缫丝更加方便？

2. 线头比较难找。

全班交流，对学生提出的问题进行解答。

引导：古代劳动人民是怎么缫丝的？

出示：缫丝机。

引导学生组装统一购买的缫丝机，并用缫丝机进行缫丝。

活动：学生缫丝。

提问：通过近两个月的养蚕活动，你们有什么收获，或者有什么话想对蚕宝宝说吗？

小结：引导学生认识蚕的伟大：以50多天的生命为人类带来了巨大贡献。我们也要向蚕宝宝学习坚持不懈的"吐丝"精神，成为有用的人！

案例解析：

"农场的蚕桑文化"案例是一个长期饲养观察的课例，需要学生持续两个月时间进行观察记录。这样的案例很好地补充了课堂教学，能培养学生长时探究和持续观察等能力。

本案例与教材设计的活动相比，更加注重蚕桑文化的渗透，而不是简单地了解蚕的生命周期。第一部分，通过让学生了解中国的蚕桑文化，增强学生的文化自信、民族自豪感。第二部分，对比研究自然环境下饲养桑蚕和纸盒内饲养桑蚕，使养蚕活动增加了探究性和趣味性。第三部分，让学生了解并实践缫丝技术，带着孩子们回到几千年前，感受我国劳动人民的智慧，体会妇女们在养蚕织布中体现出来的勤劳、细心的优良品德。

通过本课程，学生还表达了对生命的敬畏。不起眼的动物能够为中国文化创造出非凡的价值，让孩子们进一步懂得了热爱劳动、敬畏自然、尊重生命。

（三）基于科技创新，开发主题课程

实践创新是中国学生发展的六大核心素养之一，它主要表现在劳动意识、问题解决、技术应用三个层面。我们要求学生具有动手操作能力，掌握一定的劳动技能；善于发现和提出问题，有解决问题的兴趣和热情；具有工程思维，能将创意和方案转化为有形物品或者对已有物品进行改进与优化等。要想达到以上目标，需要为学生创设真实的学习情境，让学生在参与体验的过程中发现问题、解决问题。学校将屋顶农场作为孩子创新思维和实践探索的试验田，开展了一系列针对高年级学生的项目式学习活动。学校主要采用波士顿博物馆专门为小学生研发的工程设计途径：提问、想象、计划、制作和改进。

1. 引导学生提出科学问题

能自主提出可以探究的科学问题是一项必备的科学技能，而学生往往不擅长提出高质量的科学问题。农耕课程需要学生深度参与，在实践过程中教师要引导学生从遇到的困难出发来提出问题，逐步培养学生的提问意识。同时可以在农场设置问题库，让学生将自己在劳动中遇到的问题书写下来，并粘贴在问题库中。课堂上教师可有选择地让学生在班级进行交流讨论，然后针对共性问题、可研究的科学问题进行筛选。

2. 指导学生设计解决方案

明确问题之后，教师需引导学生组建项目研究小组，请每个学生针对问题设计实验方案。学生完成初步想象后，教师可让学生在组内进行方案选优，最终以小组为单位在全班进行方案介绍。在设计方案的过程中，教师需要对实验设计的科学性、严谨性、可操作性进行把关。

3. 辅导学生开发创意作品

完成设计之后将进入制作测试阶段，教师需要指导学生根据设计方案完成作品的制作，并以小组为单位在农场进行实践研究。在测试阶段教师需要关注学生的测试效果，如果测试失败，需要让学生继续分析原因、改进作品，最终完成一个能够解决实际问题的产品。农场解决的是真实的问题，在计划阶段通常需要专业人士的参与，以保障学习活动的顺利进行，有条件的学校可以邀请专业人士或者家长参与指导。

五年级——守护菜地大作战：制作稻草人

一、活动背景

孩子们在屋顶农场种植了各种蔬菜，在学生的细心照料下，蔬菜长势喜人，但是最近大家发现蔬菜叶子上出现了大量的破损，通过观察发现可能是被小鸟啄食，导致无法采摘食用。五年级学生在经过多次实地调查后，提出放置"稻草人"，以减少青菜被鸟群偷吃的情况。基于上述情况，将屋顶农场与劳动教育相结合，开展学习、制作稻草人的实践活动，提高学生的劳动素养，锻炼其动手实践能力和创造能力。

二、活动目标

知识目标：

1. 知道稻草人的由来、结构及制作工艺。

2. 知道通过对比实验评估稻草人的实际效果。

能力目标：

1. 通过查阅资料，提高筛选信息的能力。

2. 通过团队协作，提高合作交流的能力。

3. 通过亲身制作各式稻草人，积累和丰富劳动经验，加强动手实践能力和创新能力。

三、参与人员： 五年级学生

四、活动时间： 科学课、课后

五、活动过程

第一部分：寻找稻草人的智慧（1课时）

交流：同学们，今天这节课我们一起走进屋顶农场，看看我们种下的蔬菜的生长情况。

带领学生走进农场观察蔬菜长势。

提问：看了农场的蔬菜，你们有什么问题或者想法吗？

学生可能回答：

1. 蔬菜长得真快。

2. 好多叶子都有破损，是什么原因导致的呢？

提问：同学们观察得非常仔细，老师也和大家有一样的疑问。蔬菜叶子上的破损是什么原因导致的呢？

学生可能回答：

1. 虫子吃的。

2. 小鸟吃的。

追问：其他同学都同意这种观点吗？

交流：现在菜地里面没有发现虫子，但是刚刚菜地里飞出去一群鸟……是不是它们吃的？

提问：同学们能用证据进行推测，非常了不起。还有其他办法能够证明是小鸟吃的菜叶子吗?

交流:可以调出学校的监控,看看到底是不是小鸟吃的。

过渡:非常好,同学们可以向学校信息中心提出申请,然后找出破坏蔬菜叶子的"凶手"。

播放小鸟吃蔬菜叶子的监控视频。

交流:通过大家的共同努力,我们发现食用蔬菜叶子的确实是小鸟。现在问题已经找出来了,你能想个办法,来保护我们的菜地吗?

学生可能回答:我们可以向农民伯伯学习,制作几个稻草人放在农场,这样小鸟就不敢来了。

引导:你的知识面真广。我国是农业大国,利用稻草人来驱赶菜地的小鸟是自古以来就有的,这也是劳动人民智慧的体现。

提问:你们了解哪些关于稻草人的知识?为什么稻草人能驱赶小鸟?

学生交流:稻草人的外形很像人,小鸟怕人,所以它们不敢来菜地吃菜叶子了。

引导:你分析得很有道理。课后请大家一起来收集关于稻草人的资料。你们可以从以下几个方面去进一步思考:稻草人都有哪些式样?可以用什么材料制作?具体怎么做?除了制作稻草人之外还有其他方法吗?

学生团队收集稻草人的相关资料。

第二部分:设计"稻草人管家"(1课时)

交流:相信课后同学们都已经了解了稻草人的相关知识和文化。接下来请你们以小组为单位分享你们小组收集的资料或者设计思路。

交流汇报:学生以小组为单位上台汇报收集结果,小组之间进行交流讨论,提出建议。

学生主要汇报稻草人的制作方法:

全班共同确定以下基础制作方案,如果有其他合理的方法,教师应该支持。

1. 搭建框架。准备两根长分别为 1.5 米和 1.8 米的棍子。然后将两根棍子固定在一起,形成一个十字架,完成稻草人的基本框架。(用螺丝刀、螺丝或是麻绳、热熔胶等东西,将稍短的棍子固定住。)

2. 制作衣服。给稻草人穿上旧衣服,然后用麻绳或者细线扎紧手臂末端以及衣服底部。

3. 将衣服内部填满。可以找稻草、干草、树叶、废纸等物体填充稻草人。

4. 完善局部结构。给稻草人的头部安装一个皮球，戴上帽子。给稻草人的手部戴上旧手套或是园林手套。记得在手套里塞上填充物，让它们看起来形状更饱满。

5. 最后将完成的稻草人插在农场菜地上。

引导：同学们已经掌握了传统稻草人的制作方法，这样的稻草人能做到百分之百防鸟吗？

交流：胆大的小鸟尝试几次之后，发现稻草人不会动，还是会继续吃蔬菜叶子。

提问：那你们能够继续想办法，让"稻草人"升级成 2.0 版本，使它的防鸟功能更进一步吗？

交流：我们应该让稻草人尽可能地更像我们真实的人类。

学生可能回答：

1. 让稻草人的部分结构动起来。

2. 让稻草人能够发出声音。

提问：你们认为这样的想法怎么样？有办法让稻草人动起来，还能发出声音吗？

学生可能回答：

1. 可以采用机器人材料或者马达、传感器等控制稻草人的手，使其动起来。比如每半小时旋转 5 圈。

2. 在稻草人身上装上一个扬声器，设置时间，每 20 分钟播放 1 分钟嘈杂的声音。

团队之间互相完善方案。

小结：同学们果然是新时代的青少年，想到了在制作传统的稻草人的基础上加入信息技术手段，让稻草人更加接近真实的人类。接下来就请你们根据自己团队的想法设计你们的稻草人，并且准备相关材料。我们下节课一起制作稻草人。

1. 学生完成稻草人设计图。

2. 团队共同准备稻草人材料。

第三部分：制作稻草人（2 课时）

交流汇报：各团队上台汇报本组的稻草人设计图、所需材料，并讲解如何制作。

汇报过程中其他小组可以提出问题及建议，汇报小组进行回答和解释。

制作稻草人：各团队根据自己的设计制作稻草人。

交流：通过团队的共同努力，大家的稻草人已经基本制作完成，接下来应该怎么做？

学生可能回答：到农场安装稻草人，并且观察效果。

提问：怎么判断我们制作的稻草人确实有效果呢？

学生可能回答：学校有两个屋顶农场，我们可以在一个农场放置稻草人，在另外一个农场不放置稻草人。一周之后观察两个农场相同品种的蔬菜叶子是否有不同。

追问：蔬菜叶子的什么情况说明稻草人是有防鸟作用的？

交流：如果放置稻草人的农场蔬菜叶子完好，而没有放置稻草人的农场蔬菜叶子有破损，则说明稻草人确实有防鸟的功能。

实践：在教师的带领下，各团队将自己制作的稻草人安装在指定的菜地。

观察：在接下来的时间，学生分别观察记录两个农场的蔬菜叶子，并对稻草人防鸟的方法给予客观科学的评价。

案例解析：

"守护菜地大作战：制作稻草人"案例是一个典型的 STEM 理念的项目式学习案例。学生从现象出发，找出问题，然后想办法解决问题。

屋顶农场为学生提供了一个真实的学习情境，学生从蔬菜叶破损的真实现象中寻找问题原因，通过查阅资料制作稻草人来解决问题，并且通过已有的知识储备和技术手段对传统的稻草人进行升级改进。学生充分参与课程学习，在解决问题的过程中，科学逻辑、动手实践能力、工程思维、创新意识都得到了培养。

本课程让学生围绕中国农耕文化中的稻草人进行设计、制作、改进，在了解劳动人民智慧的同时，用现代技术对稻草人进行完善。本课程很好地做到了传统文化与现代技术相结合，巧妙地解决了真实问题。

三、农耕课程的实施成效

自"屋顶农场智慧劳动"农耕课程实践以来，学校学生热情参与，享受课程带来的"福利"；学校教师积极投入，吸收课程给予的"能量"。通过长期的实践、总结、提升，学校"屋顶农场智慧劳动"农耕课程已经逐步成熟，真正做到了让每一方空间成为孩子成长的平台，让每一个课程成为师生进步的阶梯。

（一）教师的课程实施素养得到提升

学校科学组全体教师全程参与"屋顶农场智慧劳动课程"实践，经历了课程调研、方案研讨、课程实施、课程总结、课程改进等阶段。通过长期的理论学习和实践，教师各方面能力都有较大提升。

1. 提高了课程设计能力

通过对学校屋顶农场资源进行探索开发，老师们知道了如何基于学校现有资源，结合学生实际情况开发设计适合学生学习、能有效促进学生核心素养发展的个性化课程。这大大提高了教师自主设计课程、独立撰写方案的能力。

2. 增长了课程实践能力

"屋顶农场智慧劳动"农耕课程不同于常规的科学课和拓展课程。它的覆盖面非常广，大部分内容需要融入工程、设计等，不论是对教学组织还是对教师本身的综合素质都提出了更高的要求。通过课程实践，科学组每一个教师都能独自完成各学段的课程实施，教师专业素养得到大幅提升。

3. 增强了课程指导能力

屋顶农场不仅是学生劳动的实践场所，更是训练孩子们创意思维、创造能力的试验田。学校教师结合科技创新大赛、宋庆龄发明奖、全国发明展等科创活动，指导学生在劳动实践中用自己的创造力解决农场的问题。近几年屋顶农场多个项目在各级竞赛中获一二等奖，学校教师指导学生作品的能力得到有效提升。

（二）学生的知识技能、创新能力得到加强

1. 培养了学生的科学态度

"屋顶农场智慧劳动"农耕课程给孩子们提供了真实的学习情境，学生在参与课程学习的过程中懂得了动物的生命周期、植物的生长条件、农耕民俗、二十四节气文化等知识；并且通过自主设计对比实验、参与项目研究，有效提升了探究能力。学习主要以小组为单位开展，需要学生进行长期的观察与合作，学生的科学态度得到了较好培养。

2. 提高了学生的劳动实践能力

"屋顶农场智慧劳动"农耕课程为孩子提供了大量的劳动实践机会和平台。学生在农场的实践中知道了何时播种、收果，如何除草、浇水，怎样灭虫、防鸟。劳动教育是有神奇力量的教育，孩子们的劳动实践能力在农场得到了提升。

3. 发展了学生的创新思维与能力

劳动是激发创意灵感的有效途径。学生在农场学习实践中会遇到很多真实的问题。在教师的鼓励下，学生发挥自己的创意思维设计了一个个手工制作作品，完成了一篇篇研究论文。真实情境是学生创新思维训练最好的场所，实践的成果也很好地验证了这一点。

（三）学校的学科融合得到发展

"屋顶农场智慧劳动"农耕课程不是独立于学校其他课程的，对常规的课堂教学、拓展课程等也发挥了较好的课程融合及综合素养培养的作用。

1. 融合多学科知识能力

现阶段教育提倡学科融合、大教育观，但是想要在课堂中实现深度融合，有一定的难度。屋顶农场智慧劳动课程给学科融合带来了很好的契机，在实践过程中大部分学习项目都需要融入科学、工程、技术、文学、美术等学科。这里的融合不是指刻意融合，而是为了满足学习研究自发的需求。

2. 促进信息技术2.0的学习

"屋顶农场智慧劳动"农耕课程的自主空间比较大，很多时候需要学生在家长的指导下依托互联网进行交流展示、完成创意作品；也需要教师运用各种信息技术手段与学习共同体进行交流。特殊的学习环境让师生能够主动学习，真正使互联网平台、信息技术手段服务学生的学习。

四、农耕课程实践的思考

麓山国际实验小学"屋顶农场智慧劳动"农耕课程实践已经取得初步成效，成为学校拓展丰富型课程+N 的课程的重要内容。下一阶段该课程的探索与尝试需要教师更新观念，勇于尝试开拓，不断提升专业能力，让学生在全面发展与成长的道路上行进得更快更远。

（一）课程开发要基于学生本位

任何课程的开展一定要从学生出发，要了解学生的学习兴趣。要基于兴趣确定课程主题。要了解学生的真实认知，基于概念设置学习难度。要关注学生的思维发展，基于灵活把控调整课程内容。总之，尊重学生本位是课程开发和实施的重要前提。

（二）课程设计要尊重理论指导

丰富的教学经验能够给课程设计提供很好的操作办法，但是要完成一个课程设计，同样离不开理论的指导与支撑。比如屋顶农场智慧劳动课程就是在探究式学习、项目式学习、STEM 教育理念的指导下完成开发的。理论的加入才能让课程有底气，才能让教学经验持续发挥强大功能。

（三）课程实践要有系统规划

完成课程设计只是走出了第一步，学生是主观能动的，我们的课程需要符合学生的真实发展，而不是让学生配合课程。所以在课程实践之前需要教师做好统筹规划，比如：课程的实施时间、家长需要做好的配合、专业人员的参与，等等。总之在做好系统规划的同时，还需要在实施过程中进行弹性的调整和改进，一切活动都要为学生思维发展、能力提升服务。

（四）课程实践要提炼成果

在课程实践完成之后，需要梳理整个实施过程。要根据学生的真实反馈审视课程设计是否合理，并且对课程进行再设计，最终实现活动课程化、课程成果化的转换。

生活即教育，大自然、大社会都是活教材，麓山国际实验小学"屋顶农场智慧劳动"农耕课程将在实践中持续改进。学校将通过屋顶农场的劳动课程，让都市的孩子们真正走进生活的课堂，走进劳动的农场，多识草木鸟兽之名，多知稼穑农桑之事，多长探索研究之技能，多育严谨求实之态度，在扎根大地的劳动中触摸自然万物的真谛，传承历久千年的文化，探索科学研究的奥秘，成为社会主义建设者和接班人。

第五章

理解力教育：构建活动实践型课程 +N 的课程体系

2016 年，教育部发布《中国学生发展核心素养》研究成果，明确提出，以培养"全面发展的人"为核心，将中国学生核心的素养分为文化基础、自主发展、社会参与三个方面，综合表现为人文底蕴、科学精神、学会学习、健康生活、责任担当、实践创新六大素养。核心素养指向让学生适应终身发展和社会发展需要的必备品格和关键能力，是学生知识、技能、情感、态度、价值观等多方面的综合表现。①

麓山国际实验小学以中国学生发展核心素养作为学校课程改革与课程设计的出发点，针对学生年龄特点，进一步明确各学段、各学科的育人目标和任务，在打造学科基础型课程 +N 的课程体系、创建拓展丰富型课程 +N 的课程体系的基础上，不停止改革与探索的步伐，努力构建活动实践型课程 +N 的课程体系，培养学生运用知识分析和解决实际问题的能力，让学生在项目实践、动手操作、经历体验中加深对知识的理解，通过聚焦理解力教育，让学生把学科知识运用于真实生活情境，解决现实生活问题，以此推动学生核心素养的发展。

第一节　理解力教育概述

所谓"理解力"，即把学科知识运用于真实生活情境，解决复杂问题的能力。它是人类迎接 21 世纪信息文明挑战的核心素养。"理解力教育"基于人与自然、人与社会、人与自我的三大关系设计有价值、学生感兴趣的生活主题，将学科知识融入生活主题。学生基于学科专家视角、运用学科观念协作解决问题，不断产生自己的观点，持续发展学科理解与生活理解。

拿破仑·希尔曾说过："真正有学问的人，知道在需要时，应该从哪里获取知识，也知道如何把知识组织起来，形成明确的行动计划。"基于目前的教育教学现状与发展趋势，从学生的培养目标来看，指向每一个学生理解力发展的教育，将有助于培养学生核心素养。

一、理解力教育的内涵与缘起

"理解"既是德行，又是智慧活动。其内在意蕴不仅仅指向善解人意和心灵悦纳，更指向应用、分析、综合、评价等能力。

① 中华人民共和国教育部：《中国学生发展核心素养》，《湖北教育·综合资讯》2016 年第 10 期。

（一）理解力教育的内涵解读

1. 理解力

"理解力"这个词源自拉丁文"comprehendere"，意指"抓住总体"，意思是对某个事物或事情进行认识、认知的能力。理解力是衡量学习效益的重要指标，它包括以下几个方面：

整体思考能力。学习需要借助积极的思维活动，弄清事物的意义，把握事物的结构层次，理解事物本质特征和内部联系，需要对学习材料作整体性的思考。因此，个体应该培养自身的全局观点，考虑问题要充分全面，着眼于整体问题的解决。这是因为整体思考能力的强弱影响着个体的学习效果。

洞察能力。在学习中，我们需要不断地思考。在解决问题的过程中要善于发现问题，不断地总结思考，对问题要具有洞察力。只有这样才能更深刻地理解学习的材料内涵，取得良好的学习效果。

想象力。正如想象可以让知识插上翅膀一样，想象力可以让个体学习知识的能力得到进一步的升华。

类比力。类比力是将同类事物、数据进行分析比较的能力。同类事物具有相似之处，也具有相异之处，对其进行比较、分析，可以加深对所学知识的理解，从而取得良好的学习效果。

直觉力。直觉力是个体学习能力达到一定程度而展现出来的一种能力。有些东西是要靠直觉把握的，学习有时也要靠直觉。直觉力高低对学习效果好坏有时也起重要作用，直觉来自长期学习过程中形成的经验沉淀。

解释力。即解释经验现象的能力，也就是运用观念进行逻辑推演的能力。学习需要将学到的知识经过判断、推理等抽象思维过程转化为自身的东西，并能对其进行合理的解释。能否对所学知识进行合理的解释，是判断一个人理解力高低的最重要标准。

分析力。即分析事物的能力，它有助于我们对事物的了解，令我们更清楚和更明白事物的规律，能够使我们更易转变我们了解事物时的思维。事物需要分析，因为能分析才能让我们清楚明白，明白才可以让我们进步。要明白事物，最不能少的是分析力。

转变思维能力。能理解就意味着能够转变思维，从而使自己更清楚地了解事物。

2. 理解力教育

以发展人的理解力为根本目的的教育，即"理解力教育"。所谓"理解力",即是把学科知识运用于真实生活情境,解决复杂问题的能力。它是学生欣赏和创造真善美的高级能力。它是人类迎接 21 世纪信息文明挑战的核心素养。该教育基于人与自然、人与社会、人与自我的三大关系设计有价值、学生感兴趣的生活主题,将学科知识融入生活主题,学生基于学科专家视角、运用学科观念协作解决问题,不断产生自己的观点,持续发展学科理解与生活理解。"理解力教育"超越学科事实,走向学科理解。在理解力教育视角下,学科知识都是师生合作探究的对象和解决生活问题的手段。知识掌握和技能熟练,是学生探究与创造过程的副产品,而这正是学生适应终身发展和社会发展需要的关键能力。

(二)理解力教育的发展缘起

1. 核心素养的发展需求

即将颁布的义务教育课程方案和各科课程标准提出了一个新的概念,叫作"课程核心素养"。它依然是以素养为核心的一种综合育人的教育理念,倡导让学生把知识运用到实践当中去。核心素养不仅仅是课程目标的问题,它是一种重要的教育理念,这种理念就是在价值观上追求教育民主和人民主义教育。教育的本质是促进人的理解并解决问题,而不是仅仅把知识记到脑子里面去。我们要面向信息时代,培养人解决真实问题的高级能力和品德。

显然,新课标在实践育人上的要求较以往更"实"。要加强对实践教学的指导。要指导学生将学与做结合起来,克服只学不做的现象,培养学生运用知识分析和解决实际问题的能力,让学生在项目实践、动手操作、经历体验中加深对知识的理解,特别是在劳动实践中增进与劳动人民的感情。

核心素养的培养呼唤理解力教育。教育者必须把知识动词化,让知识变成理解;必须要让学生用知识来解决真实问题。如果学生只是重复做题,却无法解决真实的问题,则不能被称为理解了知识。英国数学家、哲学家阿弗烈·诺夫·怀特海曾将"创造"分为三部曲:有意义,表现和理解。学生感受到知识的意义再去表现,才会带来深层理解。这也印证了珀金斯所说的:灵活表现的能力就是理解。过去的课程目标将"三维目标"(知识与技能、过程与方法、情感态度与价值观)割裂。我们认为,应该正视三者互融互通的现实,并将此教育理念应用到基础教育过程中。既然"核心素养"是融合"三维目标"解决真实问题的高级能力和道德品格,那么今天应提出"新三维目标":大观念、新技能、新知识。大观念即可迁移的"本质理解"或"持久理解";新技能即真实情境中的做事能力（doing）；新知识即指向"大观念"的关键学科事实（knowledge）。

2. 未来社会的建设需要

未来社会呼唤理解力教育。"理解力教育"指向自由个性与民主社会。个性自由的本质是思想自由。要通过思想自由赢得人性尊严。在日益向纵深发展的信息时代和知识社会，以知识掌握和技能熟练为特点的"常规认知工作"和"常规手工劳动"正在被计算机或人工智能所代替。人必须拥有高级能力才能过有尊严的生活。这类高级能力即解决真实生活情境中复杂问题的能力，以批判性思维、创造性思维和协作性思维为主要构成。这类高级能力即人胜任计算机不能做的事情的能力。这类高级能力即"理解力"，即是"核心素养"。如果说农耕文明和工业文明时期只有少数人是"专家"，大多数人只是传播、接受、消费和使用"专家知识"，那么在信息文明时期，每一个人必须至少在一个专业领域成为"专家"方能幸存。英国数学家、哲学家阿弗烈·诺夫·怀特海在谈到教育的目的时曾说过，要使学生的专家知识与文化素养融为一体："他们的专家知识为其提供人生起航的基础，他们的文化素养将引领其走向哲学的深度和艺术的高度。"这里的"专家知识"即学科思维与理解力，亦即"学科核心素养"，表征人性的"深度"。而"文化素养"是超越学科边界去思考与行动的能力，表征人性的"宽度"。专家知识与文化素养的融合即自由个性。保护个性自由、思想尊严的社会即民主社会。植根于并为了学生与教师思想尊严的教育是"好教育""向善的教育"。

"理解力教育"倡导"理解本位知识论"。学科不是由零散、孤立、僵化、固定、无生命的学科事实所构成的。学科的本质是观念，观念的本质是实践。"理解力教育"倡导"做"中学、"用"中学与"创造"中学。要将学科核心知识提炼为学科核心观念，在观念指导下进行探究、操作、行动与实践。这既是学科知识的发明创造过程，又是学科知识的学习过程，更是未来社会建设的必然需要。

二、基于理解力教育的活动实践型课程 +N 的课程体系

2021 年新修订的课程标准考虑到学生认知发展是从日常生活概念到准科学概念再到科学概念的过程，由综合到分化，对课程设置与实施进行了调整。要落实学生核心素养的培养，可以从改变传统课程的设置入手，变单独学科的知识序列学习为多维学科的立体能力培养。核心素养理念下的课程设计不仅要

注重学科内知识间的相互融会与贯通，考虑学科间知识的相互渗透与支撑，同时还要重视学科知识与学生生活经验的结合与实践。

朱明光指出："学科课程采取包括社会活动在内的活动设计，即课程内容活动化；或者说学科内容的课程方式就是一系列活动设计的系统安排，即活动设计内容化。"因此，构建活动实践型课程是新一轮课程标准最显著的亮点，也是培育学科核心素养的关键抓手，拉开了中小学对活动实践型课程进行研究探索的序幕。

（一）重构活动实践型课程体系的缘起

在新课程改革背景下，麓山国际实验小学积极探索实践"国家、地方、校本"三级课程的一体化实施，找准核心，梳理已有课程资源，重构基于理解力教育的活动实践型课程 +N 的课程体系。我们深知，只有在课程实施一体化领导的前提下，进行协同式分布运作，紧扣发展学生的理解态度与能力，强调围绕相同的概念和任务进行跨学科知识与技能的习得，并解决实际问题，才能真正实现"理解力"的提升，从而达到理解自我、理解他人、理解社会、理解世界的培养目标，使学校课程真正成为培育学生的核心素养、提升教师专业发展水平的有效载体。

1. 基于时代发展的育人需求

学生发展核心素养综合表现为六大素养：人文底蕴、科学精神、学会学习、健康生活、责任担当、实践创新。这一框架启示我们，育人导向要更加注重学生理想信念和核心能力的培养；课堂教学要更加关注课程建设综合化、主体化发展趋势；实践活动要更加关注学生学习体验、动手实践及创新能力的培养；学校课程要更加贴近学生生活，将学科思维和儿童认知发展相统一；未来要更加注重国家课程和地方课程的适应性。因此，学校要培育学生的核心素养，需要从课程体系开发、教学方法改进、教师素质提升等方面着手。

2. 基于国家课程校本化表达要求

著名课程学家古德莱德对课程有五个层次的界定（理想的课程、正式的课程、领悟的课程、运作的课程、经验的课程），我们可以简化理解为"预设的课程"与"实践的课程"。国家课程如何通过校本化实施，从"预设"走向"实践"？当前，许多学校已经开始尝试构建富有本校特色的课程体系。在思考课程与学生核心素养的关系的过程中，我们不难发现：课程的实施需要打破学科之间的壁垒，需要紧密结合地域文化，需要将学生知识经验与生活世界相关联。于是，国家课程校本化实施，需要学校研究如何以发展学生核心素养为基点，模糊国家课程与校本课程的界限，通过主题有机整合各学科课程，系统地设计与实施学校的课程。于是，发展学生核心素养，成为学校课程一体化设计与实施的目标。

3. 基于学校文化生态发展诉求

学校文化是一所学校的灵魂，对师生发展具有深远的、潜移默化的巨大影响。随着学校不断发展，我们越来越感受到，"理解"是学校生态发展的文化主题。它既是价值取向、目标追求，也是行动策略和基本方式；既是德行，又是智慧活动。

麓山国际实验小学"十三五"时期，学校直面课程实施现状，定位于未来素养与能力的需求，围绕促进学生核心素养发展、提升"理解力"这一核心要求，对学校的活动实践型课程体系的建构进行了积极的实践与探索，开设了"麓小儿童礼""五彩麓山枫""研学旅行"课程，重构了基于理解力教育的活动实践型课程+N的课程体系。

（二）基于理解力教育的活动实践型课程+N课程的特征

基于理解力教育的活动实践型课程+N课程的特征是对素养取向的课程教学改革实践的一种理解与概括。可概括出以下特征：

1. 基于课程标准。虽然今天强调跨学科学习，但事实上，我们还是在关注课程标准的落实。

2. 指向思维发展。理解力课程最重要的是引发孩子的本质理解，激发孩子高阶思维的发展。

3. 促进整体学习。当前的教育教学，常常呈现"碎片化"特征，导致很多孩子难以学以致用。理解力课程的一个非常重要的特征就是对于整体学习的关注，强调孩子们联系性的思考。

4. 面对真实任务。面对真实情境和面对真实任务是相通的，情境与任务在很多时候是相邻的。

5. 注重表现评价。基于理解力教育的活动实践型课程+N的课程试图把表现评价作为一个主要的评价形式，更加关注对过程评价的思考，关注孩子批判性思维、创造性思维以及协作性思维的成长。

6. 展开探究实践。在实践活动中，我们能够看到探究型实践的开展，这也是目前这些实践的共同点。

7. 关注社会参与。基于理解力教育的活动实践型课程+N的程强调学生的认知学习和人的社会性成长的结合，实现课程育人的教育目标。

（三）基于理解力教育的活动实践型课程 +N 的课程设计

学校的课程规划是学校课程的理想蓝图，要让蓝图成为现实，依赖于课程共同体对课程规划的理解以及有效的课程实施或行动。毫无疑问，课程规划与实施不是专家的事，也不是校长的事，而是在专家、校长引导下，主要由教师、学生组成的伙伴们共同面对和解决的。师生团队实施能力的强弱决定着学校课程设计实施的品质。

1. 课程设计主体：教师与学生

学校注重通过"理解——设计——实施——再理解（反思）——修改——再实施"的循环往复实践，在相互协商中逐渐完善学校的活动实践型课程 +N 的课程规划设计与实施。

一是在不断的学习与对话中培育教师"共同体"伙伴关系。我们选择与该课程项目研究相关的书籍进行共同阅读学习，或是研究指向学生深度学习、学会理解、学会学习的课程与教学的设计方法，或是帮助教师"突破理念向行动"，或是将课程建设用于我们的日常教育教学中的具体实践等。

学校始终将理论学习与实践研究结合起来，在学习中去寻找解决问题的策略，从实践中去印证和提炼相关理论观点。我们在自主学习与相互对话中，力求在培育"课程专家—学校校长—教师团队"的"共同体"伙伴关系的过程中，形成一股课程设计与实施的合力，让课程规划的蓝图走向现实。

二是在不断的设计与实施中，让学生成为设计共同体。学生是经历课程的主体。基于理解力教育的活动实践型课程 +N 的课程围绕培养目标，从学生的需要出发，依据各学段学生的年龄特点，来开展课程设计。课程实施的主体是学生，那么尊重主体，让学生成为设计共同体中的重要成员，就是活动实践型课程 +N 的课程设计的必由之路。尤其是在校本课程项目内容的确定方面，学校广泛征求学生意见，让学生选择自己喜欢的课程。通过问卷调查等方式，让学生参与学校课程的设计。学生成为课程设计共同体，这就让活动实践型课程 +N 的课程真正指向理解学生。

麓山国际实验小学以已有的活动实践型课程 +N 体系为主要选项，引导学生以需求为导向，来选择、整合课程内容。学校在活动的实施过程中，让学生在真实的生活经历中丰富情感体验。然后学校对课程内容再次选择、修改、完善。我们不断优化整合原有活动内容，使实践型活动不断完善，成为学校的主题课程。

2. 课程设计方法：梳理与重构

活动实践型课程 +N 的课程设计是一种一体化理念下的设计，是在织就一张纵横交错、经纬交织的"网"。"纲"就是目标，即提升学生理解力。网上有"结"，即一门门学科、一个个课程项目，它们一脉贯通，互相关联，相互照应，共同促进学生成长。要架构串联这张网络，就要采用梳理与重构的设计思路。

（1）梳理分析学校三级课程现状

"学校课程实施现状的研究"是课程设计的第一项内容。通过对学校原有课程的梳理发现，麓山国际实验小学除了国家课程、地方课程之外，学校的校本课程项目众多，经过多年实施，这些课程有些已经淡出了，有些以社团的形式继续发展，有些成为学校的特色课程，还有一些已经融入了学科基础课程中。通过汇总分析，我们发现了课程实施中存在的问题，主要为以下几点：

一是课程内容丰富而缺乏统整。随着课程改革的不断深入，学校的课程内容不断充实，校本课程的开设为不同孩子的发展提供了更多的可能。然而，在新一轮课程改革后的阶段，除了国家课程之外，校本课程、地方课程的不断创新，使得学校的课程设置处于两难境地：国家课程地位稳固，校本课程不断新增，但课时是固定的，总量只有那么多，于是，缺乏统整使学校一定程度上顾此失彼，造成了课程资源的浪费。

二是校本课程此消彼长而缺乏传承。学校在多年的发展过程中构建了一些比较成熟的课程，这些课程曾经是学校的特色，也取得了较突出的成绩。但是，随着时代的变迁、学校特色发展的需要以及学生发展的需求，学校的课程也在不断创新。因此，原来的课程逐渐淡出学校历史，被新的课程所替代，新的课程成为了学校新的特色。这种缺少继承的创新使得原有相对成熟的课程完全地被抛弃，实在可惜。

三是教师的课程实施能力存在较大差异。教师的课程实施能力决定着课程教学的效果。对同样的课程设计，不同教师理解的层次会有不同。教师课程意识的差异决定着课程实施的效果。对学校课程的理解不同，体现为在具体的教学行为上也是有差异的。

（2）整合重构学校课程体系

在"理解力教育"理念指导下，基于发展学生核心素养的需要，我们发现：国家与地方课程都是代表国家和地方意志的"理想课程"，不能随便更改，因此，课程整合重构不是推倒重来，而是把国家、地方课程实施好，在促进理解态度与能力的提升上下功夫。把校本课程进行精品化实施，使其与学科相融合，进行有分寸的综合，才是一条可行之路。

师生是课程设计与实施的共同体，每一个人都是设计者、参与者、学习者。各年级课程设计组利用假期，根据前期课程实施情况，结合学生需求反馈，精选课程主题与内容，分别从课程目标的制定、学科核心素养的梳理、驱动性问题的提出、课程内容的设置、课程实施评价的建议、各关键课的教学设计等方面制订课程实施的详细方案。开学前，组织开展各年级的课程方案分享交流，征求意见，再在专家的指导下，继续进行修改和完善。由此，化零为整，逐渐形成丰富的基于理解力教育的课程群。

（四）基于理解力教育的活动实践型课程 +N 课程的实施

麓山国际实验小学活动实践型课程 +N 的课程体系的实施模式，是学校根据地域资源优势，从学生的年龄特点与实际需求出发，让每个年级每个学期开展一至两个实践型活动。实践活动的主题能引发多个学科知识的介入与应用。学校强调围绕相同的概念和任务进行跨学科知识与技能的习得，强调"以广求深"的理解并解决实际问题。

1. 课程项目全员设计参与

活动实践类课程实施时，以年级为单位，每一个实践主题课程组建一个项目组，成员由各学科任课教师组成。许多主题课程采用项目化学习方式，强调真实的问题与内在的动力。理解孩子，从学生的学习需要出发，是我们遵守的原则。学生在更广阔的课堂中亲历问题的解决，"理解"不断深入，综合素养不断提升。

2. 课程实践走向多维立体

活动实践型课程 +N 的课程的设计与实施，让师生在课程学习中，不断经历调查、分析、参观、体验、创作、讲述等，体验着课程学习带来的全新感受。学生的学习方式悄悄发生着改变，他们从课堂学习走向更广阔的空间。校园的操场、苗圃等成了学生研究的场所，校外的田间、公园成了孩子们体验、寻访的学习乐园。学习方式的变革悄然发生，学习从单一的听写为主转向听说读写唱演练等多感官参与的综合性学习。学生在经历中学知识、用知识，解决实际问题。教师、家长的积极参与，也让课程学习变得更生动、更立体。

多维度立体的课程设计整合了教材和学科，延伸了学习的时间和空间。学习变传统的接受性学习为主动的实践性、探究性学习，充分调动了学生的积极性。在学习中，学生形成适应自身发展和社会生活的基本能力，有积极的情感态度和正确的价值取向，学会鉴赏美，具有审美情趣，逐渐学会理性思维、批判质疑，勇于探究。这样整合的课程，更能高效地落实学生发展核心素养。

3. 家、校、社共同参与成果发布

课程学习的最高形式是创造。创造是"理解"最深层的表达。课程学习的最后阶段是在成果发布会上，全体成员分享交流活动中的感受。成果的形式可以分为团队成果和个人成果。团队成果包括课程活动掠影的视频、展板、课程展示情景剧等显性成果，还包括团队成长的隐性成果。通过评比优秀团队的方式，促进团队的共同成长。个人成果展示常见的就是学生学习成果展示，包括绘画作品、征文故事、诗文朗诵、歌曲舞蹈、自创三句半、小导游介绍、小记者寻访、小灵通发布等。这种成果发布会采用家庭、学校、社区共同参与的方式，进行全方位多元的综合评价。学生、教师、家长在共同的生活、群体的记忆中获得个体的深刻体验，从而达到全体成员心心相印、心意相通，理解他人、理解自己的境界。这样的创造性活动课程让师生双方都获得了深刻的理解。

通过对国家、地方、校本课程的整合、拓展，麓山国际实验小学重构了由学科基础类课程、学科拓展类课程和主题综合类课程三大板块构成的活动实践型课程+N的课程体系。学校为培养拥有理解态度和能力的麓小学生，设计了一体化课程群。我们着力通过这个课程体系的构建与实施，引导学生去经历、去成长，从中习得相应的知识与技能，并运用知识与技能去解决实际问题，同时获得积极的理解态度，学会理解自己、理解他人、理解社会、理解世界，让学校基于理解力教育的活动实践型课程+N课程在未来的学校课程改革与实践中绽放光彩。

第二节 麓小儿童礼课程的实践与思考

党的十八大以来，立德树人成为育人的新使命。在教学实践中，基于理解力教育的活动实践型课程+N课程必须充分发挥该课程在塑造人格、锻炼意志上的重要作用和对学生的世界观、人生观和价值观的重要影响。"五育并举，德育为先"，德育是学校教育的首要任务。而小学阶段德育的重要内容是培养学生良好的行为习惯。麓山国际实验小学以培养德智体美劳全面发展的人为根本任务，在学校养成教育的基础上，积极探索"麓小儿童礼"礼仪课程的开发与实施，实现了学校课程育人的崇高使命。

一、麓小儿童礼课程的实施开展

"礼"的核心精神是"敬",只有内心怀着"敬"才有真正意义上的"礼"。麓山国际实验小学结合自身地域文化特色和育人目标,把"礼"的精髓"敬"融入学生一日常规的各种"规范"之中,编写了《麓小儿童礼》校园礼仪规范。

(一)打造麓小礼仪育人环境

在文明礼仪教育过程中,良好的育人环境发挥着非常重要的作用。学校在文明礼仪教育过程中特别注重文明礼仪文化氛围的营造,让学生在环境中得到文明礼仪熏陶,受到潜移默化的影响。首先,我们在校园里营造出一种文明、雅致、礼让、谦卑的礼仪之风;其次,在校园里还根据学校文明礼仪教育的基本要求进行了整体布置,进行文明礼仪宣传,如张贴了文明礼仪相关图片、文明礼仪日常用语等。学校在校园里张贴了一些醒目的标志,画了醒目的标识,督促学生养成文明礼仪好习惯,比如为了提醒学生"我文明,靠右行",学校在楼道上画出醒目的上下楼梯分界线等。另外,各班也进行了以"麓小儿童礼"为专题的班级文化建设,教师在教室张贴"麓小儿童礼"的具体内容,张贴文明礼仪小故事、儿歌和童谣等。总之,学校让学生都能受到"文明礼仪"的教育,得到"文明礼仪"的熏陶。环境礼仪与学生行为礼仪有机地融合在一起,将对学生文明礼仪教育起到润物无声的化育作用。

"麓小儿童礼"主题班级文化建设方案

一、活动目标

借《麓小儿童礼》的发布之机,在全校掀起学礼、行礼的氛围;通过班级文化建设潜移默化的影响,对学生进行春风化雨、润物无声的礼仪教育。

二、活动要求(检查内容)

围绕"礼仪"(向国旗敬礼、问候礼、课堂礼、敲门礼、课间礼、两操礼、合作礼、就餐礼、就寝礼、环保礼、放学礼……)这一主题,采用丰富多样的形式,对环境进行布置。

1. 卫生角、图书角:要求卫生工具摆放整齐,图书角有积极健康向上的书籍供学生阅读。

2. "张贴栏":主要用于规范地张贴学生操行评比、课程表、作息时间表及班内各项工作安排表、制度等内容。

3. 桌椅：课桌整齐、整洁，桌面干净无乱涂乱画；桌面书籍摆放整齐，抽屉里面清洁卫生；走廊干净，书柜进行个性化布置。

4. 其余：国旗、校训、《中小学生守则》、队角、雨衣晾挂区规划……

三、板块设计参考

1. 硕果累累（学生荣誉榜）

2. 班级公约（学生每天应该做什么，不应该做什么）

3. 我们的目标（让学生写下心中的目标，鼓励他们朝着目标努力）

4. 书香小屋（创建班级图书馆，可张贴读书名言）

5. 环保园地（围绕"环保礼"进行布置）

6. 班级展示栏（展示学生活动照片，让他们记住自己的风采）

7. 班务栏（包括班委会成员名单、课表、清洁表等班级信息）

8. 星星之火（推选班级之星、进步之星，树立榜样，激励大家）

9. 心语星愿（让学生舒解压力、表达心愿）

10. 我们的约定（包括倾听、发言、阅读、卫生等方面的约定）

四、检查评比

（一）时间：9 月 27 日

（二）宗旨：不主张奢华，不赞同铺张。建议全员参与，动手创作，让班级成为展示学生才华的舞台，又让学生从班级文化中得到熏陶，让班级文化真正服务于学生的学习与成长。采用不伤害墙体、方便拆卸的方式。

（三）评比：最美班级 30%，一等奖 35%，二等奖 35%

（四）评委：学生处、教务处、年级组长

（五）数据统计：蔡东阳，复核：唐娜

（六）评委打分表

2019-9 班级主题文化建设评委打分表								
班　级	环境卫生（3分）		文化建设（紧扣主题，重点突出，7分）					得　分	获　奖
	走廊1分	教室2分	礼仪2分	推普2分	环保2分	其他1分		

五、分享学习

（一）各年级举行班主任沙龙，分享班级文化建设经验

（二）现场观摩学习

（三）学校微信公众号推送最美班级风采

长沙麓山国际实验小学学生处

2019 年 9 月

（二）编写《麓小儿童礼》读本

《麓小儿童礼》读本是学校文明礼仪教育的重要载体，它明确了文明礼仪教育的方向。有了这个礼仪规范，老师指导学生学习文明礼仪时就有了统一的内容，学生学习校园文明礼仪时就有了规范的读本。家长也可以借此配合学校进行监督和提醒。《麓小儿童礼》的语言简洁明了，既朗朗上口，又好读易记，学生反复读诵几遍便可了然于胸。

麓小儿童礼

【问候礼】

要求：与人见面　主动问好　行礼微笑　讲究礼貌

口令：

入校——老师，您好！（敬队礼）　同学，你好！

见面——老师，您好！（敬队礼）　同学，你好！

道别——老师，再见！（敬队礼）　同学，再见！

【集会礼】

要求：参加集会　保持安静　严肃认真　互动回应

口令：

整队——	师：立正！	生：正！
	师：向右看齐！	生：齐！
	师：向前看！	生：看！
	师：稍息！	生：息！
	师：向右/后/左转	生：1、2！

路队——一条直线，手放两边，纹丝不动，眼看前方；手拉手，齐步走！

【课间礼】

要求：课间十分　请勿追跑　轻声慢步　文明记牢

口令：轻声慢步　放松远眺

【课堂礼】

要求：入座即静　专注倾听　认真思考　大胆提问

口令：

课前——师：上课！　　　　　齐：坐正！

　　　　师：同学们好！　　　　齐：老师，您好！

下课——师：下课！　　　　　生：起立！

　　　　师：同学们再见！　　　生：老师辛苦了，老师再见！

　　　　1、2、3、4、5、6、7！桌子椅子摆整齐！

　　　　弯弯腰，捡纸屑！

　　　　1、2、3！快站好！

【用餐礼】

要求：文明用餐　洗手在先　安静有序　力争光盘

口令：吃饭前，先洗手；食不言，要光盘

【卫生礼】

要求：爱护环境　垃圾入桶　分类投放　共创美好

口令：让我们到过的地方——变得更美好！

【两操礼】

要求：动作规范　做好两操　强身健体　展现风貌

口令：

眼保健操——头正身直脚放平！身心放松护眼睛！

课间操——动作规范，精神抖擞！麓小榜样，闪亮！

【放学礼】

要求：放学时间　挥手离校　路队整齐　安全重要

口令：

1、2、3！快站好！手拉手，齐步走！

师：同学们再见！　　　生：老师再见！

（三）录制《麓小儿童礼》视频课程

"一切德育皆课程"。文明礼仪教育本身应该是学校教育的重要课程。只有把对学生的文明礼仪教育规范成课程，礼仪教育才能真正规范化、系统化。教育小学生，与其说给他听，不如做给他看。小学生文明礼仪教育，最好的方式就是榜样示范。我们把《麓小儿童礼》中的各项礼仪，制作成礼仪视频教程，包括场景再现、动作示范、语言解说。这是给学生文明礼仪教育的最好的教材。就升旗仪式上如何着装，如何注意表情、动作，庄严肃穆地向国旗敬礼，我们制作了"爱国旗礼"视频课程。就每天清晨,在校门口遇到老师怎么礼貌地打招呼,我们制作了"问候礼"视频课程。就上课铃响之后学生如何静候老师的到来,老师到来之后如何与老师行礼问好表示恭敬,回答问题时如何轻声起立响亮作答,如何跟团队成员合作进行讨论,我们制作了"课堂礼"视频课程。下课了,如何做好课前准备,如何跟小伙伴开展文明的课间游戏?"课间礼"视频课程让学生一目了然。"两操礼"视频课程给孩子们清楚地示范了课间操、眼保健操怎么做。"集会礼"指导学生文明、有序地集会。"就餐礼"指导学生安静、文明地就餐。还有"环保礼""放学礼",等等。视频课程具体直观,演示规范,易懂易学。它是老师进行文明礼仪习惯养成教育的第一手教学资料;它规范了学生一日常规礼仪行为,避免了礼仪教育的随意性、零散性;它也方便家长配合学校进行协同教育。视频课程不仅给全体学生示范了每一项文明礼仪的表情、动作,更示范了每项礼仪背后的敬意与真诚,让学生在潜移默化中受到中华传统礼仪文化的熏陶。

(四)设计"麓小儿童礼"礼仪铃声

《孝经》上说"移风易俗,莫善于乐",讲的是儒家喜欢用"乐"来教化人。一个人的情感在听音乐的愉悦过程中会自然而然地被改变。儒家认为,涵养一个人心性最好的办法就是听德音雅乐。一个人长时间接受雅乐的熏陶,心态一定会变得越来越平和。学校利用"乐"独特的育人功能进行文明礼仪教育。我们把学校的铃声、音乐和礼仪提示语结合起来,录制成了"礼仪"铃声。比如"下课礼仪铃声",除了提示学生下课时间到了,还让学生听到活泼明快的课间活动音乐,同时还有温和的提示语提醒学生课间要注意活动安全、游戏文明等。"就餐礼仪铃声"除了提示学生就餐时间到了,还让学生听到舒缓身心的音乐,温和的提示语还会提醒学生就餐之前先洗手、文明取餐、安静就餐、细嚼慢咽、力争光盘等就餐礼仪。"午休礼仪铃声"让学生在得到午休提示后,随着轻柔的乐音和老师温言软语的抚慰,轻轻地闭上双眼,安静地休息。"放学礼仪铃声"让学生在有着告别意味的乐音中,在老师亲切的道别声中互相挥手道别。这样的"礼仪铃声"天长日久地给孩子美的熏陶、善的提醒,孩子的心性渐渐被涵养,温馨的礼仪提示语也将渐渐内化成学生的一种行为,并成为他们难忘的生命记忆。

二、麓小儿童礼课程的实践要点

活动实践型课程的开展必然涉及活动型课程背景下的教学设计,而教学设计中的实践策略与要点，对达到活动实践型课程所要实现的结果具有关键作用。

（一）开设礼仪实操课，形成学生礼仪自觉

为了让学生知其然、知其所以然，学校开展了一系列活动，让学生在亲身体验中感受和体悟其中的精髓和道理。还组织了以打造文明礼仪精品实操课为目的的专题德育研讨会。各年级组充分利用《麓小儿童礼》校园礼仪规范、《麓小儿童礼》视频课程等校本课程资源，结合学生养成教育重点，选择某一项礼仪教育作为研讨内容，通过集体研讨、反复研磨，打造出了适合本年级学生认知特点的，有指导性和推广性的礼仪精品实操课。实操课包括教学设计、教学 PPT。德育专题研讨成果展示会上，学校组织各年级进行礼仪实操课展示、评比。实操课上，老师们通过创设情境，让学生充分了解各项礼仪的意义，感受礼仪的高贵美好，也强化了礼仪行为。礼仪实操课老师在同一个年级的各班级进行巡回授课，为同一年级的学生普及了对某一项礼仪的认知。老师们精心打磨的礼仪实操课还将一级一级往后传承，比如某一节适合五年级的礼仪课，这一届、下一届、下下届的五年级学生都可以进行学习。这样，礼仪实操课将在老师的教学实践中不断被打磨、被优化，也被传承。当学生明白了礼仪的由来，理解了礼仪的意义，践行礼仪就变得更加自觉、主动，礼仪就更容易变成内心自觉的、高贵的选择，而不仅仅是学校的要求。礼仪实操课是学生实践"麓小儿童礼"的基点。从这个基点出发，学生将真正把对礼仪的敬畏内化为一种认识、外化为一种行为，将礼仪落实到学习生活中的方方面面。

（二）展示礼仪操，强化校园礼仪行为

礼仪实操课让孩子们从内心敬畏礼仪，从行为上习得礼仪。如何让孩子们将习得的礼仪行为通过反复训练得以强化呢？学校组织了班级礼仪操展示活动。在展示活动之前，班主任们组织学生反复观看了《麓小儿童礼》视频课程，让学生掌握每一项礼仪的规范动作，并随时结合情境进行练习或创设情境进行练习。大家还充分发挥各小组成员之间互相学习、互相监督的作用。教师鼓励学生创造礼仪情境游戏，在游戏中进行礼仪操练习，还让小组成员对各项礼仪操进行互相检查。通过各种形式的反复练习，礼仪操规范动作得到了很好的强化。在展示活动中，每个班级通过创设情境，从问候礼到课堂礼、课间礼、环保礼、就餐礼等，依次展示了校园文明礼仪操。这种全员参与的展示活动让礼仪操在学生中得到很好的普及。这样的活动强化了麓小学生的校园礼仪行为，带动了全校学生一起践行"麓小儿童礼"，让校园文明礼仪蔚然成风。

（三）建立长效评价机制，推动礼仪行为日常化

文明礼仪教育不仅要求学生"会做"，更要求学生在生活中实实在在地"做出来"，它是一门彻彻底底的实践课。礼仪课程需要与学生的日常生活紧密结合，日常生活就是学生礼仪行为的试验基地。只有督促学生不断践行，才能使礼仪从理论走向实践，从书本走向生活，才能使其真正变成学生的行为习惯。学校把《麓小儿童礼》中的各项礼仪规范整理成《"麓小儿童礼"评价细则》，作为学生一日常规的考核内容。值日老师、大队干部依据评价细则对各年级、各班践行礼仪的情况进行检查评价。检查结果成为班级一日常规表现的重要依据，成为每周"流动红旗"评比的重要依据，成为一个学期后班级评优的重要依据。而各班级也开展相应的检查、评比活动，把礼仪评价细则作为团队评优、个人评优的重要依据，班主任每周根据学生表现情况评出礼仪先进团队、礼仪小标兵等。通过这样的评价方式督促各年级、各班将文明礼仪落实到行动。学生的文明礼仪行为与班级的、个人的荣辱紧密相连，教师以此督促学生，学生与学生之间以此互相督促，让"麓小儿童礼"真正落实到了学生的生活。培养文明礼仪习惯是一个长时间的过程，这样的长效评价机制，真正有效推动了礼仪课程的实施，让文明礼仪的种子慢慢种到了孩子的心田，让温馨美好的礼仪之花在校园里静静地开放。

"麓小儿童礼"评分细则

麓小少年，与礼同行！好习惯成就好人生！请同学们以"麓小儿童礼"为准则要求自己，做好自己，为班争光。值日老师、大队干部将严格按以下细则进行检查，并进行加扣分。

项　目	评分细则
问候礼 再见礼	1. 早上入校，在校园里遇见老师：老师，您好（敬标准队礼）。 2. 离校时：老师，再见！并挥手道别。
放学礼	1. 按时放学，不拖延。 2. 路队整齐，保持安静。 3. 举路队牌。 4. 送到接送点。 5. 主动道别，按时回家。 6. 接送点畅通。
爱国旗礼	1. 按要求着装，少先队员佩戴好红领巾。 2. 保持肃立，敬标准队礼。 3. 就地行礼。
两操礼	1. 眼保健操：身心专注，动作规范。 2. 课间操：精神抖擞，保持安静，动作规范。

续表

项　目	评分细则
着装礼仪	穿好校服，佩戴好红领巾（体育运动时可不佩戴红领巾）
课间礼	1. 安全文明游戏，不追跑，不喧闹 2. 轻声、慢步、靠右行 3. 主动行问候礼：老师，您好！（敬标准队礼） 4. 主动行环保礼
就餐礼	1. 排队有序领餐 2. 安静就餐 3. 力争光盘 4. 餐盒"横二竖三"有序放回保温桶 5. 保温桶盖盖好 6. 及时清理当日走廊上的饭菜残余 7. 及时领取酸奶、水果，并及时归还酸奶桶（4:20前） 8. 喝酸奶时间：15:00—15:05，地点：上课教室；水果随餐在教室吃完
环保礼	1. 垃圾入桶不乱扔，看到垃圾随手捡起 2. 按要求分类投放垃圾 3. 保持教室、公共区卫生
午休礼	安静休息，不说话，不下位
集会礼	1. 路队整齐 2. 严肃认真，保持安静 3. 积极互动
自理礼	1. 文具、书本、衣服、水杯、雨衣等标记学号姓名，妥善管理，不乱丢乱放 2. 每天自备雨衣、水杯等生活用品和学习用具，家长不往学校送东西（救急药品除外）

（四）带动家庭参与，助力礼仪习惯的养成

教育始于家庭。家庭是孩子的第一所学校，父母是孩子的第一任老师。父母的一言一行、一举一动，会对孩子产生潜移默化的深刻影响，在孩子养成教育方面起着至关重要的作用。父母在家里尊敬老人、友爱兄弟姐妹，孩子自然就学会敬人、爱人，在学校自然会尊敬师长、友爱同学。在文明礼仪教育方面，我们学校一直特别跟家长强调父母的影响作用，提醒父母给孩子做文明礼仪的好榜样、带头人。另外，学校教育的哪一个方面都离不开家长的配合，学生习惯养成更是需要家长的全力支持。只有学校和家庭在教育目标、教育理念上达成共识，协同育人，学校养成教育才能真正有所成效。为了取得家长的支持，班主任在班里组织学生集中学习《麓小儿童礼》礼仪规范、《麓小儿童礼》视频课程、《"麓小儿童礼"评价细则》，还把这些校本课程资源分享到了班级群，向家长明确学校文明礼仪教育的目的、要求、规范。学校通过公众号、班级通过微信群等渠道及时发布文明礼仪教育的相关情况，让家长能及时得到了解。学校就布置的礼仪家庭作业、礼仪评比活动等都邀请或要求家长带领孩子

积极参与。因为家庭教育与学校教育保持一致，同声相应，同频共振，所以，学校文明礼仪教育取得了整体的效应。

让深厚的中华文化根植于文明礼仪教育之中，让文明礼仪教育课程化，通过礼仪教育传播优秀传统文化，通过礼仪课程培养学生良好的行为习惯，这是学校德育的一条有效的途径。"礼之用，和为贵"。"麓小儿童礼"课程让学生习得良好行为习惯，同时提升了麓小校园的文明程度，促进了麓小的和谐发展。今天的学生是明天的未来。"麓小儿童礼"将培养一批批懂礼、行礼的麓小学子，也必将推动中华优秀传统文化的传承，最终为社会的和谐发展助一臂之力。

第三节   五彩麓山枫课程的实践与思考

麓山国际实验小学所开展的活动实践型课程采取了包括社会活动在内的活动设计的建构方式，即"课程内容活动化"，或者说活动实践型课程的课程方式体现了一系列活动设计的系统安排，即"活动设计内容化"。学校以此让知识内容依托活动，让学生在活动过程中逐步培养和提升学会学习、健康生活、社会参与、责任担当和实践创新等核心素养。在这样的理念指引下，学校开发并实践了"五彩麓山枫"课程，以活动实践型课程为载体，增强学生的社会责任感，提升其创新精神和实践能力，培养有理想信念、敢于担当的麓小学子。

一、五彩麓山枫课程开设缘起

岳麓山是中国的四大赏枫地之一，每逢金秋时节，山间红叶遍布，令人沉醉。长沙麓山国际实验小学地处"碧峰屏开，秀如琢玉"的岳麓山下、湘江之滨，比邻岳麓书院。校名中"麓山"二字不仅是地名，而且指代从麓山发源的湖湘文化及其优良教育传统。学校秉承着"面向世界，博采众长，发展个性，奠基人生"的办学目标，以"学会生存，学会关心，做豪迈的中国人"为培养目标。而课程是教育理念和教学内容的载体，学校课程体系与结构反映了学校的培养目标、学生的知识与能力结构，以及办学特色。麓山国际实验小学的3+N课程体系是学校育人体系的顶层设计，"3"指学科基础型、拓展丰富型、活动实践型课程，"N"指课程延展和学科融合。

从2011年起，长沙麓山国际实验小学率先将实践活动进行整合和规范，最终决定以五种颜色（红、绿、蓝、橙、粉）为实践活动主题，并且结合岳麓山"枫叶"文化，将实践活动定名为"五彩麓山枫"系列实践课程。经过几年的实践探索，该课程已经普及到麓共体各个学校，形成了"五彩麓山枫"系列活动实践型课程品牌，得到了长沙教育系统的领导、同仁，以及家长、各界媒体朋友的高度肯定，还得到了团中央的点赞表扬，成为学校活动实践型课程中的一大特色与亮点。

二、五彩麓山枫课程的实施路径

为深入贯彻落实习近平总书记对广大少年儿童的殷切期望和要求，教育引导广大少先队员积极投身社会实践活动，麓山国际实验小学秉承学校"学会生存，学会关心"的培养目标，于每年的寒暑假组织麓小学子以中队或者小队为单元，按照"五彩麓山枫"实践活动课程的要求，走上街头、走进社区、走进工厂、走进福利院，开展形式多样、丰富多彩的课程实践活动。

（一）红色麓枫课程——红色基因我传承

红色，象征光明、力量和未来。红色基因更是代表中国革命精神的传承。少年儿童是祖国的未来、中华民族的希望，也是党的未来。新时代的少先队员们必须牢记习近平总书记的教导，从小培养对党和社会主义祖国的朴素情感，确保红色基因代代相传。

该实践课程组织学生参观 1—2 处爱国主义教育基地，包括先烈故居（如刘少奇故居）、纪念馆（如雷锋纪念馆）、红色名胜（如橘子洲头）、历史名人故居（如贾谊故居）、博物馆（如湖南省湘绣研究所、国货陈列馆）等，学生在活动过程中积累了丰富的社会实践活动经验，拍摄了活动照片，留下了生动的活动记录与感言。

1917 班暑假社会实践

为深入贯彻落实习近平总书记对广大少年儿童的殷切期望和要求，教育引导广大少先队员积极投身社会实践，努力争做新时代好少年，1917 班开展了"五彩麓山枫——争做新时代好少年"主题实践活动。

我们要传承红色基因，践行红色精神。2020 年 7 月 11 日，1917 班小海洋中队的队员们来到长沙市红色教育基地岳麓山参观学习。

我们 9:00 到达东方红广场。蓝天白云之下，毛泽东爷爷的雕像矗立在广场中央，正深情地凝望着这片土地，已仿佛在告诉我们要传承红色精神、牢记初心使命。我们整理好红领巾，向毛泽东爷爷的雕像行少先队队礼，表达我们传承红色基因，践行红色精神的决心！礼毕，我们唱着《少年先锋队队歌》一路向前。

来到爱晚亭前，只见爱晚亭掩映在参天古树下，重檐八柱，碧绿的琉璃瓦，四角飞翘，好似凌空欲飞。亭内有彩绘藻井，东西两面各一块红底镏金的匾额，上有毛主席亲笔所书的爱晚亭三个大字。

沿着爱晚亭往上行，在潺潺的溪水旁边，有一个黝黑的防空洞，旁边指示牌告诉我们这里是第九战区司令部临时指挥部。1939 年 9 月到 1944 年 8 月，中国军队与侵华日军在以长沙为中心的第九战区进行了 4 次大规模的激烈攻防战。在战役中，中国军队取得重大胜利。听着讲解员的讲解，我们明白今天的幸福生活真的来之不易，吾辈当自强！

1703 班暑假社会实践

为加强社会主义核心价值观教育，弘扬爱国主义精神，2020 年 8 月 23 日，在家长们的带领下，长沙麓山国际实验小学学生在抗日战争图书馆开展了"五彩麓山枫——争做新时代好少年"主题实践活动。

下午两点，同学们陆续来到抗日战争图书馆。在工作人员的引导下，同学们以饱满的热情观看爱国教育宣传片。"少年智，则中国智；少年强，则中国强！"同学们都不由自主地起立，跟着大声诵读。观看完宣传片后，同学们在"日本政府必须就侵华罪行公开真诚地向中国人民谢罪"的签名布上郑重地签下自己的名字。

同学们随后来到图书馆二楼阅读抗战类书籍。在认真了解了具有代表性的抗战老兵的珍贵手模、个人简介，以及每位抗战老兵在抗战烽火岁月的英勇事迹后，同学们仿佛亲历了硝烟弥漫的战争岁月，从中领悟到了不屈不挠的抗战精神。同学们个个都精神专注、眼神坚定，爱国之情油然而生！

（二）绿色麓枫课程——环保责任我践行

2019 年习近平总书记对垃圾分类工作作出重要指示。他强调，实行垃圾分类，关系着广大人民群众生活环境，关系着节约使用资源，也是社会文明水平的一个重要体现。习近平指出，推行垃圾分类，关键是要加强科学管理、形成长效机制、推动习惯养成。要开展广泛的教育引导工作，让广大人民群众认识到实行垃圾分类的重要性和必要性，通过有效的督促引导，让更多人行动起来，培养垃圾分类的好习惯。要做到全社会人人动手，一起来为改善生活环境做努力，一起来为绿色发展、可持续发展作贡献。

麓山国际实验小学认真落实习近平总书记关于垃圾分类的重要指示，学生暑假都要参与家庭生活垃圾分类活动，并记录自己垃圾分类的天数，开学来比一比，看看哪些同学能坚持做好垃圾分类。

学校积极组织学生参加由长沙团市委联合市教育局、市城市管理和综合执法局、市生态环境局、市少工委办公室、市青年志愿者联合会、长沙农村商业银行等单位精心打造的一项青少年环保实践活动——"长沙蓝·青少年生活垃圾分类公益志愿行动"，取得了良好的实践育人成效，收获了荣誉表彰。

1506班长沙蓝·青少年生活垃圾分类公益志愿行动

红网时刻9月1日讯（通讯员：尤佳雯　胡皓程　袁嘉宁　杨君妮）在注重素质教育的今天，社会实践活动是学校教育向课堂外的一种延伸，是孩子们学习知识、锻炼才干的有效途径，更是学生服务社会、回报社会的良好形式。

长沙市麓山国际实验小学1506班在2020年暑期开展了丰富多彩的社会实践活动。胡皓程团队、袁嘉宁团队分别组织了垃圾分类社会实践活动，目的是感受垃圾带来的危害，了解垃圾分类，使其变废为宝。通过实践活动，孩子们培养了动手能力和创新精神，形成了较强的环保意识，养成了自觉分类的环保好习惯。

暑假期间，袁嘉宁团队一行来到岳麓山，做岳麓山上的环保小卫士，不让白色垃圾损害5A级景区的容貌。天气炎热，孩子们从景区东门出发，一直走到岳麓山顶，兴致勃勃捡拾沿途垃圾，游客们纷纷点赞。孩子们利用一上午的时间，把经过之处的垃圾捡拾干净，虽然累但是快乐着。孩子们最大的感受就是环保要从自己的身边事做起，从自己做起，要以自己的行动感染身边人，做真正的环保小卫士。

杨君妮团队组织开展了垃圾分类活动，孩子们在课堂上学会了垃圾分类的知识，对于垃圾分类更加重视，老师引导孩子们如何进行分类，并提倡垃圾分类从你我做起。孩子们还在老师的指导下开展绘画作品比赛。他们纷纷表示，要以自己的行动让垃圾分类深入人心，使我们的生活环境更加美好。

（三）蓝色麓枫课程——坚持劳动我快乐

劳动教育是新时代党对教育的新要求，是中国特色社会主义教育制度的重要内容，是全面发展教育体系的重要内容，是大中小学必须开展的教育活动。2018年9月10日，习近平总书记在全国教育大会上明确指出，把劳动教育纳入社会主义建设者和接班人的总体要求，构建德智体美劳全面培养的教育体系。加强劳动教育是习近平新时代中国特色社会主义思想在教育领域的凝练与体现，是对马克思主义"人的全面发展"理论的坚守与继承，更是贯彻落实立德树人根本任务、提升青少年实践创新能力、培养新时代合格的社会主义建设者和接班人的必然要求。麓山国际实验小学开设了蓝色麓枫课程劳动实践活动。该课程活动的内容为：根据自愿的原则，在做好防护措施的前提下，主动净化、绿化、美化家庭、院落和公共空间，弘扬传承健康文明的新家风；争当志愿者，协助做好疫情疾病防控、环境卫生整治、健康知识宣传等工作。学生在实践活动中，充分享受到了劳动的乐趣，提升了社会参与感。

享受劳动之乐——1707班暑假社会实践活动

2020年7月17日，长沙市全体小学生正式开启暑期模式。"培养学生的劳动意识，让学生掌握一定的劳动知识和技能，最终让学生热爱劳动，感受劳动的快乐。"这是麓山国际实验小学暑假开展课外实践活动的指导思想，我们1707班的同学们纷纷响应学校的号召，在家做菜、做点心，真是八仙过海——各显神通啊！

平时都是爸爸妈妈、爷爷奶奶帮我们准备爱心早餐、可口饭菜。暑假到了，我们也来为长辈们服务服务。你看，我们班的黄露娴同学做的苦瓜炒蛋，在这个炎热的夏天可以清热解毒；陈星宇同学做的肉末炒豆腐，还用了大蒜叶点缀呢，真是色香味俱全；言晟弘同学炒的酸辣鸡丁更是让人馋得流口水，看相片就想吃一口呢！

除了做菜，我们班的同学还会做好多点心呢！邓书颜同学做的饺子可是下了一番苦功啊，香菜、胡椒、姜蒜、生抽、蚝油，还得加上一两个鸡蛋搅拌均匀，美味的饺子馅才算准备好。包饺子时更要讲究技巧，一对折，二捏，三掐紧，饺子皮才会包得紧紧的。陈柯芳同学还会做外国点心呢——越南春卷，准备的材料比做饺子还多，有黄瓜、胡萝卜、香蕉、杧果、粉丝、虾仁、鸡蛋皮、紫薯、海苔和春卷皮。是不是非常丰盛呀？喻诗琪同学的百香果茶，张轲童、杨芸熙同学的鸡蛋饼，李瑾涵同学的包子……哇，我们班同学做的美食数不胜数，可以开满汉全席啦！

劳动虽然辛苦，但是劳动的过程却是愉悦的，同学们都感受到了劳动的伟大和成果。学会生存，学会关心，做豪迈的中国人，从自己做美食开始，让我们在劳动中快乐，在快乐中成长！

（四）橙色麓枫课程——志愿服务我热心

学校积极组织学生参与"爱心捐赠零花钱·关爱困难小伙伴"实践活动。同学们在家长指导下，开展"爱心义卖"，如义卖报纸、闲置物品、手工物品等。再以班级为单位将爱心款交到大队部，将爱心款用于扶助社会弱势群体。这培养了麓小学子的团队意识、互助精神和责任担当。

爱心捐赠零花钱，关爱困难小伙伴——1910班暑假社会实践活动

夏日炎炎，爱心助力。8月22日—23日，在家委会和马老师的组织带领下，麓山国际实验小学1910班的同学们进行了为期两天的"爱心捐赠零花钱，关爱困难小伙伴"摆摊义卖活动。

本次义卖活动意义非凡，一是为了让孩子们认识人民币的作用，体验生活中的数学知识，让孩子们在实践中学习合理推销商品、购买商品；二是为了培养学生合理购物的能力，让其形成环保意识、节约意识、公平买卖意识，体验数学在生活中的巨大作用；三是为了进一步培养学生乐于助人、乐于奉献的品质，让其体验奉献带来的快乐，把自己的爱传递给身边需要帮助的人。

8月22日晚7点，1910班同学在恒大华府小区广场开展"体验快乐，关爱困难小伙伴"摆摊义卖活动。

8月23日晚7点，1910班同学在钰龙小区前坪开展"体验快乐，关爱困难小伙伴"摆摊义卖活动。身处浏阳的同学也同步进行摆摊义卖活动。

活动中，同学们售卖的物品琳琅满目、品种繁多，有各种绘本图书、文具、小饰物、玩具小车、拼搭积木……还有别出心裁的套圈活动。同学家长做的纯手工糖也深受大家的喜爱。大家的小摊各具特色，同学们扮演小老板也是有模有样！

两天的活动看起来只是短短几个小时，但是却凝聚着我们每个人的心血。在义卖举办前，同学们各自在家认真准备，拿出了自己心爱的物品，进行清洗整理。在举行义卖会的时候，老师、家长、同学们都成了工作人员，忙得不亦乐乎。为了帮助困难小伙伴、奉献爱心，同学们除了扮演老板，也充当顾客。大家流露出前所未有的充实和满足。

开学后，同学们会将摆摊赚来的爱心款以班为单位交校大队部，用于扶助社会弱势群体。家长们都非常支持这项社会实践活动，大家都期待下次活动的开展。这次活动让同学们体会到，生活不易，我们应该好好珍惜当下。活动不仅锻炼了孩子的能力，又培养了孩子的爱心。

（五）粉色麓枫课程——健康生活我做主

学校积极组织麓小学子参加"我和长沙的 2020"长沙市中小学生征文比赛、2020 长沙市"媒体艺术进校园"系列活动创作大赛、第三届"湖南好粮油行动"学生手机摄影大赛；开展正确使用网络资源进行学习的活动，让学生充分利用"长沙市中小学生在线学习中心"，切实提高学习效率；让学生通过新媒体平台阅读文章，在网站（人民日报少年网 ww.rmrbsn.cn、人民网www.people.com.cn）、客户端（人民日报少年客户端）、人民日报微信公众号、人民日报微博公众号等新媒体平台发布作品；开展"做好新时代接班人""平语近人"等延伸阅读活动；鼓励学生坚持参加体艺 2+1 项目，以此引导麓小学生理解生命意义和人生价值，具备安全意识与自我保护能力，掌握适合自身的运动方法和技能，养成健康文明的行为习惯和生活方式。

三、五彩麓山枫课程的成效与思考

麓山国际实验小学的五彩麓山枫课程是在原有社会实践活动的基础上精心提炼、设计而来的，具有科学性、指导性、目的性，它不是简单的社会实践活动，而是更具有育人目标，具有湖湘文化特色的活动实践型课程。

（一）五彩麓山枫课程实践成效

五彩麓山枫课程是学校原创社会实践活动品牌。它以教育部《中小学德育工作指南》为指导，紧密结合时下最新的育人目标，选取独具湖湘特色的岳麓山"枫叶"作为实践活动名称，选定五种颜色（红、绿、蓝、橙、粉）作为实践活动主题，在丰富多彩的实践活动中体现学校办学思想，传承湖湘文化精神。从 2011 年至今，"五彩麓山枫"社会实践活动深受学生和家长的喜爱，已有约7 万人次参与到此项活动中来。多家新闻媒体、电视台对学校"五彩麓山枫"社会实践活动进行了专题报道，活动收获了行业的广泛赞誉与良好的社会影响。

课程提供五种实践活动任学生自主选择，每一种活动的开展都有具体的指导，让学生在校外轻松的活动氛围中进行学习。课程更是各个学科学习的整合，充分体现了学校"一切活动皆课程"的课程育人理念。

（二）五彩麓山枫课程实践反思

麓山国际实验小学的学生在完成"五彩麓山枫"课程实践活动后，都必须认真填写社会实践登记表，各班同时会对本班社会实践活动的开展进行点评和资料的汇总。新学期开学第一周，大队部会对同学们假期的社会实践活动的开展进行总结，评选出各班"五彩麓山枫"社会实践小明星，并在升旗仪式上进行表彰。

当然，此项活动的开展还有一些待完善的地方。在设置每一次"五彩麓山枫"社会实践活动内容的时候，应该对活动的开展进行调研，听取学生、家长、教师的建议，对活动安排不断进行完善。每次活动完成后，还可以进行问卷调查，为以后的活动开展奠定坚实的基础。

此外，还可以尝试打破假期进行社会实践的规则，拟定学期"五彩麓山枫"社会实践方案，选定主题方向，使麓山国际实验小学的活动实践型课程开展得更加灵活生动、丰富多样。

第四节　研学旅行课程的实践与思考

2004 年，《中共中央国务院关于进一步加强和改进未成年人思想道德建设的若干意见》提出"要丰富未成年人节假日参观、旅游活动的思想道德内涵，精心组织夏令营、冬令营、革命圣地游、红色旅游、绿色旅游以及各种参观、瞻仰和考察等活动，把深刻的教育内容融入生动有趣的课外活动之中"。2010年，《国家中长期教育改革和发展规划纲要（2010—2020 年）》中进一步强调"充分利用社会教育资源，开展各种课外及校外活动"。2012 年，教育部下发《关于开展中小学研学旅行试点工作的函》，各地根据此函开始试点。2014 年教育部基础教育司颁发《关于进一步做好中小学生研学旅行试点工作的通知》，进一步扩大试点范围。2016 年教育部基础教育一司颁发《关于做好全国中小学生研学旅行实验区工作的通知》，一些地区经过试点取得显著成效，积累了有益经验，但一些地区在推进研学旅行工作过程中，存在思想认识不到位、协调机制不完善、责任机制不健全、安全保障不规范等问题，制约了研学旅行有效开展。为此，2016 年教育部等 11 部门颁布《关于推进中小学生研学旅行的意见》，对中小学研学旅行进行全面规定，从政策层面将其列为中小学课程的一个部分，为中小学研学旅行提供了政策支持与导向。

基于以上政策的要求及学校育人为本的课程理念，麓山国际实验小学积极探索将原来的"春秋游、夏令营、国际游学"等活动系统化、课程化，构建麓小特色的研学旅行活动实践型课程，并取得了初步的实践成果。

一、研学旅行课程的实施开展

经过几年的探索实践，麓山国际实验小学的研学旅行课程已经形成较为成熟的实施体系。

（一）实施原则

1. 教育性原则

研学旅行要结合学生身心特点、接受能力和实际需要，注重系统性、知识性、科学性和趣味性，为学生全面发展提供良好成长空间。

2. 实践性原则

研学旅行要因地制宜，呈现地域特色，引导学生走出校园，在与日常生活不同的环境中开拓视野、丰富知识、了解社会、亲近自然、参与体验。

3. 安全性原则

研学旅行要坚持安全第一，建立安全保障机制，明确安全保障责任，落实安全保障措施，确保学生安全。

4. 公益性原则

研学旅行不得开展以营利为目的的经营性创收，对贫困家庭学生要减免费用。

（二）实施策略

1. 分龄实施

从学生入校到毕业，一共有 12 个学期，学校根据学生的年龄特点，设置了相对固定的 12 次主题研学活动，内容涵盖学工、学农、学军、红色主题教育、爱国主义基地实践等。同时研学活动也与常规学习课程的内容有机结合，取得了一加一大于二的实践活动成效。

2. 全员参与

学校的研学旅行课程由学校统一组织实施，学生通过集体旅行、集中食宿的方式开展研究性学习和与旅行体验相结合的校外教育活动。研学活动重点突出全员参与、集体活动、走出校园、实践体验，是学生自愿参与的社会实践活动。

3. 整体统筹

学校成立研学工作领导小组，由校长担任组长，主管校领导、纪检委员任副组长。学生处、办公室（国际交流中心）分别负责国内、国际研学课程的协调、管理和指导。

二、研学旅行课程的实施成效

研学旅行课程是学校学科课程的有益补充，比学科课程内容更丰富，具有学科课程无法替代的作用，是中小学教育中的一门"新"课程。其教学活动采用"第三教学"形式，即"培养学生自主学习的教学"。研学旅行通过引领学生走进自然、社会，让学生融入生活之中，感知鲜活的社会生活，感悟人生，在体验中获得知识和技能，培育发展了学生的核心素养。

（一）研学旅行课程对学生的全面发展产生了积极的影响

实践活动类课程通过让学生亲身参与、感知体验，来引导学生运用科学的思维方式认识事物、解决问题、指导行为。麓山国际实验小学的研学旅行课程，让学生适时走出校园、参与实践，更好地实现了科学思维与现实生活的统一，使学校的活动实践型课程充满了生机与活力，对学生的全面发展产生了积极的影响。

1. 研学旅行课程能帮助小学生拓宽视野，夯实知识

课堂教学主要以间接经验和理性知识的传授为主，学生缺乏对自然的亲身感知和接触。而研学旅行课程，提供了一个拓宽学生视野的机会，对课本知识也是一个很好的巩固。研学旅行课程的活动实践，可以让不同年龄和特点的学生以集体旅行和集中食宿的方式走出校园，实现对不同情境的感受。这是对学校教育情境的弥补与融合。研学旅行课程将间接经验与直接经验相互联系在一起，进一步夯实了小学生的知识纹理。例如在学习《悯农》这首诗时，就可以通过研学旅行让小学生去真实的农场和工厂看一看实际的生产活动，让小学生观看食物制作的步骤和程序，真正体会到食物的珍贵，帮助小学生养成良好的生活习惯。

2. 研学旅行课程能培养学生的安全意识，让学生学会自我保护

研学旅行课程的活动实践过程是与大自然和社会接触的一个过程，尤其是高年级学生的研学都是在外住宿，寒暑假及出国研学的时间就更长了。而面对不同的环境，怎样对自身安全进行保障？研学旅行课程也是对小学生进行安全教育的一种良好方式。研学旅行活动前的安全教育课程，可以提高小学生的安全意识，增强其自我保护能力。小学生通过研学旅行，也能够掌握更多的安全知识，学会对自我的保护。他们可以学习到乘坐车辆要系好安全带，过马路必须看红绿灯，做到红灯停、绿灯行，不能随意乱闯乱跑、远离危险地带等各种安全常识。

研学案例：一年级 2019 秋季研学

研学主题：我和祖国共成长，筑梦绿色家园

研学目标：一年级学生九月才迈入小学，一个月的班级常规教育与学校的礼仪教育已初见成效。在老师的教育、家长的配合下，麓小的升旗礼、环保礼、路

队礼正在被学习和实施。本次研学也是孩子们进入小学以来的第一次研学之旅，对学生来说意义非凡，对学校和老师来说是一次巨大的挑战。一年级18个班，共828人，人数多、队伍庞大，孩子们的安全意识和合作意识还不是特别强。要对学生进行爱国主义教育、革命传统教育、国防教育、公共安全教育。要让学生懂得保护环境，从小做起，人人应是行动者。要让学生体验职业乐趣，树立正确的人生观、价值观，树立职业理想，为之努力奋斗。

研学内容：

通过"拳拳之心、守卫祖国"升旗仪式及宣誓仪式，通过参观主题展馆、聆听革命英雄故事，进行爱国主义教育、革命传统教育、国防教育、公共安全教育；通过职业体验让学生知道环保的重要性，了解垃圾分类实践知识，在研学途中争做"环保卫士"，不乱丢垃圾，餐后主动清理垃圾，做到"到过的地方比来时更美"；通过职业体验让学生了解各种职业，树立职业理想。

研学评价：

1912班教师评价：

1. 孩子们今天按时到校，并且听从老师和导游的安排，安全有序乘车和游玩，没有一例安全事故！

2. 孩子们都带了自己的食物并且学会分享，特别表扬懂得分享食物的孩子：易李莎白、周涵湘、杨可佳、陈恩铭，等等。易李莎白妈妈还为孩子们做了三明治，特别美味。孩子们自己携带了垃圾袋，游玩区没有一点儿垃圾。表扬孩子们爱护环境，互相合作，关心同学。

小组评价：各小组组长对本组总体情况及组员在保护环境、体验职业乐趣、安全乘车等方面的表现进行评价。

学生互评：小组成员针对环保、路队、合作、文明有礼等方面进行互评。

家长反馈：

今天学校组织孩子们进行了"我和祖国共成长，筑梦绿色家园"的研学活动！研学地点是酷贝拉，孩子别提多高兴了。回家后滔滔不绝地和我聊起了他的收获，告诉我：保护环境要从现在做起、从小事做起，人人都是行动者。满满的正能量！感谢麓小组织的这么有意义的研学活动！

教师总结：

我和祖国共成长，筑梦绿色家园！

——记麓山国际实验小学一年级研学活动

2019年10月15日，麓山国际实验小学一年级的小朋友们来到酷贝拉进行主题为"我和祖国共成长，筑梦绿色家园"的综合实践活动。

孩子们在仿真社会生活的城市伝验馆中，通过装扮进入仿真职业情境，亲身体验了空乘、快递员、捏面师等职业，也参观了军事基地、红色主题展馆等。此次职业体验活动中，学生们通过手脑并用的方式学习，与真实社会互动，积累了为人处世的经验、工作职业的经验、团队合作的经验，发现并享受着全新的快乐体验。通过劳动产生的愉悦感，也可帮助孩子树立正确的人生观、价值观，使孩子尽早设计自己的人生，拥有自己的理想，并产生为之奋斗的动力。

此次活动是学习研究和旅行体验的有机结合，寓教育性、知识性、科学性、趣味性于一体，以生动直观的方式实现了教育目标，并让同学们在亲近自然的同时，增长了知识，拓展了视野。活动弥补了课堂教学的不足，同时也体现了学生的集体意识、环保意识、协作意识等，全面提升了学生的综合素质，让学生真正做到"在游中有所学、在行中有所思"。

3. 研学旅行课程培养了学生的文明意识，提高了学生的综合素质

现代社会正在快速发展和进步，不同家庭的经济状况以及贫富差距，也对小学生直接产生了影响，很多学生在日常的学习中严重缺乏契约精神和团队精神，也没有责任感和秩序感，并且也不懂得如何欣赏别人，在文明方面更是体现出欠缺的一面，这甚至导致了各种严重社会问题。学校应通过研学旅行逐步引导学生主动适应社会，将书本中所学到的知识与实际的生活进行深度的融合，在旅行的同时锻炼和培养文明旅游意识，让学生从小就养成良好的行为和习惯。在一些具有先进革命事迹的旅游地区，小学生在研学旅行的过程中可以了解到很多革命烈士的先进事迹，这可以激发学生对党和国家以及人民的热爱之情，促进学生社会主义核心价值观的培养和践行。

研学案例：2019 年秋季六年级天子湾研学

研学主题：重走长征路，励志青春行

研学目标：

此次研学活动，让课本知识与大自然直观联系、和实际生活有机结合。让学生学会动手动脑，学会生存生活，学会做人做事。丰富学生知识，促进学生身心健康，拓宽学生视野。让学生了解野外生存知识，掌握基本的野外生存和急救技能。帮助学生深入了解长征革命斗争的历史，感悟红军不怕苦、不怕累的奋斗精神，自觉传承优良传统和作风，了解和学习红色历史文化、长征革命精神。激发

学生弘扬以爱国主义为核心的革命精神，锤炼学生顽强拼搏的斗志，鼓舞和激励学生坚定理想信念。培养学生在野外环境中的各种生存技能及坚毅的性格，促进学生形成正确的世界观、人生观、价值观。提升学生在野外环境中的团队精神、创新精神、自理能力、生存能力，培养学生在野外环境中的各种生存技能及坚毅的性格。让学生学会感恩，学会集体生活，做一个有责任感的人。让学生学习红色文化，传承革命精神。

研学内容：

红色文化是对青少年进行素质教育、爱国主义教育和拓展党的先进性建设的重要资源。要让红色文化走进校园，走进课堂，进入学生心灵，融于学生思想道德体系，引领学生健康成长。"重走红军路"红色研学方案，让学生放下书本，体验长征，开拓视野，丰富课外知识，学习革命历史；能培养学生的自理能力、沟通能力、团队精神以及实践能力。

重温红色经典。以小组为单位，克服困难，完成各项任务，体验长征历史。换上红军服，戴上红军帽，通过授旗整编，统一思想，坚忍不拔，永不放弃；翻越高山，不惧困难，勇往直前；通过雷区，在困境中互相帮助，齐心协力完成任务；过草地，挥汗如雨，在历练中成长。亲身体验，直面挑战，用活动中体验到的长征精神激励自己更好地学习与成长。

野外生存。学习多项生存技能，如帐篷知识、野外求生知识、水源净化知识、绳索技术等。根据任务单找到相应的各功能区域，开展生存模拟闯关活动（智取泸定桥、弯弓识英雄、火线排雷、集体搬家、智闯迷宫、浑水摸鱼、凌波微步、孤岛求生、荒野拾樵、扎筏泅渡等项目）。

野炊体验。与大自然零距离接触，感受秋天的美丽和丰收的喜悦。培养团结合作意识及自理能力，通过洗、炒、烧等一系列野炊过程，体验劳动的喜与乐。

篝火晚会。增进同学间的友谊、师生间的情谊。

重走长征路。体会先辈与困难搏斗的艰辛，体会红军顽强、乐观的精神，传承和继续发扬红军不怕苦不怕累的精神。回顾长征：通过红军长征故事宣讲了解长征历史。编队建制：以班级为单位，组队建制，进行整编、授旗。井冈山会师：从起义地点出发分三路向井冈山会师。丛林穿越：体验红军先辈们用生命走过的艰辛历程，在崎岖险峻的丛林中穿越。过草地：体验红军战士们踏过的草地。忆苦思甜饭：体验红军长征时期的饭菜，感念革命先辈的浴血奋战，感恩祖国。

学生总结：

研学旅行，励志青春——天子湾重走红军路

天空沉静，草木欣然，此时的校园格外迷人，因为这个时节校园最是盎然，这个时节的六年级毕业生最是热情。带着热情和期盼，我们踏上了前往天子湾的研学之旅。

研学过程惊心动魄，研学结束满载而归。回校以后，六年级各班孩子以团队为单位，对自己的研学旅行进行了总结。总结图文并茂，具体而生动。快看看，孩子们眼中的研学旅行到底是什么样的——

从穿上红军服的那刻开始，我们便开启了为期两天一晚的"弘扬长征精神，传承红色基因"的研学活动。我们穿上红军服，心潮澎湃，同学们脸上洋溢着说不出的激动。

吃过了美味的中餐，我们去往红色项目体验课地点，展开活动。我们班体验的红色任务有"智取泸定桥""浑水摸鱼""人猿泰山"。"人猿泰山"进行的时候，大家飞来飞去，好不热闹，我们团队的同学都飞了过去，顺利通关。"浑水摸鱼"时我们团队虽然没有很多人下水，许多同学却也在岸上充当啦啦队，最终我们七班成功捕获两条鱼。

之后，"自己动手，丰衣足食"的野炊体验课上，大家大显身手，露一手好厨艺。拉歌比赛中，一首《打靶歌》让我们七连士气高昂，为自己争了光。团队的每个成员都在用心体验、思考军歌。"日落西山红霞飞……"那嘹亮的歌声回荡在天子湾。

夜晚来临，男生们在帐篷中，女生们在营户里。累了一天，大家怀着对第二天的期盼、好奇，酣然入睡。

第二天的重走红军路，更是山路崎岖，但大家迈着坚定的步伐走完全程，毫无怨言，过程中也不免滑倒、受伤……这点小山还不及红军长征总路程的百分之一、千分之一、万分之一……整个团队都融入"重走红军路"，体会到了长征的不易与艰辛，一路走下来，大家都思潮起伏。

回到野炊区，一餐红军饭，让同学们"大饱口福"。大家体验红军长征时期的饭菜，感念革命先辈的浴血奋战。接下来是最庄重的一幕：合影、告别……

教师总结：

快乐圆满的旅程，离不开学生的积极热情，离不开老师们的精心组织，也离不开家长们的尽心配合。看到孩子们在天子湾体验了农耕生活、体验了革命情怀，大朋友们纷纷点赞。毕业季研学，让我们看到孩子们坚韧乐观的心，唯有那

颗心能帮助孩子们走向未知、迎接挑战、战胜挑战。他们终将在未来的路上，收获一份属于自己的成功。

经过几年的探索，麓山国际实验小学基于理解力教育的活动实践型课程+N 的课程体系取得了良好的实践成果。学校营造了安全洁净的文化校园，构建了生本灵动的特色课堂，建设了积极进取、勇于实践的研究型教师队伍，让麓小学子在麓山国际实验小学的校园中活泼灵动、健康快乐地成长。

第六章

3+N 课程体系的实践成果与思考展望

麓山国际实验小学自全面开启高品质学校建设以来，针对未来发展的样态、目标、路径、评价等重大问题，以问题为导向，以高品质学校建设为方向，以推动课程实施的持续深入研究为基本路径，落实立德树人根本任务，找准办学定位，进一步积淀课程育人的实践探索，因地制宜实现发展转型，着力打造高品质学校。学校依托多年的课程探索实践，整合国家课程，创生合适的校本课程，逐步形成一套基于国家课程且高于国家标准的、符合麓小学生整体、多元发展需要的 3+N 课程体系，构建了"文化—教育—课程—课堂"一体的育人机制，有效落实从顶层文化的建设到教育"阵地"的贯通，取得了较好的办学成效与育人成果。

第一节　学校一体化育人模式不断发展

麓山国际实验小学的课程建设始终以学生发展为中心，从文化到教育，从教育到课程，从课程到课堂，在实践过程中全面促进了学校育人模式的不断发展和自我超越。

一、课程实践紧扣培养"全面发展的人"的育人目标

现代课程与教学论研究"不仅涉及突破时空局限形成立体的发展性课程结构体系，从而体现课程结构的灵活性、多样性和选择性，而且涉及如何依据学科发展的内在规律形成学科群，如何根据自然科学、社会科学、思维科学发展的新成果不断调节和完善课程结构，从而使基础教育课程结构成为一个开放的、不断生成发展的系统"。[①] 这为我校的课程建设描绘了发展的蓝图。于是我们从学生的发展需要出发，以校训"学会生存，学会关心"为目标，以"价值引领＋习惯养成"作为育人理念，以"追求卓越"为精神内核，重点培养学生终身学习能力、发展学生个性特长，多年来探索课程创新，促进课程发展，不断将现代课程理论的研究成果转化为学校的现代课程建设实践，为培养"全面发展的人"打下坚实的基础。

二、课程实施提升了学生终身学习能力

学校 3+N 课程体系强调阅读、数学、科学、传统文化等课程的开发、实施和评价的研究与实践。学校注重在课堂上开展各种有关问题解决的教学活动。

---

① 王攀峰：《走向生活世界的课堂教学》，教育科学出版社 2007 年版。

学校特别关注学生能否概括和创造性地使用信息，能否应用自己的理解和见识及新的方法和策略解决新问题，能否应用所学知识和技能完成他们在今后生活中需要完成的任务。学校着重培养学生在现实生活中的能力，即充分地参与社会和经济活动的能力，从而让每一个学生真正"学会学习"，为学生的生存与发展打好能力基础。

学校首先依据学科发展的内在规律，在已开设的课程中，落实综合性学习领域的课程实施和对相关领域课程的整合与拓展。按照每门课在整个课程系统中特定的位置和任务，将其中若干门相关学科组成一个有一定功能的综合性学习领域。其次在国家课程的基础上，进行校本化二度开发，形成系列拓展课程。课程体系涵盖"品格与社会""体育与健康""语言与人文""数学与科技""艺术与审美"这五大领域，指向的是公民道德、国家认同、身心健康、审美情趣、学会学习等，反映了现代科学综合化的趋势和课程结构的综合性的价值。我们重视课程价值相近的科目的互相关联，整体规划课程内容，从而利用课程系统整体中各成分的相互关联、相互作用，构建更为合理的课程结构，发挥和提高课程的整体功能，让学生在关联和拓展的课程学习中形成更有价值的知识结构。为学生提供更为丰富的自由选修课程，激发学生强烈的学习动机和探求未知的热情，使学生形成实事求是的科学态度，掌握举一反三的科学方法，培育学生科学素养、人文精神和健康的心理素质，使学生形成扎实的基础学力，为学生的终身发展奠定良好的素质基础。

三、课程创新促进了学生的终身学习与发展

课程的创新是学校 3+N 课程体系可持续发展的源泉，为此，我们将创新的重点集中在追求终身学习体系下多元质量的要求上。

学校注重课程的多样化。一是课程开发主体多元化。我校与高等学校、科研院所分工合作，共同开发培养拔尖创新杰出少年的多样化课程。二是课程设计层级多样化，即有面向全体学生的创新教育课程、面向兴趣特长学生的创新活动课程和创新探究课程。三是课程开发类型多样化。如培养创新人格的德育类课程、渗透创新精神培育的学科课程整合形成的学习领域类课程和创新潜能开发类课程，又如强调建构性学习体验的研究性学习课程等。四是课程开发内容多样化。如创新素质培养培育专设课程开发出思维训练、通识素养、创新体验、拓展经验、行为学习等多项课程学习内容。五是开展国际化教育课程建设。在现有国家学科课程中系统渗透国际理解教育内容，开展丰富多彩的国际

交流实践活动，开设理论与实践相结合的供学生选修的世界历史、世界地理、国际经济、国际政治、国际事务、国际规则、环境科学等专业课，建立和完善国际化课程的评价内容与方法。

学校体现了课程的系统性。一是学校开发的培养创新杰出少年的各种课程自成体系；二是按照《纲要》要求，树立系统培养观念，逐步形成了小学、中学、大学有机衔接的创新素质培养课程体系，形成了有机互动，形成了灵动的一体化育人机制与模式。

第二节　学校办学活力彰显，办学成果显著

麓山国际实验小学 3+N 课程体系的实践探索，是学校不断激发学校创新活动，丰厚学校办学品牌，提升学校办学成果的过程。学校秉持"面向世界，博采众长，发展个性，奠基人生"的办学理念，承继"敢为人先"的湖湘文化精神和放眼世界的宏大气度，"打开校门办教育"，通过外引资源，加强合作，内重实践，提升品牌的改革实践，取得了显著的办学成果。

一、课程立校，学校办学活力彰显

几年来，学校始终坚持课程立校的实践探索，依据基础性原则、全面性原则、整合性原则、选择性原则，在国家课程、地方课程和校本课程三级课程管理的基础上，根据学生的认知规律与发展实际，对课程体系进行重新架构，形成学科基础型课程、拓展丰富型课程、活动实践型课程相结合的多元课程体系。学科基础型课程包含国家基础类课程（综合实践活动除外）和学科延伸类课程，学科延伸类课程是对国家课程进行二度开发的课程。以"满足学生兴趣、激发学生潜能、丰富校园生活"为目的，开设拓展丰富型课程，按选修方式分为限选和自选两类，分层级编班授课。活动实践型课程从学生的兴趣与生活经验出发，让学生通过亲身体验和实践，运用自主性、合作性、探究性学习方式，主动发现和提出问题、探究和解决问题，培养学生自主与创新精神、研究与实践能力、合作与发展意识，包括综合实践活动、少先队活动、社团活动、国际交流活动、学校主题活动等。学校将多类课程合理搭配，使其相互关联、渗透，协调发展，加强相互间的沟通和联系，形成持续、立体、动态的课程体系。三个层次的课程是层层递进的关系，每个领域中的课程都包含不同层次，层层递进，各层级课程协调一致。文化对教育的引领，教育与课程的匹

配，课堂与课程的衔接，三者融会贯通，极大地激发了学校的办学活力。

学校荣获长沙市科研先进学校称号，现有立项课题 12 项，包括 1 个国家级课题、8 个省级课题、3 个市级课题。成功举办了"基于学科育人的 3+N 课程体系教学开放活动"。一体化育人机制的形成，3+N 课程的建构，课程实施的高效，使麓山国际实验小学的办学不断焕发活力，更使得家长、教师、学生、社会群体对学校课程、课堂、教师能力等的满意度出现显著、持续的增长。学校的满意度调查总体得分位于长沙市第一名。

二、文化驱动，师生同步成长提升

麓山国际实验小学深耕麓山文化，传承发扬麓山精神，以湖湘精神和麓山文化作为学校课程建设、高质量内涵发展、教师专业提升、学生全面发展的内驱力，逐渐成长为湖南基础教育版图中一颗冉冉上升、璀璨夺目的新星。

1. 学生素养显著提高

课程建设为学生发展、素质提升创造了条件。学生学业成绩一直趋于稳定。学生学科素养显著提升，100% 的学生参加艺术、体育、科技活动，40% 的学生参与社团活动，5% 的学生成为高精尖突出人才。几年来，学校在民乐、声乐、舞蹈、足球、定向越野、攀岩、科技创新等课程领域都取得了可喜的成绩。

2. 教师专业水平显著提升

课程建设与实施转变了教师的教育观念，改变了教师的教学行为，使教师教学重心从关注教法转变到关注学法上，促使教师进行角色转换。教师课程开发意识逐渐增强，课堂教学能力逐步提高，教育与教学科研的参与热情高涨，课程研发、班级管理、教学能力等综合素养得到显著提升，逐步成长为有包容情怀、反思意识、责任担当、合作精神，有职业幸福感和专业知识技能的研究型教师。如今，麓山国际实验小学已经拥有了一支师德高尚、业务精良、充满活力、乐于奉献的高素质教师团队。现有 1 名长沙市名校长、1 名特级教师、1 名湖南省未来教育家、2 名市级名师工作室首席名师、4 名市级名师工作室名师、16 名市级卓越教师、11 名长沙市"市级骨干教师"。学校获评湖南省教育科学研究工作者协会先进会员单位。

三、成果辐射，学校走向内涵式发展

一流的办学成绩和教育质量是学校的生命线，一流的办学质量来自一流的教育科学研究和实践。麓山国际实验小学自开展 3+N 课程建构与实践以来，学校文化建设、课改成果、学术研究、品牌活动获得长沙市教育局、业内同仁及社会各界的好评。学校的文化建设、课程建构、课堂改革的辐射范围广、影响力度大。近年来，学校数十人次的教师受邀到全国各地学校及教研现场等进行专题讲座。二十多人次受邀在湖南省各地开展讲座、授课分享，特别是长郡教育集团的麓山兰亭、麓山中加、郡德学校、郡祁学校等集团学校把我校的课程模式和课堂教学模式全方位引入本校的教育、教学中。

　　学校先后荣获全国文明校园、全国传统文化特色学校、全国足球特色学校、全国攀岩特色学校称号，常年接待全国各省市校长、教师国培班学员来校参观，学习学校课程建构经验成果。2018 年，教育部原部长袁贵仁和时任教育部部长陈宝生先后来我校调研，我校与法国、韩国、乌干达、白俄罗斯、德国等五个国家的学校建立了友好学校关系并定期进行师生互访与论坛交流，提升了学校的国际知名度。

　　随着 3+N 课程体系一体化育人模式的实践推进，麓山国际实验小学实现了学校管理的现代化，教学改革形成了新品牌，学校活动呈现新气象，办学质量受到社会的普遍关注和赞誉，充分发挥出麓山国际实验小学优质教育资源的示范引领作用，走上了高质量的内涵式发展道路。五年来，学校已由独立成校时的 421 名学生、30 位老师、10 个班，一跃发展为 4 772 名学生、256 位老师、95 个班的规模。学校荣获"全国文明校园""全国青年文明号""全国优秀少先队集体""全国五四红旗团支部""湖南省五一劳动奖状""湖南省职工职业道德标兵单位""湖南省青年文明号""湖南省五四红旗团支部""湖南省五星级红领巾示范学校""长沙市未来学校"等多项荣誉称号，是全国少工委"少先队改革直接联系示范单位"，获教育部命名"全国中小学中华优秀文化艺术传承学校""全国青少年校园足球特色学校""全国青少年篮球特色学校""全国攀岩特色学校"等。校长黄斌荣获"全国五一劳动奖章"。

　　时任教育部党组书记、部长陈宝生在全国教育大会后视察麓山国际实验小学时说："介绍得很好，关键是做得好！时间虽短，看的都是精华，不虚此行。"教育部原部长袁贵仁视察后也给予"这是一所好学校"的肯定评价。

第三节　基于学科育人的 3+N 课程体系的思考展望

　　随着"十四五"规划纲要正式发布，基础教育改革进入深水区。"双减政策"等国家重大教育政策的颁布与实施，使我们今天已经不再囿于自身的经验和认识，而是以更开阔的视野来审视学科育人这一研究命题。我们要以为国育人、为党育才为政治站位，面向未来，立足儿童的发展与成长，对基于学科育人的 3+N 课程体系进行深入的再思考。

一、面向未来，放眼世界，不断提升"麓山国际"教育品牌

《国家中长期教育改革和发展规划纲要（2010—2020 年）》发布以来，教育国际化成为教育实践领域关注的热点话题。随着当今世界的发展，教育领域不可避免地受到全球化的影响，特别是教育现代化发展的大量实证研究表明，教育国际化是教育现代化过程中的一个重要特征。而麓山国际实验小学的教育国际化是学校基于自身发展需求、加深课程改革的自觉行动。

为了让学生更好地融入世界、面向未来，成为具有中国情怀的世界公民，为了加快学校国际化办学步伐，学校秉持"打开校门办教育"的开放姿态，顺应时代发展潮流，持续构筑"麓山'文化家园。并借助学校在传承中华优秀文化艺术方面的特色和优势，坚持'面向世界，博采众长，发展个性，奠基人生"办学理念，不断优化基于学科育人的 3+N 课程体系的育人模式，通过立足本土、整合课程、拓展平台的课程实施，传承民族精神、拓展交流平台，为学生提供丰富多彩的学习经历和经验。以持续不懈的努力，不断提升"麓山国际"教育品牌的口碑，为每一位麓小学生的幸福人生奠基，为社会培养浸润传统、思维现代、视野国际的世界公民。

学校先后与白俄罗斯莫吉廖夫第四学校、韩国仁同小学、澳大利亚圣马龙学校、法国圣皮埃尔学校、美国 ALL 学校、非洲乌干达恩德培一长沙示范学校等学校签订合作协议，缔结姊妹学校。并通过开展国际研学课程的实践，让我们的学生与世界其他国家的学生一起学习，一起研究问题，一起制作产品，一起交流文化，去了解、学习他国文化，增强国际意识，以开放、包容的心态，理解他人、他国的不一样。学生在主动参与、主动探究的过程中，系统全面地了解了世界多元文化，树立了全球概念，更培养了用历史的眼光、发展的眼光、全球的眼光看问题的科学的思想方法，培养了交流、沟通、合作的技巧，激发了热爱祖国、热爱生命、热爱自然的情感。学生在发展国际视野的同时，传承中华民族精神、培植民族自尊，在理解麓小文化的基础上，厚植麓山文化、积聚中国情怀，做面向未来的豪迈中国人。

学校借助双师云课程的探索，让科技赋能教育，以"教育＋互联网"的英

语学习与教学的模式，关注个体学生的差异，探索强化以学生口语"实战"锻炼为主的英语特色学习与教学之路，培养麓小学生、教师的合作意识、国际交流能力，拓展其全球视野，增强其国际理解力。尤其是在新冠肺炎疫情期间，学校市级卓越教师、骨干教师、党员教师积极响应，主动承担授课任务。共提供网络直播课 1 696 节，参与人数 80 多万，课程收看总量达到 1 700 万人次，收看区域覆盖全国所有省份地区，其中湖北有万余名学子同步参与麓山国际实验小学的"空中课堂"，共享教育资源，这极大地提升了"麓山国际"教育品牌的影响力与美誉度。

二、课程优化，评价多元，持续深化教育教学改革

2016 年国家颁布《中国学生发展核心素养》，提出以培养"全面发展的人"为核心，将核心素养分为文化基础、自主发展、社会参与 3 个方面，综合表现为人文底蕴、科学精神、学会学习、健康生活、责任担当、实践创新等六大素养。对标中国学生核心素养的发展要求，我校提出了构建与完善真正能满足学生成长、教师发展、学校发展三位一体的课程结构，力争使每一位麓小师生在 3+N 课程体系中，都能够找到自己的发展点。

同时，通过营造潜移默化的"麓山文化"教育环境，引导学生开阔视野、掌握技能，构建学校文化、课程、生活的良好教育生态。

在新的教育趋势下，要真正使每一个学生都能有所发展，必须合理地进行评价，检验学生的发展状态、教师的专业能力、课程实施的成效。

在基于学科育人的 3+N 课程体系的评价中，从评价对象上要高度关注教师、学生；在课程评价管理中，要做到让评价与学校办学理念一致、与学生培养目标相一致、与课程目标相一致、与学生发展相一致。

教师评价是积极引导教师不断进行课程改革和课堂研究的重要途径。教师评价中有自己评、学生及家长评、教师评、领导评等。学校将定期开展考评工作，同时强化教师自评，研发《麓山国际实验小学教师评价机制》，其中包括课程规划自主评价表、备课自主发展评价表、课堂教学自主发展评价表、批改作业自主发展评价表、课程实施自查表等多方面的评价表，以此促使教师强化课程意识，引导、督促教师在课程建设、实施、执行过程中不断进行自我修正，逐渐达到课程目标，最终提升教师的课程领导力等专业素养，帮助教师不断提升发展。

而学生评价是引导学生在课程学习中不断提升认识、实现实际获得的重要

方式。围绕 3+N 课程，学校综合运用多种评价手段，例如"美德少年""新概念三好学生""未来之星""雏鹰争章"等，开展学业成绩评价、多维度过程性评价、综合素质评价等，以立体多元的课程评价方式引导学生积极地参与到各类课程的学习中，助推学校教育教学改革的持续深入。

对课程的规划、架构、质疑、整合、重组、优化等的目的就是使课程更贴近学生，更有目的地培育学生的核心素养。基于学科育人的 3+N 课程体系的构建与实践才刚刚起步，从另一方面来讲，它是我们培育核心素养、一体化育人的一个阶梯。此后学校将继续统筹思考、精心谋划，不断探索课程开发与实施，强化课程评价体系，从填补课程空白到课程育人，再到深化课程建设，始终秉持"守正出新"的理念，促进麓山国际实验小学的教育教学改革向内源深处发展。

回首过去，麓山国际实验小学扎根于"麓山"这一方沃土，年轻的麓小稳步成长，快速向前，走上高质量内涵式发展道路。站在今天，再次审视麓山国际实验小学实施与开展"基于学科育人的 3+N 课程体系"的初心与使命，可以说，回归教育本质，展望未来需求，重新定位与思考是非常有必要的。新的时代对于未来的个体提出更多元的需求，对于学校的教育与教学的变革提出了前所未有的巨大挑战，如何通过不断的自我突破与课程创新，来开展适合未来人才核心素养需求的学校教育，将成为每一个麓小人且行且思的核心命题。基于这样的思考，麓山国际实验小学将面向国际与传承传统相结合，将发展培养现代公民意识与传承中国传统文化相结合，将培育全体与关注个体相结合，走学校现代化发展之路，持续探索"基于学科育人的 3+N 课程体系"的实践研究，不断切近"追求卓越，永不满足"的麓小精神，努力将学校建设成师资雄厚、质量一流、管理规范、特色鲜明、设施完备的具有实验性、示范性的现代化窗口学校。

当我们把学校发展的目光从现在转向未来，从本校转向世界之时，新的发展目标也就清晰地摆在了我们面前，那就是学校未来发展的美好前景，更是麓山国际实验小学"根深中国，花开世界"的新蓝图！